JN123578

みどりや主人の
大正・戦前昭和

スクラップ帳が語る庶民史

嶋村 博 Hiroshi Shimamura

風媒社

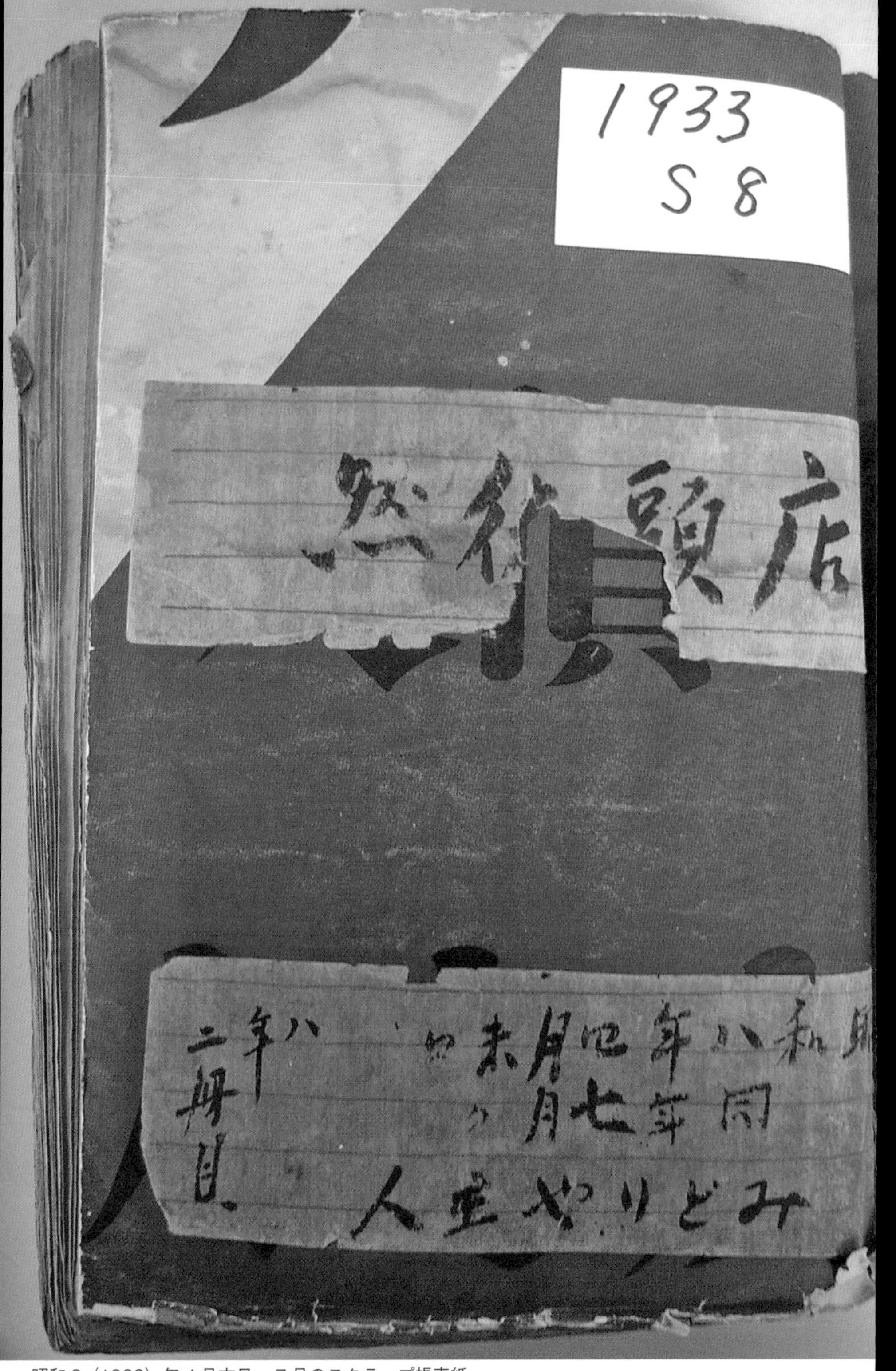

昭和８（1933）年４月末日～７月のスクラップ帳表紙

今年の第一冊は一月元旦から四月末に及んだ、そうして今日其第二冊を作った、八月頃まで續くであらう、自分の身辺に集まる紙片子は雜多の切ぬきもので、文字通り雜然と貼附するのがこれだ、然し、自分だけ何らかの關係あるものはない、自分の為めにのみ存するものであるが、自分と云ふ一存在の身辺が如何なるものであるかは此の冊子によって知らるゝであらう、

[illegible]自分の生活は此の冊子

學純

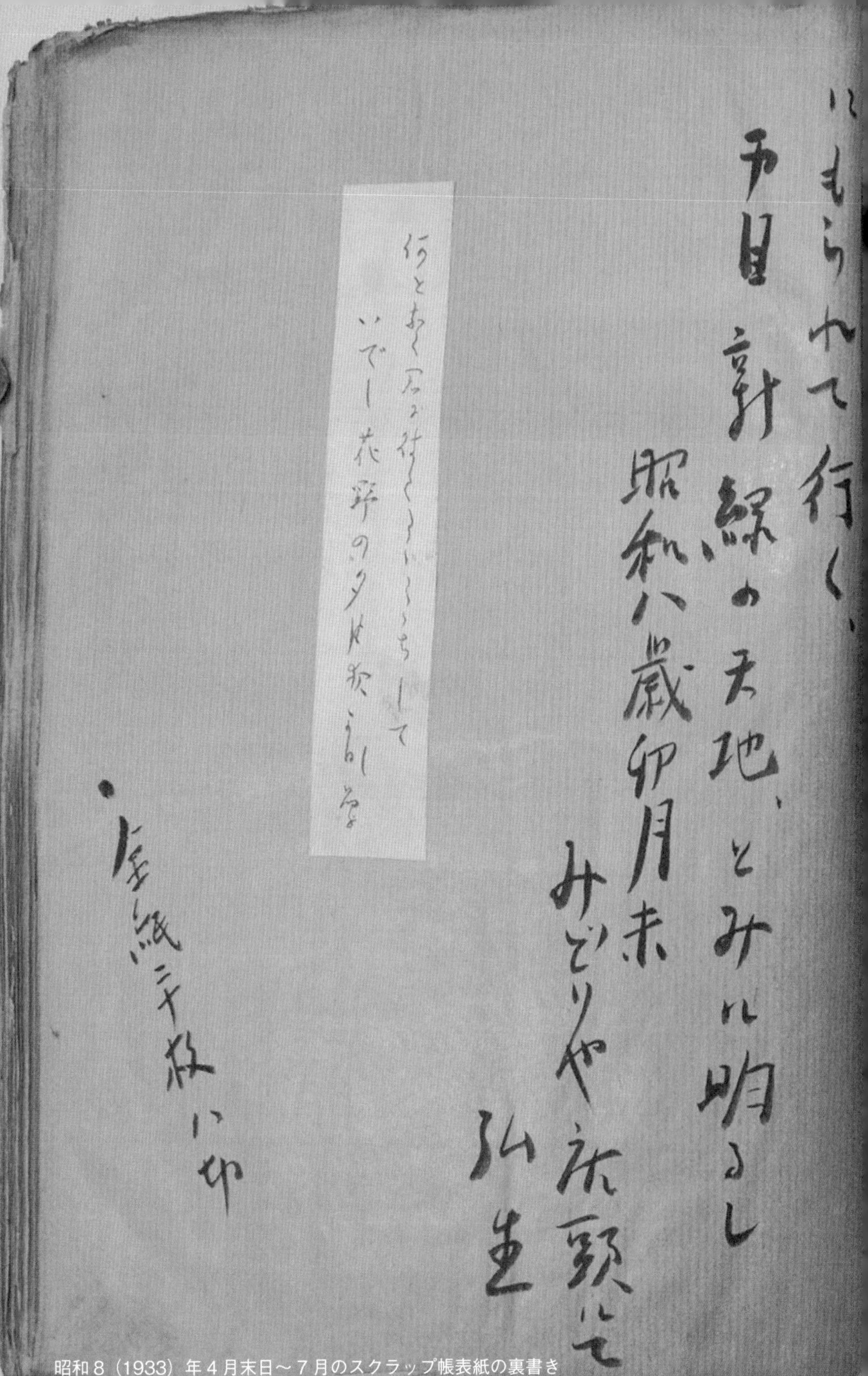

にもられて行く、
五月新緑の天地、とみれば明るし
昭和八歳卯月末
みどりや旅路にて
弘生

何となく君に待たるるここちして
いでし花野の夕月夜かな　晶子

・全紙二十枚にて

昭和８（1933）年４月末日～７月のスクラップ帳表紙の裏書き

紅梅焼
上等御辨當
多度津驛
構内
大原
小富士軒
太平館ホテル

大正９（1920）年のスクラップ帳

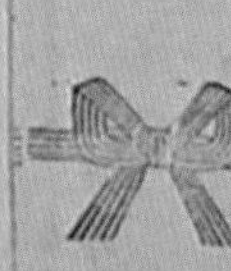

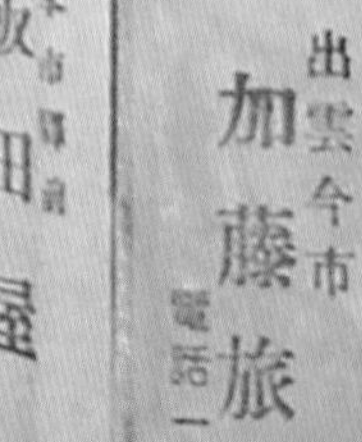

御箸
食堂
商標
消毒
衛生
お粋ばし
衛生御箸
御旅館
小倉市寶町
梅屋
電話特長三三番
二八〇番
商標
清浄御割箸
電話
消毒長生箸
改良亭
消毒割箸
出雲今市
加藤旅館
電話一一三番
消毒長生箸
松本市
飯田屋

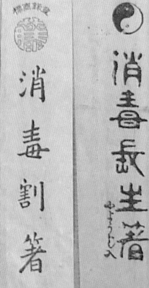

大正 10（1921）年の箸袋

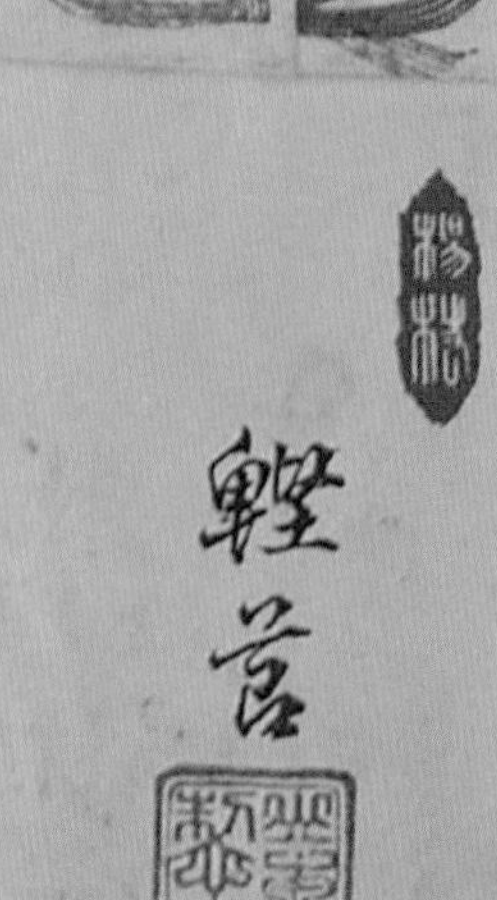

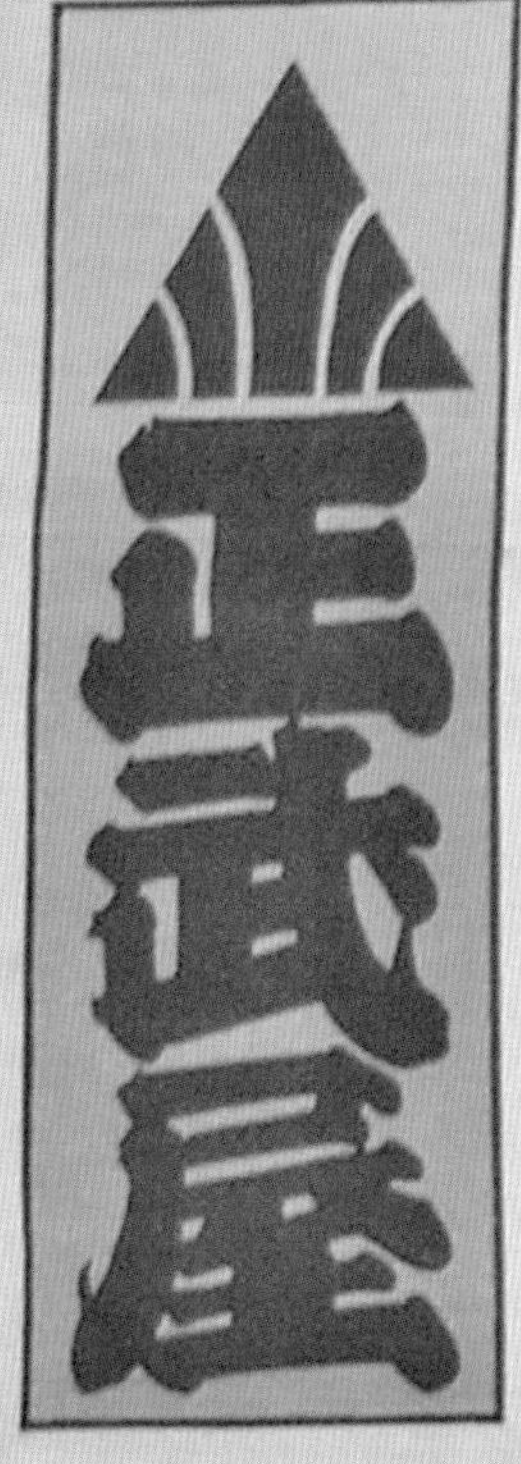

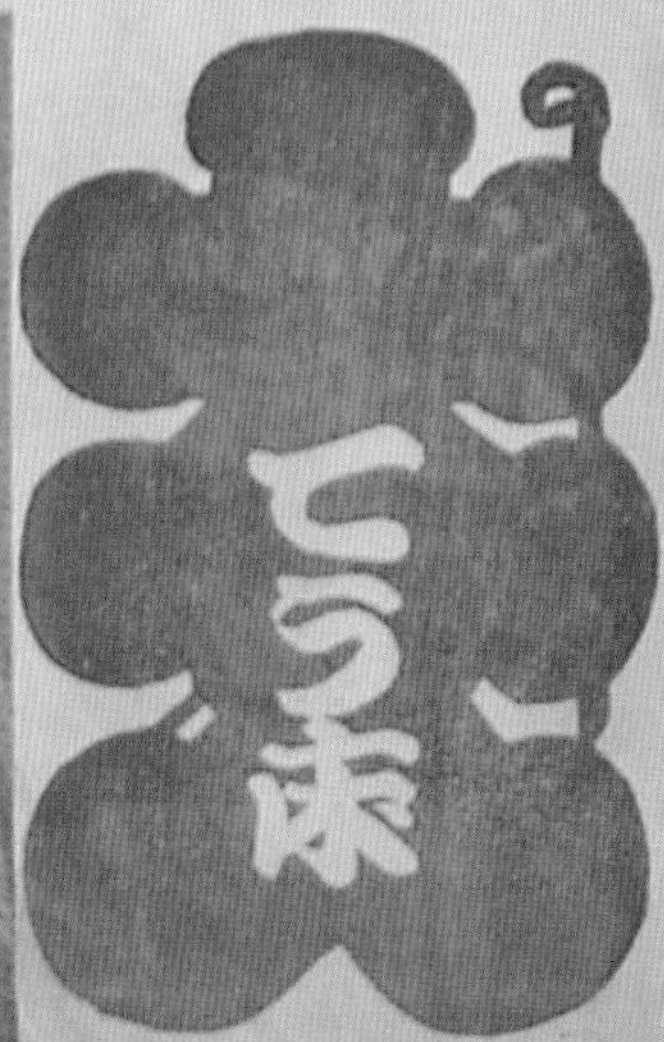

昭和２（1927）年　千社札さまざま

昭和５（1930）年　甲子園へ、宝塚へ

昭和６（1931）年　号外など

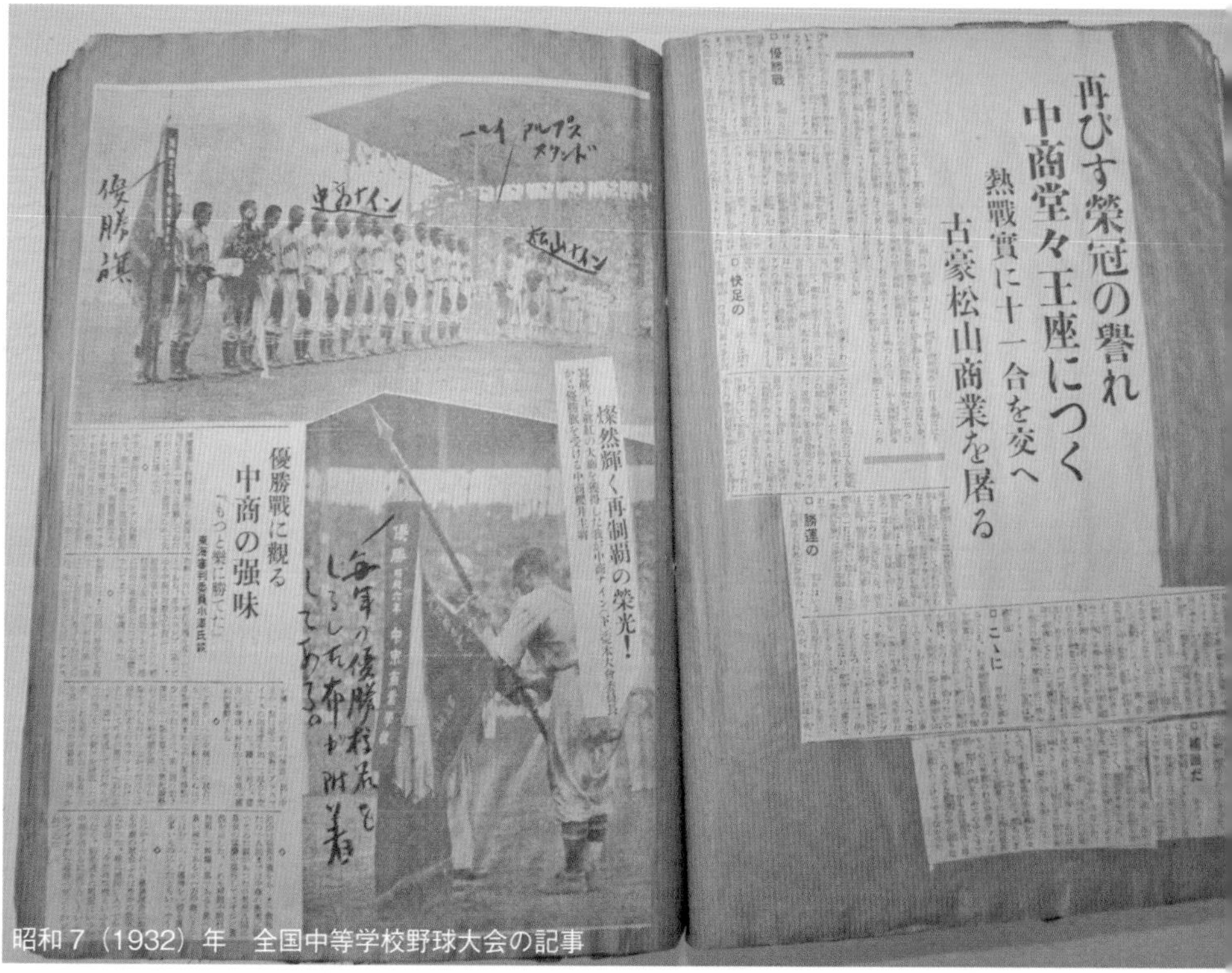

再び栄冠の誉れ
中商堂々王座につく
熱戦實に十一合を交へ
古豪松山商業を屠る

燦然輝く再制覇の栄光！

優勝戦に観る
中商の強味
『もつと堅に勝つた』
東海審判委員小沢氏談

昭和７（1932）年　全国中等学校野球大会の記事

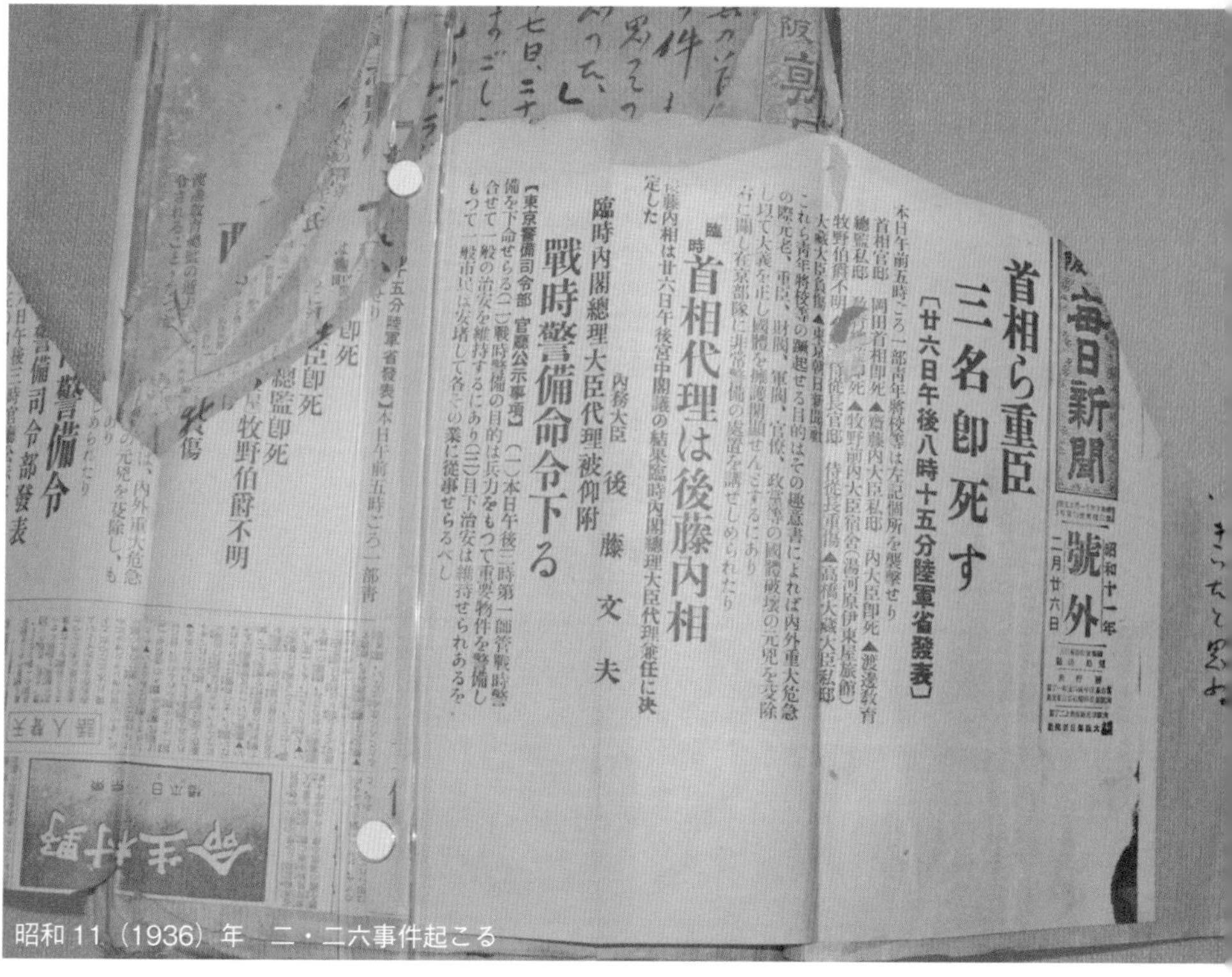

大阪毎日新聞
號外
昭和十一年
二月廿六日

首相ら重臣
三名即死す
〔廿六日午後八時十五分陸軍省發表〕

本日午前五時ごろ一部青年將校等は左記個所を襲撃せり
首相官邸 岡田首相即死 ▲齋藤内大臣私邸 内大臣即死 ▲渡邊教育總監私邸 教育總監即死 ▲牧野前内大臣宿舎（湯河原伊東屋旅館）牧野伯爵不明 ▲鈴木侍従長官邸 侍従長重傷 ▲高橋大藏大臣私邸 大藏大臣負傷 ▲東京朝日新聞社
これら青年將校等の蹶起せる目的はその趣意書によれば内外重大危急の際元老、重臣、財閥、軍閥、官僚、政黨等の國體破壊の元兇を芟除し以て大義を正し國體を擁護開顯せんとするにあり
右に關し在京部隊に非常警備の處置を講ぜしめられたり

臨時首相代理は後藤内相
後藤内相は廿六日午後宮中閣議の結果臨時内閣總理大臣代理兼任に決定した

臨時内閣總理大臣代理被仰附
内務大臣 後藤文夫

戰時警備命令下る
【東京警備司令部 官報公示事項】（一）本日午後三時第一師管戰時警備を下命せらる（二）戰時警備の目的は兵力をもつて重要物件を警備し合せて一般の治安を維持するにあり（三）目下治安は維持せられあるをもつて一般市民は安堵して各その業に從事せらるべし

昭和 11（1936）年　二・二六事件起こる

大正 10（1921）年　みどりや開業の家族写真

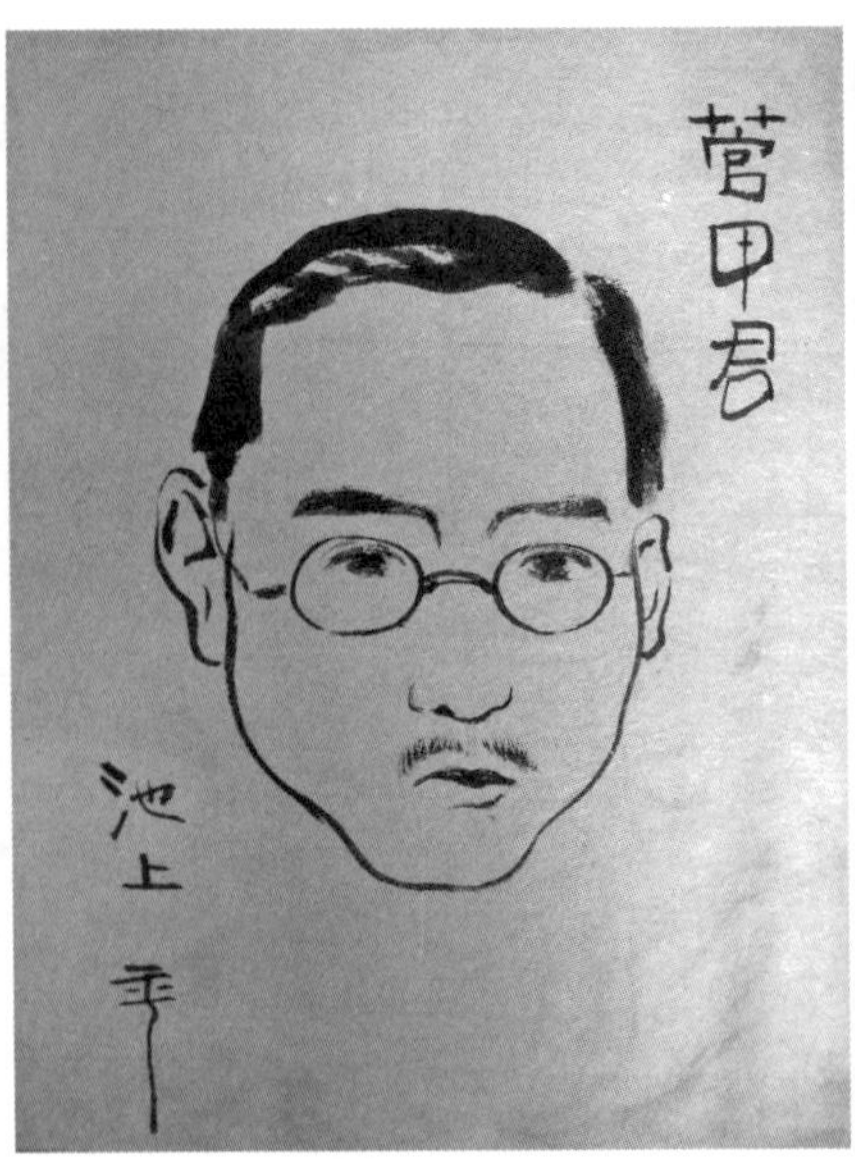

大正 9（1920）年頃
松井弘の似顔絵　池上年 筆
鈴木勘治郎 木版画仕上げ

昭和 10（1935）年頃、自宅玄関前で

はじめに

「みどりや」といっても、地元の方以外にはご存じあるまい。愛知県岡崎市という地方都市の中心街康生（こうせい）通にある化粧品専門店である。大正十（一九二一）年に小さな玩具店として開業し、戦前にはすでに、お洒落で品揃えの豊富な小さな百貨店として人気店となった。戦災後もすぐに復興し岡崎の商店街を代表する老舗のひとつである。

本書の「みどりや主人」とはこの店の創業者・松井弘である。プロフィールは「第一話」でお読みいただきたい。松井は大正九年から昭和三十四年までの四十年間、百五十冊ほどのスクラップ帳（以下「帳」と記す）を残している。本書の八十話は、松井が残した帳から拾い出した松井の身の回りに起こった「世間話」である。

大正十年の帳を開くと、「消毒箸」「衛生箸」と印刷された箸袋がずらりと貼ってある（本書の口絵）。普通なら捨てる反故紙も残しておくのが松井弘である。マスクをテーマにした四コマ漫画、多くの病死者を出した軍艦「矢矧（やはぎ）」の乗組員の集団参拝の記事等々、残された紙片からは当時のパンデミックに怯える「世間」の空気を感じる（「第7話」）。

松井は世間でいう「成功者」であり、二十代は新聞記者をつとめた。しかし傲慢さや「上から目線」は一切ない。まったく「ふつうの人」の目で世間を見、帳を作ってくれた。「大局」よりも自分の趣味に合う、しかも身近な「もの」や「できごと」を大切にした人だ。従ってそこから拾った話は、すべてローカルなものである。しかしその分、「世間」や「うき世（憂世、浮世）」が見えやすいのではないかと、淡い期待をしている。

筆者が松井の帳に出会ったのは、二〇二〇年二月「コロナ騒動」が始まったときである。松井が帳を作り始めたのは、偶然にもちょうど百年前の「スペイン風邪」流行の只中であった。松井の過ごしたパンデミック後の大正・戦前昭和は「戦争の時代」へと進んだ。何故そうだったのか…？　世間ではそれをどう見て、どう感じていたのだろうか…？　本書の八十話は、こうした時代の庶民の気分を松井の帳から読み取れないかという試みである。

みどりや主人の大正・戦前昭和――スクラップ帳が語る庶民史――

【目次】

1 松井弘という人

岡崎市康生通東の化粧品専門店「みどりや」には、初代主人・松井弘のスクラップ帳（以下「帳」と記す）が百五十冊ほど残されている。大正時代から昭和三十年代中頃までのもので、新聞切り抜き、手紙、各種の広告チラシ、商品の栞、領収書、旅行案内、絵葉書、交通切符、社寺のお札、駅弁の包み紙等々。ふつうの人なら捨ててしまう紙片を貼り集め、所々に解説や感想を書き添えて自身の日記にしている。

昭和八（一九三三）年四～七月の『店頭徒然』と題した帳を開いてみる。国際連盟脱退の号外（写真B）、ヨーヨーの世界的大流行の記事、「五・一五事件」公表の全文の号外、中伝馬に開店したカフエーのチラシ、龍城座（田町にあった）での東京新派劇の宣伝チラシなどが、所狭しと貼られている。

表紙裏には、「自分の身辺に集まる紙片は新聞の切り抜き等で、文字通り雑然と貼付するのがこれだ…（略）…単純に平凡に自分の生活は此の冊子にもられて行く」と書かれている。松井は日々出会った紙片を貼り続けることで、自分の生活が見えるのではないかと考えた。こうして貼り続けられた百五十冊の帳は、松井弘という人の「半生記」であり、また同時代を生きた人々の日々の暮らしを語る貴重な記録でもある。

松井弘は明治二十三（一八九〇）年岡崎町（現岡崎市）生まれ、昭和四十三（一九六八）年に亡くなっている。新愛知新聞岡崎支局長をつとめ、大正十（一九二一）年に玩具店「みどりや」を開業した。健筆達文の趣味人であり、戦後には市会議員や商工会の役員もつとめた（『新編岡崎市史 総集編』等）。

写真Cは開店当時の「みどりや」の商標である。松井のセンスの良さに感心する。私は子どもの頃から「みどりや」によく行ったのだが、氏を見た記憶はない。

大正九（一九二〇）年の帳『趣味日記』に松井弘の似顔絵が貼ってある（写真A）。「素敵な紳士」と聞いていたとおりの風貌。この似顔絵は、原画を池上年が描き、彫勘こと鈴木勘治郎が木版画に仕立てた。池上は当時岡崎商業学校の美術教師、彫勘は彫り師で、松井とは岡崎趣味会という集まりで交流のあった趣味の仲間である。

A

B

新愛知

號外

十一月廿五日（金曜日）

俄然波瀾を巻き起した

聯盟理事會 第三日

わが言論抑壓に

松岡代表憤然反對す

2　大正九年　京浜の趣味人たち

みどりや主人・松井弘のスクラップ帳は大正九（一九二〇）年から始まっている。このとき松井は三十歳、「みどりや」を創業する前年で、新愛知新聞岡崎支局長であった。

帳に「京浜旅行の巻　大正九年六月十七日夜出發　六月二十一日朝帰着　菅甲房主人」と記してある。

旅行の目的は、「趣味の人々」に会うためだった。横浜の斎藤昌三、加山道之助、東京の三田平凡寺である。「趣味」とは蒐集や民間での学問等を含む当時の流行語でもあった。斎藤は書誌研究家、加山は横浜市史編纂者として、後世に名を残している。また両人とも郷土玩具、燐票（マッチラベル）など、所謂「ガラクタもの」の蒐集家・研究者としても第一人者であった。二人はこの年に郷土研究誌『おいら』、その後『いもづる』を創刊する。創刊にあたり、「一口に「いもづる」というと、薩長の官僚派や、サーベル党の強いて作った腐れ縁のやうに思われるがそうではない、帰する所は同じ趣味海に落合ふ同志である」と。当時の趣味人には「権力」や「中央集権化」に抗う気分があったようだ。『いもづる』は無料配布され、全国に趣味人のネットワークを作っていった。

三田は「奇人・珍品蒐集家」として高名で、「我楽多宗祖」を名乗り、全国趣味人の元締め的存在。彼の弟子には、福井の松平康荘侯爵、米国の人類学者スタールや建築家のレーモンドなどもいた。

松井はまず加山に会い、五車堂（東京神田の輸入商）へ斎藤を訪ねている（写真A）。「氏は同社の支配人也」と。宗主・三田へは、二人の付き添いで訪問。三田は聴力を失っており、筆談を交わした。そのときの紙片が松井の帳に残っている（写真B）。

翌二十日には、寺社参拝記念の千社札の交換会が斎藤宅で催され、松井も参加している。帳には、このときに交換した沢山の札が貼ってある。その中に岡崎康生の稲垣豆人（トウジンまたはマメンド）の札もある（写真C）。稲垣は趣味の同志で、同七年に松井と「岡崎趣味会」を発足させた人である。こうした京浜の趣味人達との交流は、昭和十年頃まで続くのである。

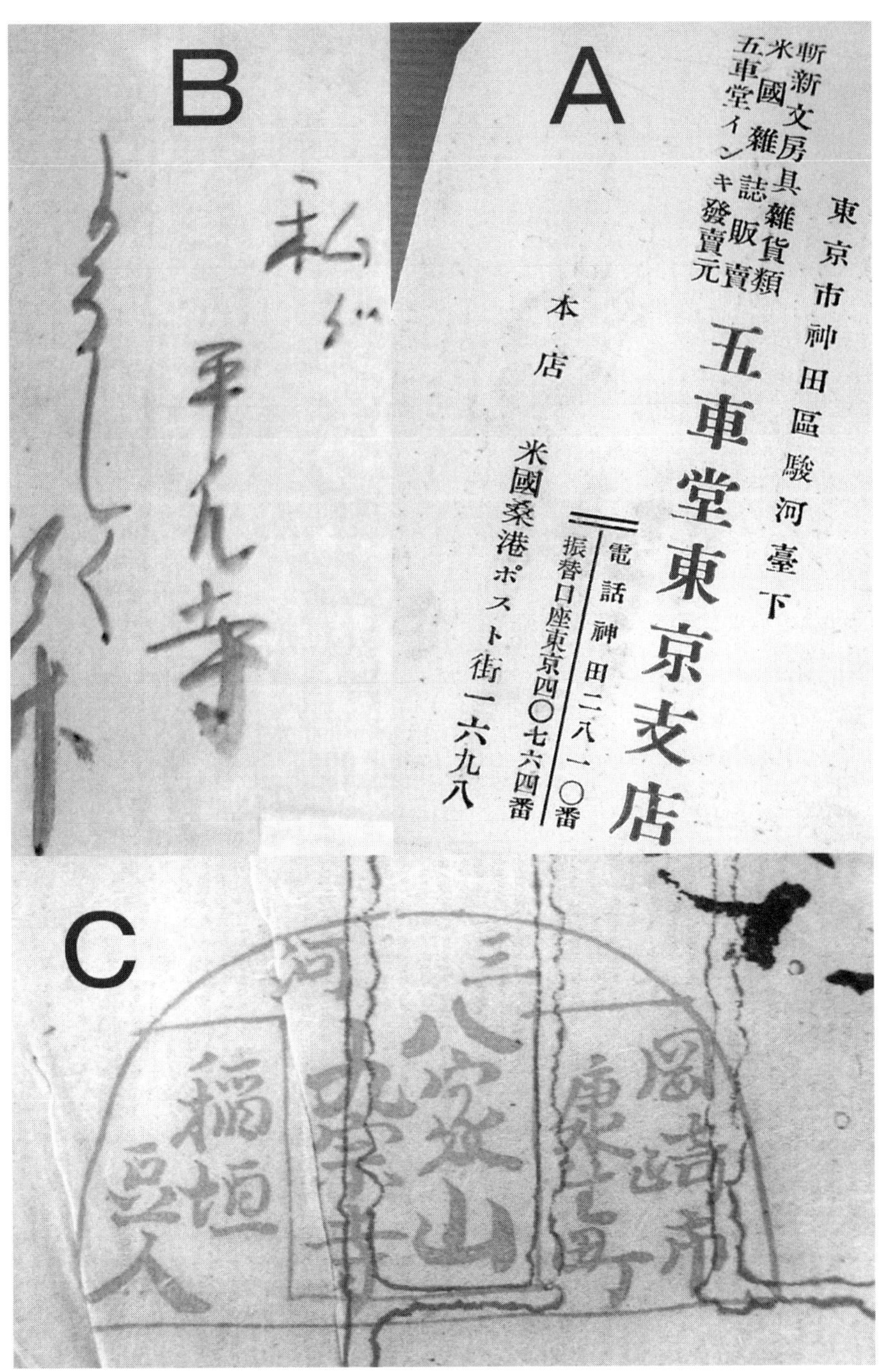
A
B
C
東京市神田區駿河臺下
斬新文房具雑貨類
米國雑誌販賣
五車堂インキ發賣元
五車堂東京支店
電話神田二八一〇番
振替口座東京四〇七六四番
本店
米國桑港ポスト街一六九八

3　大正九年　岡崎納札会

松井弘の大正九（一九二〇）年のスクラップ帳は「趣味日記」と題す。帳に「祝發會　岡崎納札會」「百牛庵／石田常／藤傳／竹香堂／翠毬／豆人／菅甲／竹林堂／彫勘」の千社札が貼ってある（写真A）。納札会とは、寺社への参拝記念に千社札を貼ったり、交換し合う同好者の集い。大正から昭和初めにかけて全国に流行した。

岡崎納札会の発会メンバーは九名。百牛庵は知多郡の加藤喜久治。牛に関するものはすべて集める奇人。我楽多宗主・三田平凡寺の二十四番札所（弟子）でもある。他の八人は岡崎住。松本町の石田常次郎、矢作橋たもとの料亭「藤傳」主人・林傳蔵、翠毬は六供町の茶舗主人・松岡謙次郎、岡崎瓦斯勤務の稲垣豆人（安郎）と、新愛知新聞社の松井菅甲（弘）。竹林堂は八幡町の印刷業・石原卯一郎、彫勘は木版彫師の鈴木勘治郎、竹香堂は今のところ不明である。

岡崎納札会は「岡崎趣味会」とは別の会だが、メンバーはほとんど同じであったようだ。翌十年の名簿では会員四十名余。商店主、会社員、公務員、医者、農業と、職業はさまざま。裕福な「お旦那衆」ばかりではないところが、大正という時代である。

松井の帳には、田口（現愛知県設楽町・写真B）、一宮、各務原（岐阜県）の納札会、関西納札会連合の千社札もある。松井は、各地の納札仲間と千社札を交換したり、集いがあれば少々遠くても駆けつけていた。こうした交流ができたのは、大正時代の交通や郵便の発達のおかげであったことは言うまでもない。

元奈良国立博物館長・石田茂作（旧碧海郡矢作町出身）も会員の一人であった。彼の随筆集『二つの感謝』に写真Cがあった。岡崎納札会主催のスタール博士（前列中央）歓迎会である。同十年の二回目の来岡時と思われる。スタールは米国文化人類学者にして日本文化研究の第一人者、また千社札や絵馬を愛した人で、「お札博士」と呼ばれ親しまれた。スタールと岡崎納札会との交流は、彼が亡くなるまで続いた。

昭和六（一九三一）年、岡崎納札会が西本願寺三河別院境内（十王町）に「納札塚」を建立した。そこに賛同者の一人として、「米国　寿多有」の名も刻まれている。

B
A
祝發會
石田常
藤傳
百半庵
菅甲
竹香庵
豆人
翠毬
竹林堂
岡崎納札會
田口納札會在連中
玉龍堂
吉久
C
田中
池上
松井
稲垣
スタール

4　大正九年　暴風雨の中を富士登頂

松井弘の大正九（一九二〇）年のスクラップ帳に、富士登山の記事が貼ってある。松井は、岡崎少年団が、全国少年団の富士登山大会に参列するのに同行した。新聞記者としての取材だが、半ば趣味道楽だったと思われる。

「富士山は一度登りたいと数年前から思ってゐた。友人などで大抵の人は登ってゐるので登らないのが珍しい位である位富士行きは平凡化されてゐた」と記している。

確かに近代登山（スポーツとしての登山・写真A）が一般化し始めた頃だが、「登らないのが珍しい位」は少々言い過ぎであろう。

「（七月）三十一日夜岡崎發／一日大宮口から登山、五合目一泊／二日山頂で各地の少年團と合流し連合遙拝式／三日下山、名所見学、岡崎帰着」の日程。松井自身は出発の前の晩から下痢、妻・玉枝さんは風邪気味と、不安があった。趣味の盟友・稲垣豆人が同行することになり、「どうしようかと迷ったが豆人君も行くと云うのでままよ行けるだけ行かうと決心した」と記す。

松井の登山の用意は「洋服にカバン、ゲートル、草り、笠、ゴザ其他小物」。少年団の諸君は「水筒、弁当三食分、氷砂糖、草鞋二足、寶丹、冬襯衣、油紙、手拭、手帳等」と記されている。「寶丹」とは解毒剤である。

大宮口から五合目までは良かったが、二日目早朝の濃霧が風雨に変わった。ほとんどの少年団は登頂を諦めた。ところが「岡崎少年團／風雨を冒して登嶽／絶頂を極めたのは僅に三團体」との記事（写真B）が貼ってある。岡崎の少年団は風雨の中を登頂したのである。

「…温度は三十八度（摂氏三度程度）、石室の外は雨が降り笠や莫蓙に當って滴を落し　楽しみにした御来光など到底思ひも寄りません」（松井記）という悪天候の中で、岡崎、沼津、静岡の少年団のみが山頂に到着した。三団体で団旗を山頂に掲げ、万歳三唱をし、巡査に促されながら無事下山を果たした。

松井は「フジノデツテウヨリ　ハルカニ　キシャノ　ゴリウセイオイノル（富士の絶頂より遙かに貴社のご隆盛を祈る）」と、三河新報社の記者仲間へ電報を打っている（写真C）。

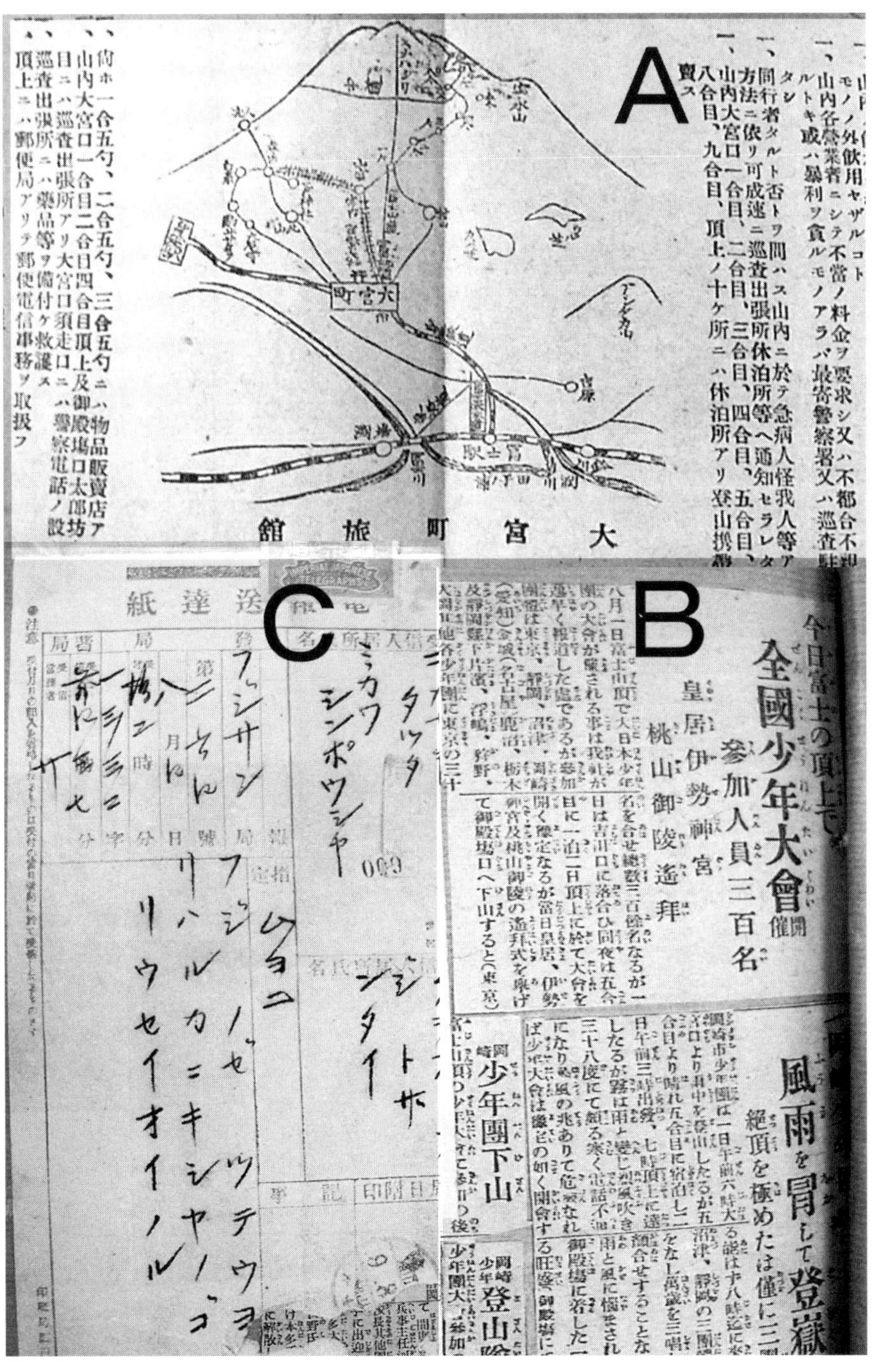

A
一、山内ニ於テ……モノノ外飲用セザルコト
一、山内各營業者ニシテ不當ノ料金ヲ要求シ又ハ不都合不埒ナルトキ或ハ暴利ヲ貪ルモノアラバ最寄警察署又ハ巡査駐……
一、同行者タルト否トヲ問ハズ山内ニ於テ急病人怪我人等アルトキハ適宜ノ方法ニ依リ可成速ニ巡査出張所休泊所等ヘ通知セラレタシ
一、山内大宮口一合目、二合目、三合目、四合目、五合目、……八合目、九合目、頂上ノ十ケ所ニハ休泊所アリ登山携帯……賣ス
一、荷ホ一合五勺、二合五勺、三合五勺ニハ物品販賣店アリ
一、山内大宮口一合目二合目四合目頂上及御殿場口太郎坊……日ニハ巡査出張所アリ大宮口須走口ニハ警察電話ノ設アリ
一、巡査出張所ニハ藥品等ヲ備付ケ救護ス
一、頂上ニハ郵便局アリテ郵便電信事務ヲ取扱フ
大宮町
富士驛
大宮町旅館
B
今日富士の頂上で
全國少年大會開催
參加人員三百名
皇居、伊勢神宮
桃山御陵遙拜
八月一日富士山頂で大日本少年團の大會が催される事は我社が逸早く報道した處であるが參加團體は東京、靜岡、沼津、岡崎(愛知)金城(名古屋)鹿沼、栃木及靜岡縣下片濱、浮嶋、狩野、大宮其他各少年團に東京の三十名を合せ總數三百餘名なるが一日は吉田口に落合ひ同夜は五合目に一泊二日頂上に於て大會を開く豫定なるが當日皇居、伊勢神宮及桃山御陵の遙拜式を舉げて御殿場口へ下山すると(東京)
風雨を冒して登嶽
絶頂を極めたは僅に三……
岡崎市少年團は一日午前六時大宮口より雨中を登山したるが五合目より晴れ五合目に宿泊し二日午前三時出發、七時頂上に達したるが路は雨と變じ烈風吹き三十八度にて頗る寒く電話不通になり暴風の兆ありて危険なれば少年大會は豫定の如く開會す……
岡崎 少年團下山
岡崎少年 登山……
C
電報送達紙
ミカワ
シンポウシヤ
タツタ
フジサン
ムヨニ
フジノゼツテウヨ
リハルカニキシヤノゴ
リウセイオイノル

5　大正十年　岡崎の趣味人たち

大正期から戦前にかけて、岡崎にも多くの趣味人がいた。松井弘の大正十（一九二一）年のスクラップ帳に、「趣味が命の羅漢會」との新聞記事（写真A）が貼ってある。「東京、大阪、京都等に（趣味の会が）出来てゐるが最近岡崎市にも生まれた」として、岡崎趣味会の猛者を紹介している。称して「羅漢會」という。紹介されるのは、般陀羅尊者こと池上年、萬座羅尊者こと磯村鏡吉、頭法羅尊者こと石田茂作、耶多羅尊者こと大藤鎮太郎、能楽羅尊者こと稲垣豆人の五名である。それぞれ仏弟子の羅漢尊者を名乗る。「他に三尊者あって目下の處八羅漢ある」と。三尊者の一人は松井だろうが、あいにく記事は新愛知新聞岡崎支局長である自身が書いている。

池上は、当時美術教師で、洋画家、図案家、考古学者としても知られた。「昨年は西尾の貝塚を発掘し、…アイヌ族と大和民族接触上一発見した」と記す。磯村は板屋町の雑貨商で、拓本の名人にして蒐集家。石田は当時師範学校の教師で、浄瑠璃姫伝説研究家と紹介される。後に仏教考古学の第一人者として奈良国立博物館の館長をつとめる人である。大藤は六地蔵町の古本商で、岡崎一の物識りとある。旧岡崎藩漢学者の子で、私塾を開き市井の教育に尽力した。稲垣は「若し氏の蒐集品研究品を見んとするならば納札で一日、玩具で二日、絵馬で一日、絵葉書で三日を費やさねば完全せぬ程である」とされた、岡崎随一の蒐集家であった。

羅漢会は「昨年は塔供養会を催し古塔を作って配布し、仏足石の根本を作り、修行図を印刷するなど遊んでいる」。また同十一年九月には、著名な考古学者である、京大の清野謙次を招いて公会堂（現セキレイホール）で講演会を催した（写真B）。清野の「原日本人論」と池上発見の「アイヌ族と大和民族の接点」がテーマではなかったかと想像する。

松井たちの趣味会は市民主体であり、遊びも研究もごった煮状態であるが故に、今にないダイナミックさがある。彼らは昭和二（一九二七）年に『趣味泉』という雑誌を創刊し、全国の趣味仲間とも交流した。遊びとも学問とも知れない活動だが、地元の経済人たちも面白がって支援していたことは、松井の帳からも読み取れる。

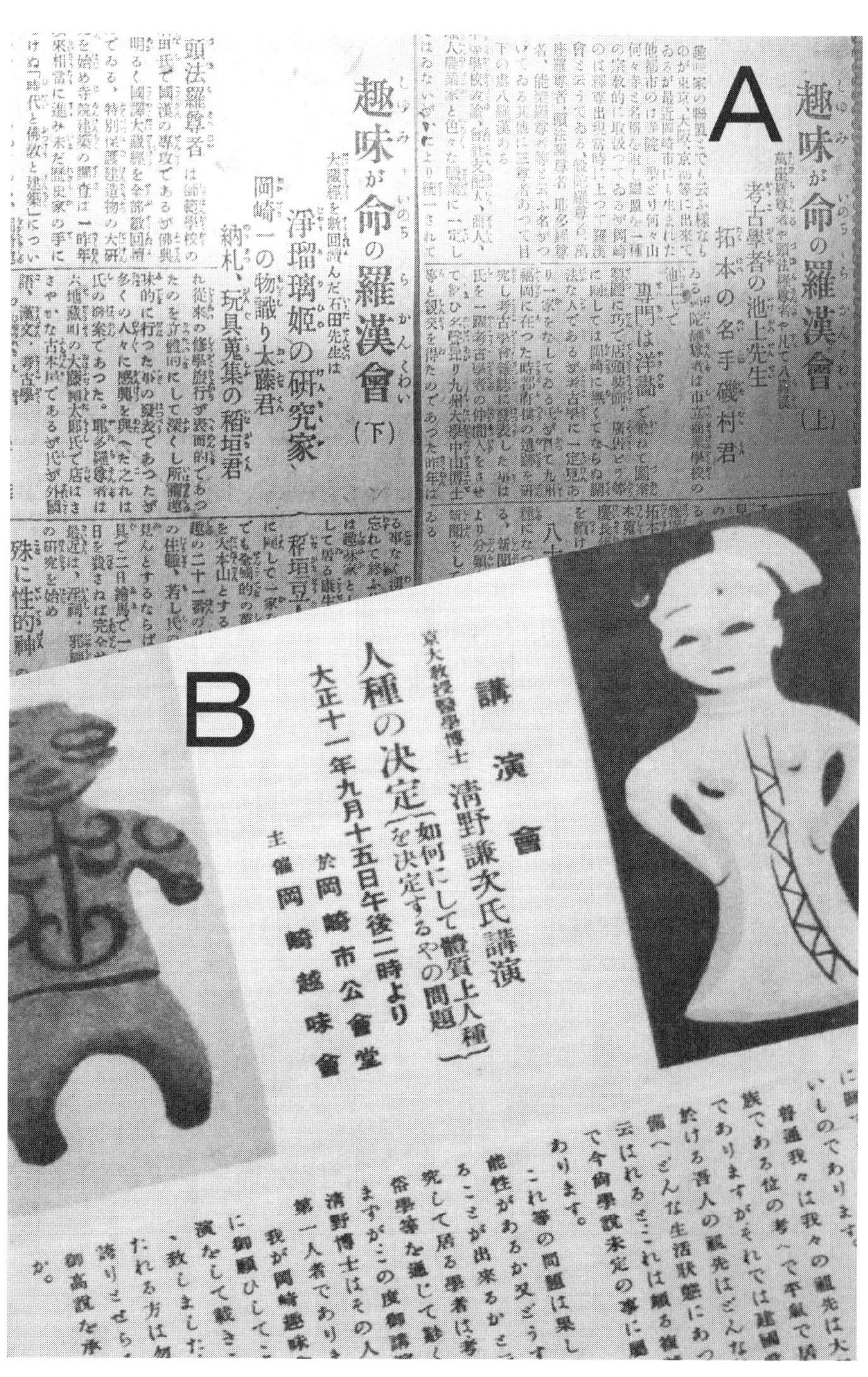
A
趣味が命の羅漢會（上）
考古學者の池上先生
拓本の名手磯村君
趣味が命の羅漢會（下）
大藏經を數回讀んだ石田先生は
淨瑠璃姫の研究家、
岡崎一の物識り太藤君
納札、玩具蒐集の稻垣君
B
講演會
京大教授醫學博士　清野謙次氏講演
人種の決定（如何にして體質上人種を決定するやの問題）
大正十一年九月十五日午後二時より
於岡崎市公會堂
主催　岡崎趣味會

6　大正十年　松井弘と玩具

大正十（一九二一）年七月一日、「みどりや」が岡崎市康生町に開店した。岡崎市制五周年記念の日である。このとき松井弘は新愛知新聞岡崎支局長であり、奥さんの玉枝さんが名義上の店主であったかと思われる。同年の税務署発「骨牌（麻雀牌のこと）販売ノ件免許ス」の文書は、玉枝夫人宛である。開店時は店の西半分が玩具店で、東半分は新愛知新聞社岡崎支局であった。

みどりや玩具店開店の広告（写真）が残っている。張り子の虎は彼の干支。販売品は、「玩具、博多人形、封筒、書簡箋、スワン印萬年筆、繪葉書、寫眞機材及材料、團扇、箱入眞綿」とある。

中でも松井は玩具が好きだった。玩具に関する記事やチラシが、彼のスクラップ帳にたくさん残されている。当時「玩具」といえば、一つは「郷土玩具」。その土地土地の風土を反映して作られ愛されて来たもので、明治末にはなくなりつつあった。消えゆく郷土玩具を蒐集する趣味人は多く、松井のもとには各地の蒐集家が発行した玩具研究の冊子が集まっている。以前横浜へ会いに行った斎藤昌三や加山道之助も、そうした蒐集・研究の大家であった。

もう一つは、新時代にふさわしい「科学玩具」や「教育玩具」である。ゼンマイ仕掛けの玩具やゲーム、トランプなどなど。九年の帳に、東京市主催「玩具展」の出品募集要項が貼ってある。「玩具の選択と其の与え方は愛児教育上極めて大切な事」として、東京市社会教育課が募集したものである。当時、子どもだけでなく大人も玩具に興味を持っていた。三越を始め多くの百貨店でしきりに玩具展が開催された。

松井は、玩具がこれからの人を育てるのに有効だと考えたに違いない。こののち岡崎市では玩具によって児童の成長を図る、新しい教育活動が推進された。松井はそれに協力し、岡崎高等女学校での「教育玩具展」や福岡小学校の「労作教育」に玩具を積極的に貸し出している。

郷土玩具の土俗性と科学玩具のモダニズムは、一見相反するようだが、松井の中では同一のものだった。玩具店主人として、また趣味人として、玩具を通して西洋風だけでない「日本の新文化」を広めたいという気概があったのではなかろうか。

岡崎市制實施五周年を祝す

◆みどりや＝＝と云ふ新店が出來ました

場所は市内康生町郵便局東隣です

▼みどりやの販賣品は

玩具、博多人形、封筒、書簡箋、スワン印萬年筆

繪葉書、寫眞機及材料、團扇、箱入眞綿

みどりや玩具店

七月一日市制紀念日開店
三日間 おみやげ 呈上

▼みどりやは商品全部陳列式ですからお這入りやすく、お買ひよき店です、正札ですから御懸念なく御買上が願へます。

▣御散歩がてら、是非共みどりやへ御越下さい

◆みどりや＝＝ではあなたの御出をお待申て居ます。

7　大正十年　消毒割箸と軍艦矢矧

みどりや主人・松井弘の大正十（一九二一）年のスクラップ帳に「消毒割箸」と印刷された箸袋が貼ってある。今では見かけないものだ。十二年の帳にもたくさんあり、「衛生御箸」もある（写真A）。松井はこうした反故紙も「時代」を映すものとして丁寧に残してくれた。これらから映るのは、百年前のパンデミックである。

同七年スペイン風邪が世界的に流行。多くの死者が出て、現在と似た恐怖があった。七〜十年に、日本で約三十八万八千余人が亡くなったという（『流行性感冒』東洋文庫）。その前後にも、腸チフス、コレラが発生した。松井の帳には、「ハイヲトレ」のチラシ（写真B）も残っている。岡崎市で上下水道が整備されるのは、まだずっと先のことである。

八年、航海中の軍艦「矢矧」（写真D）でも乗組員がスペイン風邪に感染、艦内に広まり四十八名が亡くなった。この惨事から、岡崎矢作神社を分社し矢矧艦上に祀った。日本初の「艦上神社」とされる。こうした縁で、十年四月五、六日に矢矧の乗組員が矢作神社へ正式参拝した。その記事（写真C）を書いたのは当時新愛知新聞社の松井である。

「矢矧乗組員　矢作神社へ参拝　五、六両日に半舷宛参拝」の見出しに続き、「…艦員は午前九時四十七分蒲郡驛から列車に乗り九時五十八分岡崎驛に着下車し　隊伍を整へ半数は陸戦隊形となり銃剣を担いラッパの音も勇ましく停車場道路を北へ一里　午前十一時に岡崎市に入った。殿橋を渡り國道へ出て矢作神社の森の見える沿道に来ると　矢作町の小学校児童約一千五百名両側に整列し手に矢矧艦員歓迎と染た旗や軍艦旗模様のものを打ち振って万歳々々を絶叫」。さらに「矢作川を渡ると西詰に大緑門が建設されて歓迎の文字も鮮やかである、矢作神社の境内は歓迎の人を以て埋められた」という。

松井の帳に「大緑門」の写真も残されていて、初めて来る海軍軍人を迎える興奮が伝わってくる。

半年後の十月には、乗組員によって軍艦矢矧の百分の一模型が神社に奉納された。このことは、小林清司編『巡洋艦「矢矧」はるか』に詳しい。模型は今も健在で、神社で許可を得て拝見することができる。

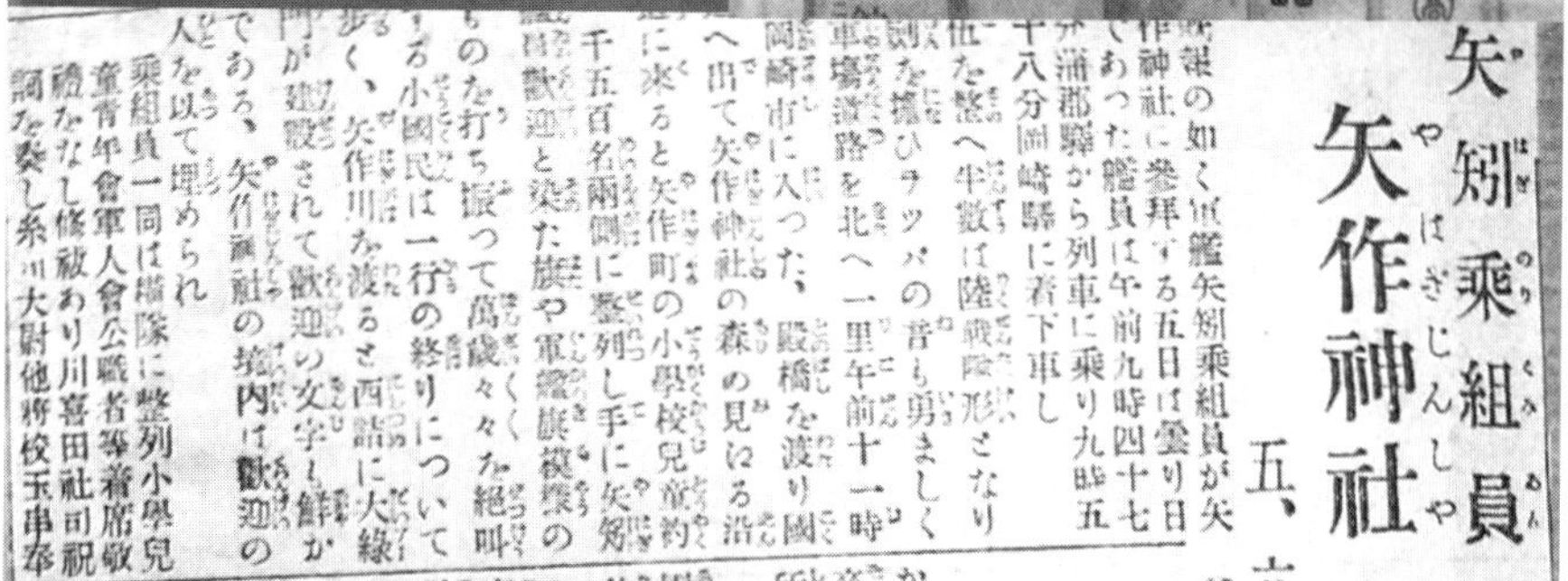

B

(便所の内へお貼り下さい)

ハイヲトーレ

糞壺の蠅が茶碗の飯へ來る

岡崎市聯合衛生會

A

消毒長生箸

飯田屋

消毒割箸

加藤旅館

消毒長生箸

改良亭

清淨御割箸

御旅館

梅屋

衛生御箸

C

矢矧乗組員
矢作神社へ參拜
五、六兩日に半舷宛參拜

…報の如く軍艦矢矧乗組員が矢作神社に參拜する五日は曇り日であつた艦員は午前九時四十七分蒲郡驛から列車に乘り九時五十八分岡崎驛に着下車し一隊を整へ半數は陸戰隊形となり列を揃ひラッパの音も勇ましく…車場道路を北へ一里午前十一時岡崎市に入つた、殿橋を渡り國道へ出て矢作神社の森の見ゆる沿道に來ると矢作町の小學校兒童約千五百名兩側に整列し手に矢矧…歡迎と染た旗や軍艦旗模樣のものを打ち振って萬歲々々な絶叫する小國民は一行の終りについて歩く、矢作川を渡ると西詰に大緑門が建設されて歡迎の文字も鮮かである、矢作神社の境内は歡迎の人を以て埋められ

乘組員一同は横隊に整列小學兒童青年會軍人會公職者等着席敬禮をなし修祓あり川喜田社司祝詞を奏し糸川大尉他將校玉串奉奠拜禮す此時君代の吹奏あり捧げ銃をな…尚武會…あり續…校氏千…天皇陛…な一唱…かくて將…卒は境内…所に入り…一同隊た…園に入る…他尚武會…を呈し…康公の…跡から…發し岡…分發列…車歸艦…以下約…する岡…來た事…つた

D

8　大正十二年　東遊廓成る

松井弘の大正期（年不明）のスクラップ帳に「岡崎東遊廓新築祝賀會」の案内状が貼られている。大正十二（一九二三）年三月のもので、差出人は岡崎市東遊廓組合長・小林太一とある。松井はその脇に「東遊廓成る」と書き添えた。

岡崎市内の伝馬町、板屋町、松本町にあった遊廓が、中町に集められたのである。案内状には「来る四月一日を以て一斉に開業可致運びと相成候ては右竣工祝賀の微意を表し度四月三日午前拾時より移転地内に於て祝賀式を挙げ終了市公會堂に移り祝酒一盃拝呈仕度と存候…」とある。

この移転は遊廓側の意向ではなく、県知事からの一方的な命令だった。三英傑の出生地近くに、遊廓はふさわしくないという理由だったらしい。ともあれ盛大な祝賀会が催され、東遊廓は四月一日に開業した。

ところが東遊廓に関する記録を、筆者はほとんど見たことがない。知る限り、柄澤照文発行『おかざきしんぶん』第3号（一九七八年）が唯一詳しい。「（東遊廓は）巾一間位の塀に囲まれた遊里の中心には三三軒の妓楼があり、そのまわりは置屋、揚屋、商店、民家が軒を連ねていた」という。

ある人から『三河能華』という、遊廓案内本を見せていただいた。発行年は記されてないが、東遊廓開業時のもの。表紙は「福報急告　今度乗合自動車が出来ました！」で始まる、額田郡豊富村（現岡崎市樫山町、牧平町など）豊富自動車商會の色刷り広告である（写真上）。宮崎、樫山―岡崎伝馬町（上中ノ切）間七十銭也。他にも、羽根自動車商會（岡崎駅前）、木綿屋自動車部（門前町）の広告もある。周辺からは、乗合自動車で遊廓をめざすのである。

この案内本は妓楼の女性達の写真が中心だが、スポンサー広告も多い。乗合自動車の他、「置屋」「芸娼妓紹介業」「小間物化粧品店」「料理屋」「菓子店」から医者や寺院まで、さまざまな広告が掲載されている。東遊廓への注目度はそれほど高かった。

〈写真下〉は東遊廓の夜景。岡崎電燈会社が供給する電気と電灯によって浮かび上がった「不夜城」。大正時代に出現した新風景である。

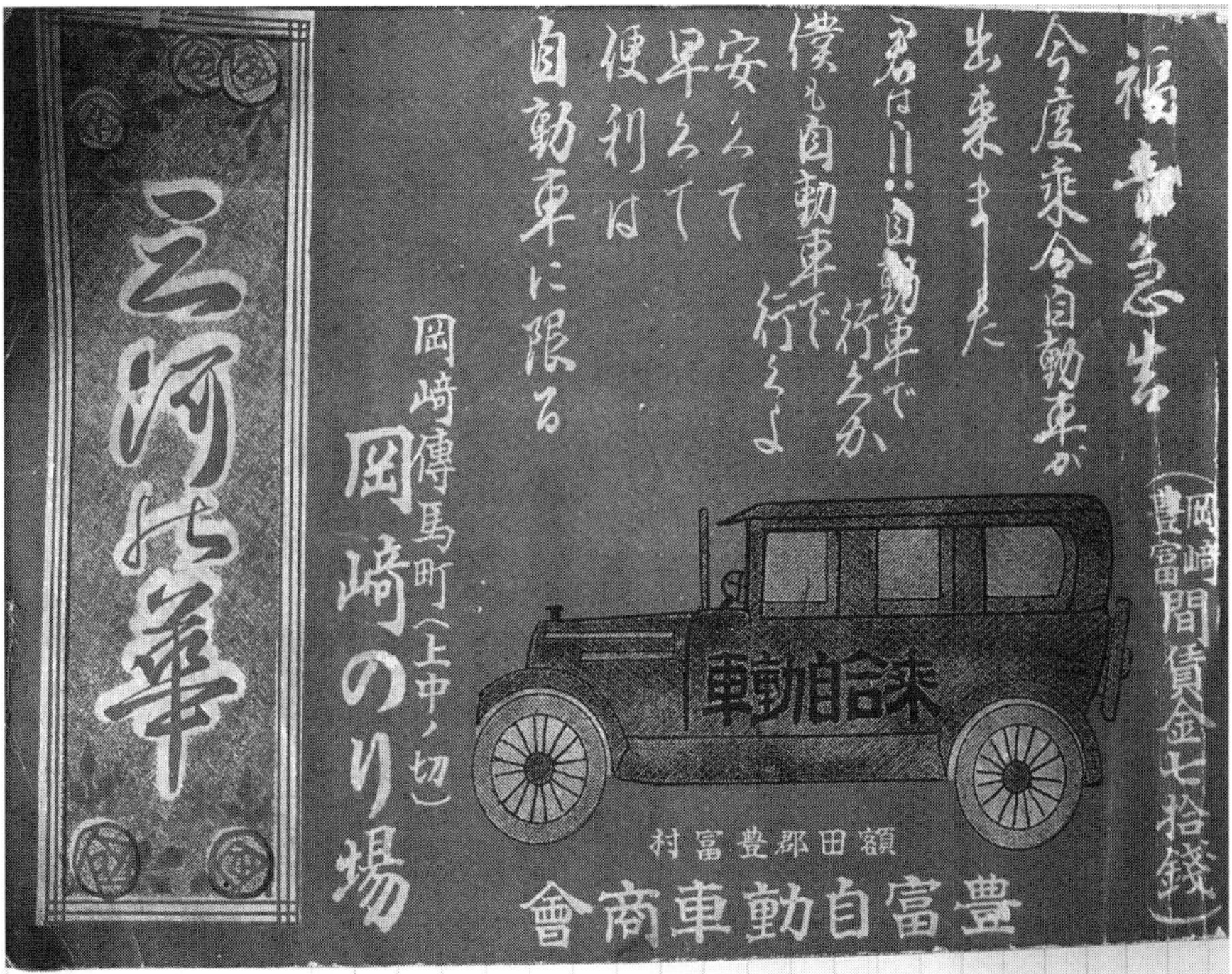

福音急告

(岡崎 豊富 間賃金七拾錢)

今度乘合自動車が
出來ました

君は!!自動車で行くか
僕も自動車で行くよ

安くて
早くて
便利は
自動車に限る

乘合自動車

岡崎傳馬町(上中ノ切)
岡崎のり場

額田郡豊富村
豊富自動車商會

9 大正十四年　商売の趣味化

松井弘のスクラップ帳に、大正十四（一九二五）年刊行の『商賣の趣味化』という小冊子（写真A）が残されている。岡崎市立図書館（岡崎公園にあった）と同公會堂での講演会で配布したものである。

冒頭には、「よい品を出来るだけ安く」は当然のこと。「（現代では）販売能率を増進させる為めには、廣告、店内の設備、顧客待遇、商略、其他万般に亘り細心の注意と研究が必要である…（略）…努力し一歩一歩向上せしむべきで、其処に商店としての面白味が存在してゐると存じます」と、研究熱心な彼の信条が述べられている。

松井のいう「商売の趣味化」とは何だろう？　具体的には、「（一）商業經營研究會を設ける事。（二）商店日誌を作る事。（三）店勢調査を行ふ事」など、自身の体験からくる十二項目を提案している。

「商店日誌」に代わる彼のスクラップ帳には、たくさんの百貨店の広告類が貼ってある。松井は東京銀座の百貨店に何度も足を運び、広告類をすべて持ち帰り帳に貼って保存し、そこに感想などを記している。十二項目中の「（四）廣告印刷物蒐集」と「（六）大都市の商店及商店街を見る事…ついでではなく、わざわざ出掛けるのです」という通りである。

松井は、広告や包み紙のデザインにも並々ならぬ興味を持っていた。ただ集めるだけでなく、それらを分析、批評までしている。さらに仲間と交換会を催したりもした。研究熱心もここまでこれば、もう「商売」を通り越してりっぱな「趣味」となる。

冊子の最後で、「私の奉仕」として「廣告のご相談相手になりませう」と書いている。松井は、東京で開催された「現代廣告術講習會」（大日本廣告協會主催）へ出席し、一週間聴講している。また自身でも、広告や包装紙のデザインを手がけている（写真B）。岡崎の商店街に、商業デザインの概念を持ち込んだのは、松井が初めではなかろうか。

写真Cは、同年籠田町に開店した喫茶「みどり」の広告である。この一枚からも、松井のいう「商売の趣味化」を、うかがい知ることができないだろうか。

A
商賣の趣味化
岡崎市康生町
みどりや
松井弘
B
C
感じのよい店 うまい味
籠田町に出來た洋館に
喫茶みどり
開店御披露
十一月十五日より三日間 おみやげ呈
籠田町に新築の洋館に店開きを致しました。
感じのよい店、うまい味、ゼヒ御立寄り下さいまし。
おいしい飲物、うまい洋食、
めづらしい洋酒、
特製おしるこ、おぞうに、
チラシずしも御座います。
皆様の御休息所
お手軽な御食堂
喫茶みどり
岡崎市籠田町
（中央十字街東へ入ル）
北
籠田町通り
至康生町

10　大正十四年　大正末の洋食

大正十四（一九二五）年十一月、「喫茶みどり」が岡崎市籠田町に開店した。その記事が、松井弘のスクラップ帳にある。「カフエー　ミドリ　康生町みどり屋主人松井菅甲氏は従来店内に喫茶部を設けていたが今度籠田町の洋館内に獨立した、…（略）…おいしい飲み物、うまい洋食、めづらしい洋酒、特製しるこ、おぞうに、チラシずしなどある「感じのよい店うまい店」を標榜している」と。

松井が標榜したのは、老若男女が手軽に楽しめる「百貨店の食堂」だったと思われる。彼の帳には、方々の百貨店の喫茶室や食堂のレシートが幾つも貼ってある。とくに、大正半ばから昭和の初めにかけて、足しげく通っていたようだ。

写真Aは、「喫茶みどり」のメニュー。飲み物は「コーヒー（モカー）10（銭）」始め十二品。和食は、「ちらしずし25、ぞうに10」など九品。そして洋食は、「ビーフカツ35、ビーフテキ40、コロッケ30、オムレツ30、ハムサラダ35、ハムライス30、ハムエッグス35、ハヤシライス25、カレーライス25、チキンライス30、アスパラガス40、サンドウイッチ35、ランチ50、パン10」の十四品である。

これより四年前、同十年の帳に、「岡崎驛舎（現JR東海道）改築竣工祝賀會」で出された「料理献立表」が残っている（写真B）。こちらは「1プーレデベニフーリ（鶏肉）／2カボナーダ・ブォフ（挽肉）／3フタフドオーフ（玉子）／4ジャンボン・デ・マジトサラド（ハム）…（略）…7ポンムデシュー（半）」の七品。公的行事の食事でもあり、これが本格的な「西洋料理」だったのだろう。「喫茶みどり」の「洋食」とはずいぶんと違う。

「第8話」で紹介した岡崎の遊廓案内本『三河能華』（同十二年頃）にも、「西洋料理」「洋食」を看板に掲げる十五店舗が、広告を掲載している。殿橋通りの長寿亭、上伝馬の美登利軒、東遊廓の櫻亭、康生町のクラブ亭など。中には「洋食」と言いながら、親子丼や支那そば（ラーメン）を出す店（写真C）もあった。

「西洋料理」は半世紀の間にずいぶんと「日本化（雑種化？）」し、大正末には「洋食」として多くの人々に親しまれていたようだ。

A

定價表

飲物		和食		洋食		洋酒	
コーヒー（モカー）	10	ちらしずし	25	ビーフカツ	35	Aウイスキー	70
紅茶（リプトン）	10	助六ずし	15	ビーフテキ	40	B 仝	50
ココア	15	おしるこ	10	コロツケ	30	C 仝	35
チヨーコレツト	20	田舍しるこ	10	オムレツ	30	D 仝	20
カルピス	15	ぞうに	10	ハムサラダ	35	ジン	40
ソーダ水	10	玉子ぞうに	20	ハムライス	30	ペパーミント	40
レモンチー	15	あべ川もち	10	ハムエツグス	35	キユラソー	40
レモンスカツシ	15	つけやきもち	10	ハヤシライス	25	ブランデー	40
ホツトレモン	10	東京みつ豆	10	カレーライス	25	ベルモツト	30
ホツトオレンジ	10			チキンライス	30	ブドウ酒	40
レチラツプ	15			アスパラガス	40	ポートワイン	25
ミルク	10			サンドウイツチ	35	カクテル（混合酒）	50
水菓子（生果 鑵詰果）				ランチ	50	ドムベネヂクチン	40
洋菓子				パン	10	マラスキノ	40
						其他世界各國ノ酒	

皆様の御休息所 お手輕な御食堂　岡崎市 籠田町　喫茶みどり

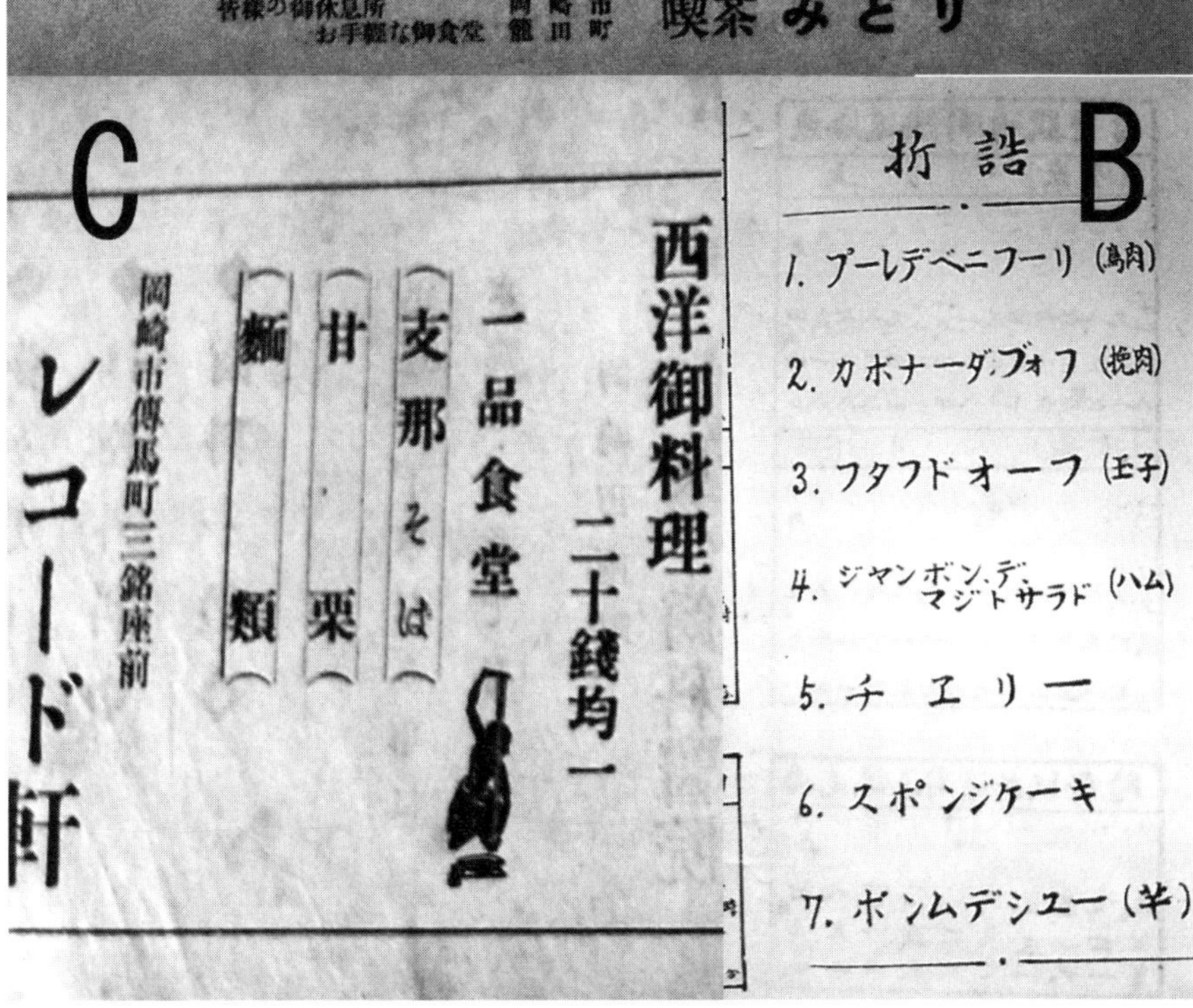

C

西洋御料理

二十錢均一

一品食堂

支那そば

甘栗

麺類

岡崎市傳馬町三銘座前

レコード軒

B

折詰

1. プーレデベニフーリ（鳥肉）
2. カボナーダブオフ（挽肉）
3. フタフドオーフ（玉子）
4. ジャンボンデ マジドサラド（ハム）
5. チエリー
6. スポンジケーキ
7. ボンムデシユー（芋）

11 大正末 消へる藤傳

松井弘の大正期（年不明）のスクラップ帳に、「時代の波に消へる藤傳『矢作宿場』も嘉永の夢／句佛師の『眺橋樓』に感慨一入／五代目當主に秋は淋し！」と、大きな見出しの記事が貼ってある。大正の終わり頃と思われる。

藤傳は矢作橋西詰にあった旅館兼料亭で、明治二十一（一八八八）年発行『参陽商工便覧』に紹介される老舗であった（写真下）。

記事には「藤傳は嘉永年間に林家十三代目孫九郎さんが獨立して料理業を開業、葦簀張の大衆食堂のやうな店で、名物八丁味噌を看板に『むきみ汁』を売って忽ち人気を得大繁盛した」と。また「畏くも東伏見宮殿下には『藤傳』方で御休憩遊はされた」のだそうだ。

その美しい景観から、「日露戦役時　当時の額田郡長が藤傳旅館の景勝を賛嘆『對橋樓』と名づけたものである」という。さらに「大正初期　句佛師が『眺橋樓』の命名をなした」とも。句佛師とは、「句仏上人」として有名な、東本願寺法主・大谷光演である。かかる老舗も、「内務省直轄の矢作川河川改修工事の餘波をうけて立退の運命にあひ、つひに一世紀半の長きに亘る有為転変の『人生縮図』におさらばをつげることになった」のである。

松井は、主人の五代目林傳蔵とは岡崎納札会の仲間として親しい。松井の帳に、同十二（一九二三）年の藤傳亥年料理の御品書きが残っている。

「猪料理三種◆猪のさゞれ椀◆イノシシのまぐろ揚◆シヽ鍋」。岡崎納札会の新年宴会の料理であったろう。

「藤傳」記事の下に、見出し「スピード時代の惨敗兒人力車／岡崎署管内に十七臺／老車夫の懐古談」の記事も貼ってある。「明治から大正時代にかけて三四十年といふものは我々の天下でした。岡崎署管内だけに二百何十臺といふ人力車があったものです。…（略）…人力車といふと随分持てた時代もあった」と老車夫が懐古している。

大正末、人力車も人々の生活から消えつつあった。当時三十代半ばの松井は、どんな思いでこの二つの記事を帳に貼ったのだろう。

時代の波に消へる藤傳

『矢作宿場』も嘉永の夢
句佛師の『眺橋樓』に感慨一入
五代目當主に秋は淋し！

百年の礎たる英斗は出したがその後はセミの尾骨み
どうやら百五十年の封建的移し香を保つてきた岡崎五
ドの天然記念物同樓の碧海郡矢作町矢作橋秋の旅館業者
達が押よせる時代の波には如何とも出來得ず内務省直
作川河川改修工事の餘波をうけて立退の運命にあひ、つ
世紀半の長きに亘る有爲轉變の『八年繪圖』におさらば
することとなつた……

作町矢作橋秋の一隅に東『藤屋傳兵衛』の輕昂たる片鱗を
二次の宿場時代の面影を現して來訪の記者を煙に卷いた…
な建物に偲ばせてゐる『藤傳は嘉永の初期に林家十三代目孫
その話題の主となつてゐる九郎さんが獨立して料理業を開業
ある、現當主（五代目）したのがそもそもの始まりである
（七二）は今夏店を畳むが、當時颯爽たる黒船浦賀に來る
郡刈谷町に隠棲すると幕末世相末期を反映してこゝ東海道
生を矢作町の史蹟顯彰運首五十三次宿場の一つ『矢作の里』
貢獻をするんだ』と鼻息物』は人馬の往來しげく矢作川の清
キッて晩節を築た當時の流に映えて[illegible]さんざめく[illegible]

手の茶屋街は自然に形成されたも
ので初代『藤屋傳兵衛』さんは[illegible]
初は矢作橋の袂に葭簀張の大衆食
堂のやうな店を開業、名物八丁味
噌を看板に『むきみ汁』を賣つて
忽ち人氣を得大繁昌した、そこで
店を擴張してゐるうちに明治初年
の矢作橋架け替を機に現在地に
移轉したものである、旅館料亭
の『藤傳』の本格的な前進サービ
スがはじまつたわけである 新座
敷落成は明治八年六月三代目から
襲名は傳藏とされたものである、
現存の五代目傳藏翁の追懐談を聽
いてみるに『藩政時代のお得意さ
まは郡山二万石の城主で何しろ[illegible]
[illegible]だつたね、女中へのチップ

[illegible]で矢作[illegible]が[illegible]したとき
く東伏見宮殿[illegible]
は『藤傳』方で御休憩[illegible]
と當主は當時の光榮を回顧し
てゐる 明治二十年ごろ一
[illegible]師[illegible]山人が[illegible]『藤』との
ば恐ろしむきみ汁きらず[illegible]
賞いて吸ふ』の即興を[illegible]
のして飄然と立去つて行
露戰役當時、當時の[illegible]田
傳旅館の[illegible]を[illegible]『對
名づけたものである、
年に句佛師が眺橋樓の命
てゐるしな[illegible]旅館[illegible]
らしてゐる同町[illegible]旅館
じみの清水の次郎長親分
道中双六のわらじをぬい
珍談綺談は矢作川の水と
めども盡きないが時代の
紀半前そのまゝの藤傳に
當りそれに加へて矢作川
のため立退きを餘儀なく
前に移轉札をペタリと貼
傳藏翁は碧海郡刈谷町に
をゆう／＼と送つてゐる
この由緒ある建物も取こ
はさることゝなつた、

12　大正十五年　大正から昭和へ

松井弘のスクラップ帳に、大正四（一九一五）年の愛知縣農會（現農協など）の「即位禮大嘗祭　奉祝心得」というチラシが残されている。大正天皇の即位式、大嘗祭は延期され、四年の秋におこなわれた。松井は二十五歳、岡崎朝報記者の頃である。

このチラシには、大正天皇の即位式（十一月十日）と大嘗祭（十四日）に際して、国民のすべきことが書かれている。具体的には「新年を迎える心を以てする」のである。まず国旗を掲出する事、家族で屠蘇を酌み交わす事、赤飯を炊く事など、六つの心得が記されている。写真Aは、その祝賀ムードを盛り上げる「奉祝餅」の商標。

その翌年には、裕仁親王（後の昭和天皇）の「立太子の礼」がおこなわれた。この時の岡崎市長より宮内省に宛てた「…本市ハ左記（立太子礼）賀表ヲ奉呈セムトス」との書類が帳に残っている。松井は、洋と和の雰囲気を併せ持つ青年皇太子が大好きであった。帳には、皇太子が写る新聞記事を何枚も貼っている。松井だけでなく、多くの国民の気分でもあったと思われる。国民は「めでたき代代のためしとて…（略）…いざや祝はん諸共に」と「立太子禮奉祝唱歌」を歌い、松井たち岡崎納札会の仲間はその喜びを千社札（写真C）にした。

大正天皇は病弱であったようだ。新愛知新聞岡崎支局長となった松井宛に、同十年十月四日から翌年二月までに、合計八本の電報が届いている（写真B）。

10／4付「テンノウヘイカ　ゴフレイノムネ　クナイショヨリ　コウヒョウセリ（天皇陛下　御不例の旨　宮内省より　公表せり）」。不例とは貴人が病むこと。

11／25付「ゴニジハン　コウタイシヲモッテ　セツセイノゴニンムニアタラセタモフムネ　セウショハッペウセラレタ（午後二時半　皇太子を以て　摂政の御任務にあたらせたもう旨　宣書発表せられた）」。

病弱な大正天皇を補佐するため、皇太子が摂政に就任したのである。その後大正天皇は療養生活に入り、十五年十二月二十五日に崩御された。

短い「大正」が終わり、長い「昭和」がここから始まるのである。

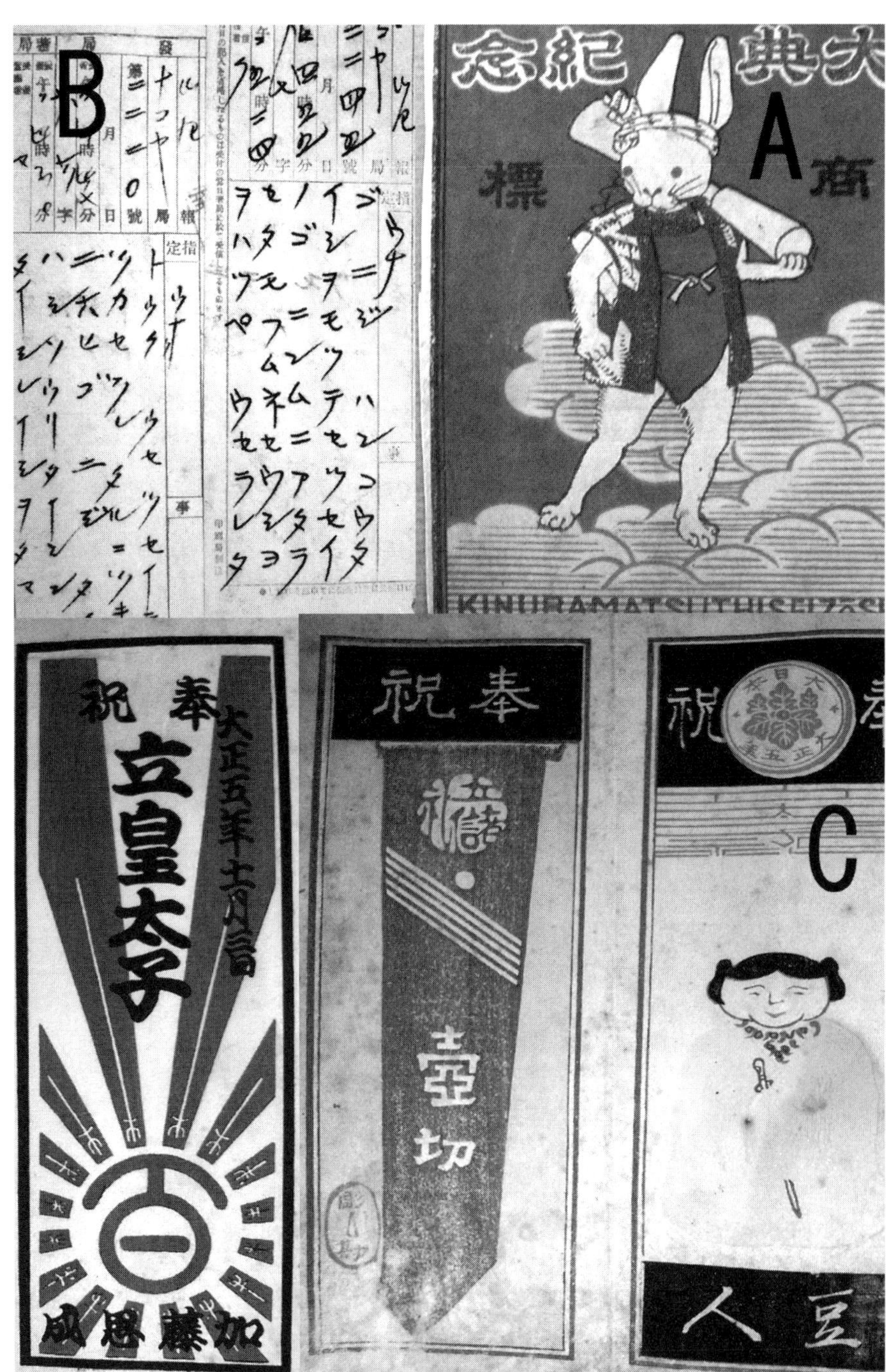
B
A
紀念大典
商標
KINURAMATSU ITUISEI ZOSHI
奉祝
立皇太子
大正五年十一月吉
加藤恩成
奉祝
壺切
C
祝
奉
豆人

13 昭和二年　昭和が始まる

　一九二六年十二月二十五日、大正天皇が崩御され「昭和」と改元された。昭和元年は七日間で終わり、昭和二（一九二七）年が始まった。

　この年の冬は寒かったようだ。松井弘の同年のスクラップ帳に、「各地の積雪量（十二日の調べ）」「富山一丈、福井七尺、糸魚川では一丈四尺」との記事が貼ってある。一丈四尺は、約四・二メートルともなる。そのため「立ち往生してゐる列車」があり、いくつかの列車は「埋没」とある。テレビニュースのない時代のこと、その状況を伝えるために列車が立ち往生している地点を地図上に記している（写真A）。

　正月二日に岡崎市六供町の不動堂で火事があった。松井の町内である。その時の「鎮火」の礼状が残る。当時は火事に遭うと、こうした挨拶状を町内に配布したものらしい。

　松井の帳の始めには、例年通り届いた年賀状が貼ってある。天皇崩御の直後とあって、祝いと慎みが交雑する。松井の「趣味」仲間である、横浜の書誌研究家・斎藤昌三は毎年趣向を凝らした賀状をくれるが、この年は「諒闇に際し新年の御挨拶御遠慮いたします」（写真B）と。また蒐集家の元締めである東京の三田平凡寺からは、「謹慎」とだけ書いた賀状が届いている。

　大正天皇の御大喪は二月七、八日におこなわれた。岡崎市での「御大喪遥拝式」の様子を伝える記事があった。七日は公園運動場や三河別院に各種団体や市民が参集して遥拝。小学児童は校庭で「奉悼歌をうたひ東方を遥拝」した。八日、市民は時報機の音を聞き、「悲しき餘いんをひいて行人もしばし立ち停って東の空を伏をがんだのである」と。

　翌々日には、岡崎劇場（康生南にあった）で御大喪の写真上映会が催された。松井の帳に「大正天皇御大喪儀　御寫眞上映」のチラシ（写真C）が貼ってある。「本日（十日）限り午后七時三十分謹寫／無料公開／岡崎劇場」。さらに「空前の大設備を以て強力電燈数十臺より放射する電光にて謹んで拝寫し奉る」ものだったらしい。

　大正天皇御大喪の様子は映画を通じて全国に広まり、国民の「御陵参拝」ムードへと繋がってゆくのである。

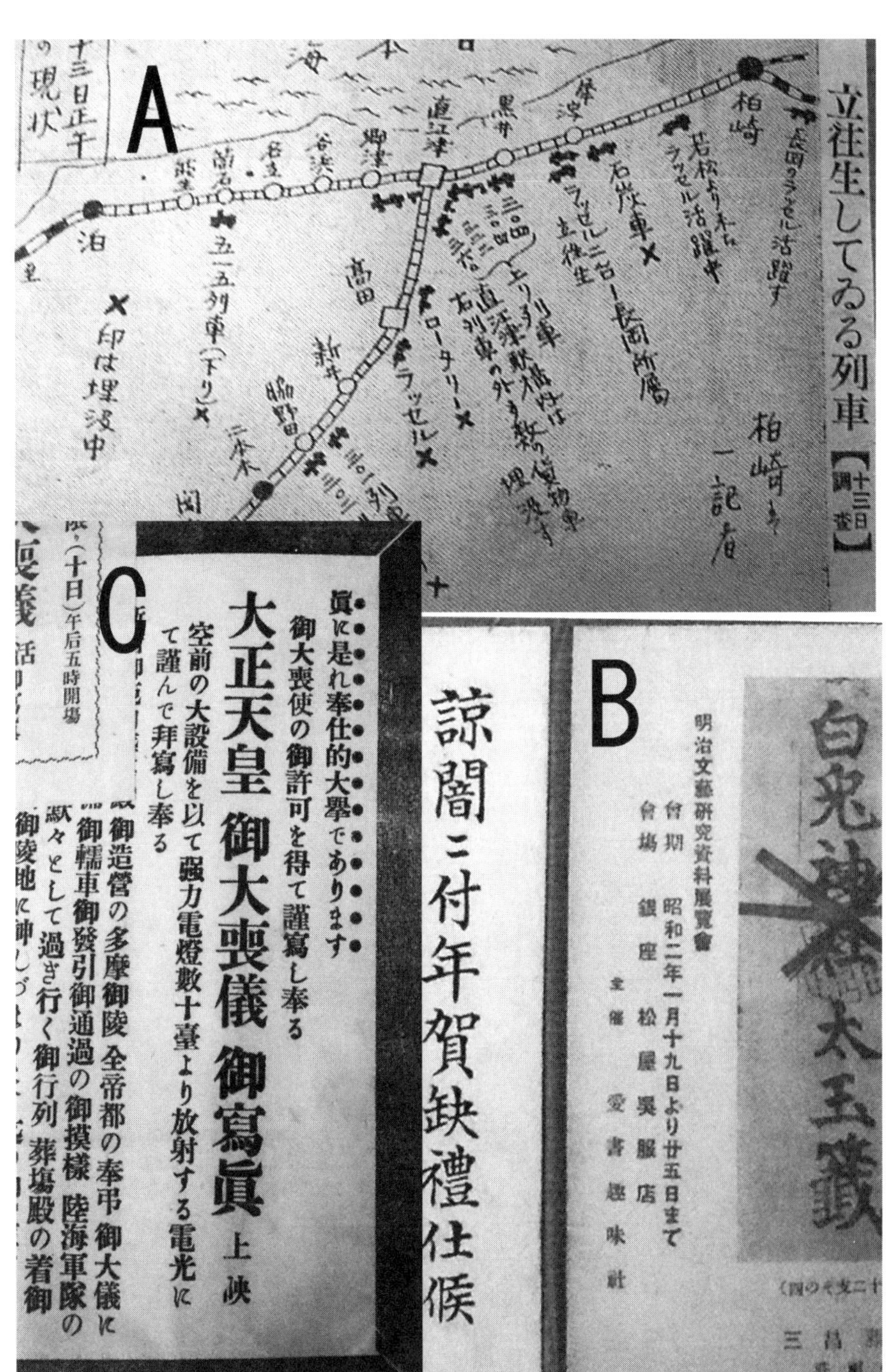
A
立往生してゐる列車【十三日調査】
柏崎より 一記者
十三日正午の現状
×印は埋沒中
B
諒闇ニ付年賀缺禮仕候
明治文藝研究資料展覧會
會期 昭和二年一月十九日より廿五日まで
會場 銀座松屋呉服店
主催 愛書趣味社
C
眞に是れ奉仕的大擧であります
御大喪使の御許可を得て謹寫し奉る
大正天皇御大喪儀 御寫眞 上映
空前の大設備を以て强力電燈數十臺より放射する電光にて謹んで拜寫し奉る
(十日)午后五時開場
御造營の多摩御陵 全帝都の奉弔 御大儀に御轜車御發引御通過の御摸樣 陸海軍隊の粛々として過ぎ行く御行列 葬場殿の着御
御陵地に

14　昭和二年　多摩御陵参拝へ

　大正天皇が崩御され、昭和二（一九二七）年二月七日に新宿御苑で「葬場殿の儀」（葬儀）が行なわれた。この日、多くの人が皇居周辺に集まり圧死者まで出たという（『昭和二万日の全記録1』）。その後、大正天皇は多摩御陵（現武蔵御陵）に葬られた。

　松井弘のスクラップ帳に「名古屋鐵道局では多摩御陵への参拝者の便利を計って今度「多摩御案内」を發行した」との記事が貼ってある。鉄道会社も新聞社も案内を配り、人々の多摩御陵参拝気分は高まった。写真Aは『東京日日新聞』の「参拝案内」である。

　松井も商店街の人々と多摩御陵参拝へ赴いた。帳に「二月十六日夜発多摩御陵参拝に赴く」と記してある。岡崎駅を夜行列車で発ち、「十七日午前六時横浜着　朝食の包紙」とて、崎陽軒の「上等弁当（金参拾五銭）」の包み紙を残している。

　横浜から「横浜線にて八王子着直ちに自動車にて東浅川へ、御参道を歩む、御大葬当日のままの装飾　いと神々し」。そして「十七日朝晴れていたが寒むい風が吹いた。参道から御陵の領域に入り恭しして拝した　参拝者の群は参道をうめていた　東浅川仮駅には霊柩列車が置かれ　しめ縄を張り忌竹が立てある「おさい銭を投げてはおりません」と書いてあった」と参道の様子を記している。東浅川仮駅は御陵参拝用につくられた特別な駅である。

　帳には、開通したばかりの高尾山ケーブルカーの「多摩御陵御参拝の御序に」と書かれたチラシも残っている。御陵参拝とはいえ、誰しも旅行気分があるものだ。

　おもしろい包み紙が松井の帳に残っていた。「御陵の雫」の「陵」の字を墨で消し、ゴム印で「光」と修正してある（写真B）。「土産は絵葉書、手拭、菓子等　此の包は御菓子で「御陵の雫」が禁止されて「御光の雫」なってゐる」と添え書きしている。「陵」を使うのは不遜であったらしい。

　松井たちは新宿御苑にも参拝した。「参拝する道にはみやげ物屋が軒を並べて客を呼んでゐます」と、また「（葬場殿の）写真を撮る為の高い高いやぐらができていた…（略）…拝観者で大混雑であった」とも記している。写真Cは帳に残された新宿御苑の絵葉書である。

多摩陵は横山村地内の[illegible]廿八町歩の地域を占め、前に大祚の如き武相の平野を[illegible]後に長房山の峰を結え秩父の諸嶺をひかへた形勝の地で[illegible]

長房山

多摩陵の背後に聳ゆる長房山は、永禄十二年十月一日北條氏照の臣横地監物、近藤出羽之介と武田勝頼の臣小山田信茂とが干才を交へた由緒深い古戰場である。

横山と横野

武藏七黨の随一として卅餘家に分れた横山黨の發祥地、御陵地の南方に近く見える初澤の城址はその同族の居城であつた又横野には、土器など多く發見され『雲さそふ峰のこがらし吹きなひき玉の横野にあられ降るなり』といふ家隆卿の歌にも詠まれ、横山の歌としては『赤駒を山ぬにはなちとりかにて多摩の横山かちゆくやらん』とある。

高尾山

有名な高尾山は御陵から山口まで約廿町、そこから登山電車森林の大部分は林野局の管理に屬する。七堂伽藍は昔から武家の信仰によつて名高く北條氏、徳川氏寺領の御朱印を初め什寶が多い。この邊にはむらさきしもばしら、えぞすみれ、[illegible]やましやくやくなどの珍しい植物もある。

駒木野關所

淺川村の役場を西に二三町の地に一本の老松亭々として聳えてゐる、これが駒木野關所の跡、文人墨客の遊ぶ地である。

初澤高乘寺

淺川驛を西南に去る七八町、本尊は釋迦如來、片倉城主長井大膳大夫大江廣秀の開基といはれる、境内廣く幽すゐである

狭間附近の遺跡

御陵地の南數町、横山村總名下椚田の中なる狭間の台地を中

新宿葬場殿　全景

15 昭和二年　青い目の人形

昭和二（一九二七）年の雛祭りを前に、米国からやって来る「青い目の人形」が大きなニュースとなった。米国人宣教師のシドニー・ギュリックが全州に呼びかけて一万二千七百体余りの西洋人形を集め、日本の子どもたちに贈ったのである。

当時、米国で高まっていた「日本人移民排斥運動」に対し、日米両国民の心を結ぼうというものだった。渋沢栄一の積極的な応援もあり、三月三日に「青い目の人形歓迎會」が日本青年館でおこなわれた（写真A）。人形は全国の小学校や幼稚園に寄贈され、岡崎市にもやって来た。

松井弘のスクラップ帳に地元新聞の記事が貼ってある。『岡崎朝報』の見出しには「青い目のお人形様　岡崎へは七個来る」、『新三河』は「店頭に見る日米の交流」とある。さらに『三河日報』は「みどりやで陳列會が開かれる…（略）…今度の米國の児童親善會が日本の児童へ贈るお人形を以てし　之を『平和の使い』とし　然して日本の朝野が大歓迎をしてゐる有様は、いよいよ人形を通じて『子供の國』の發展と存じ喜びに堪へません」と。

学校へ寄贈される前に「青い目の人形」を市民にも見てもらおうと、「みどりや」で陳列会をおこなった。玩具に並々ならぬ想いを持つ松井は「お人形によって日米両國の子供が握手するなどは美しい事と存じます」と新聞のインタビューに答えている。

秋には、答礼人形を米国に贈ることとなった。愛知県代表は「ミス・アイチ」と名づけられた。その展覧会も「みどりや」でおこなわれた。チラシ（写真B）によれば、ミス・アイチは「木彫二尺五寸友禅（ゆうぜん）ちりめんの衣服に本金丸帯をしめた」日本人形で、「愛知縣を代表してアメリカへ行くお人形さんを展観　十月五日午前中康生町みどりやにて　お人形さんの送別會が岡崎市では十月五日三島學校で催されます」と。

十一月十日各県から集まった日本人形は、横浜港からニューヨークへ旅立った（写真C）。こうした子どもと女性を主人公にした平和ムードも束の間、その数日後には「陸軍大演習」がおこなわれた。松井は大演習のビラ（写真D）を帳に貼り、「ヒコーキより散布されたるもの」と添え書きした。

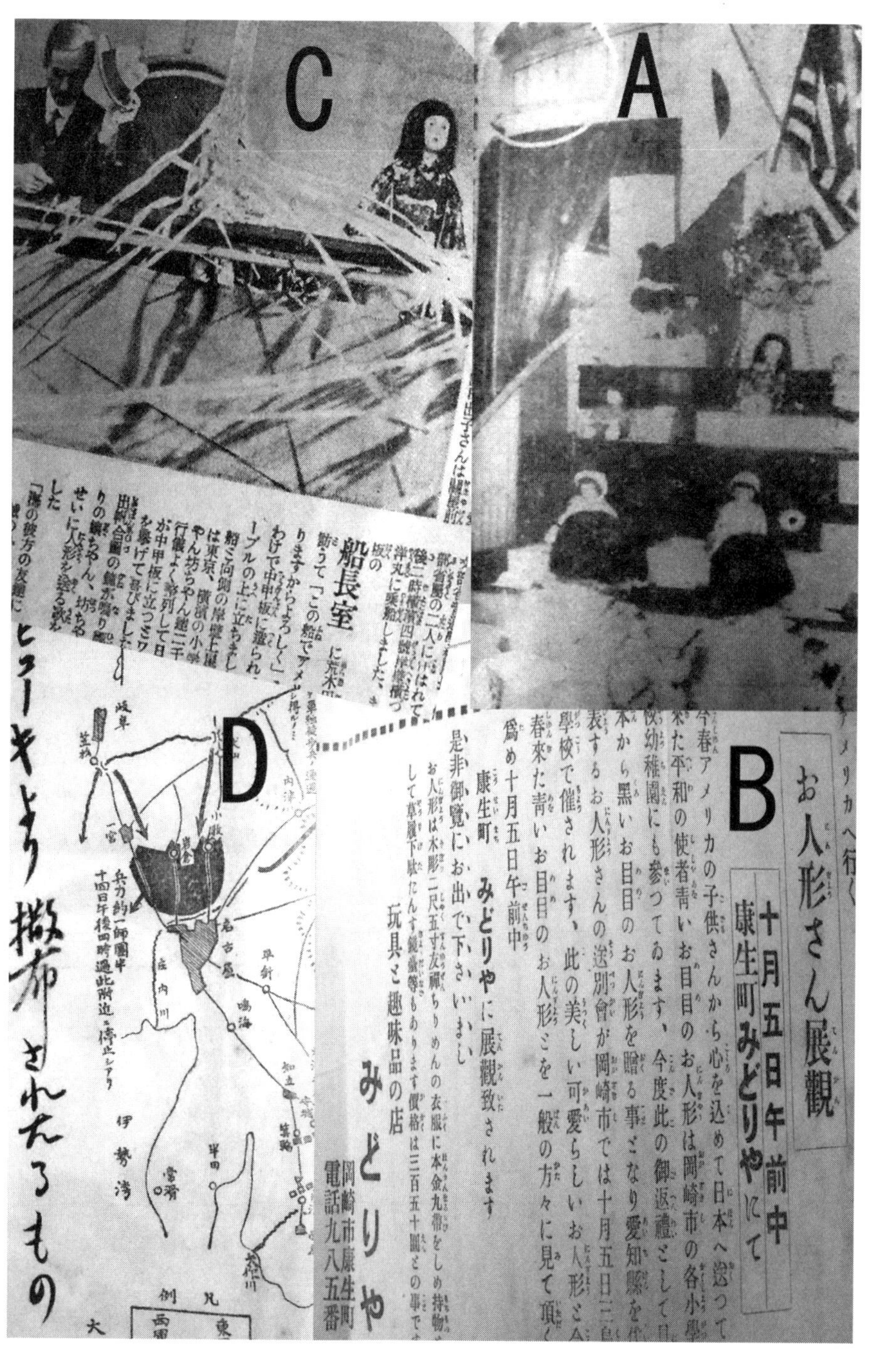
C
A
D
B
船長室
ヒューキより撒布されたるもの
アメリカへ行く
お人形さん展觀
十月五日午前中
康生町みどりやにて
今春アメリカの子供さんから心を込めて日本へ送つて
來た平和の使者青いお目目のお人形は岡崎市の各小學
校幼稚園にも參つてゐます、今度此の御返禮として日
本から黒いお目目のお人形を贈る事となり愛知縣を代
表するお人形さんの送別會が岡崎市では十月五日
學校で催されます、此の美しい可愛らしいお人形さん
春來た青いお目目のお人形とを一般の方々に見て頂く
爲め十月五日午前中
康生町　みどりやに展觀致されます
是非御覧にお出で下さいまし
お人形は木彫二尺五寸友禪ちりめんの衣服に本金丸帯をしめ持物
して草履下駄たんす鏡臺等もあります價格は三百五十圓との事です
玩具と趣味品の店
みどりや
岡崎市康生町
電話九八五番

16 昭和二年　大演習と岡崎行幸

松井弘の昭和二（一九二七）年のスクラップ帳に、飛行機から撒（ま）かれた陸軍大演習のビラ（写真A）が貼ってある。愛知県の地図上に「演習開始前（十一月十四日夕）ニ於ケル両軍ノ態勢」を記している。「飛行機ノ見ルトコロニヨレハ」東軍が豊橋付近、西軍は名古屋北方地区に主力を置き、その後「両軍ノ騎兵ハ矢作川西岸地区ニ於テ相對峙（たいじ）シアリ」とある。旧碧海郡を舞台にした大規模な演習であった。

さらに市民に「軍隊行軍演習ニ関スル心得」が配られた。その一枚が帳に残っている。「故ナク宿舎ヲ拒否スルカ如キ者アリテハ…（略）…豫（あらかじ）メ注意シ置クコト」とある。要請があれば兵士の宿泊を受け入れよという命令である。実際にどのくらいの宿泊があったのか不明だが、「大演習御来客様やお泊りの軍人諸氏へ尾張名物の菜めしを差上げて下さい」と呼び掛けた、松坂屋の即席菜飯のチラシ（写真B）が残っている。

天皇はこの演習を統監するために愛知県を行幸された。松井の帳にある「岡崎御親閲場（式）次第」によれば、岡崎市での親閲式は「十一月二十一日午前　於岡崎中学校々庭（現岡崎高校）」。松井は「○志賀先生の企（?）○陛下行幸　岡崎に於ける式次第」と脇に記している（写真C）。志賀先生が志賀重昂（岡崎出身の地理学者）だとすると、この年の四月にすでに亡くなっている。岡崎行幸に生前の志賀重昂の働きかけがあったものか…？　謎である。

天皇を迎えるにあたっての「心得」も市民に配布された。それによれば、「行幸御道筋」は「明大寺町、久後崎町、康生町、岡崎郵便局（康生にあった）迄の縣道／愛電（現名鉄）ガード南龍海院前より岡崎中学校に至る市道／岡崎郵便局より西へ岡崎公園に至る國道」であり、特に道沿いの住民に、「豫め掃除を為し清潔を保つ事」「見苦しき物件を出さる事」「國旗は…（略）…竿球を黒布にて蔽（おお）い旗竿の上部に黒布を付し掲揚すへき事」などと、注意を呼び掛けた。国旗に黒布を付すのは大正天皇崩御への弔意であろう。

岡崎伝馬町の津田文洋品店の「奉迎用品」のチラシは、男児に学生帽子、女児に帽子やエプロン。大人には、シルクハット、ネクタイ、手袋を紹介している。

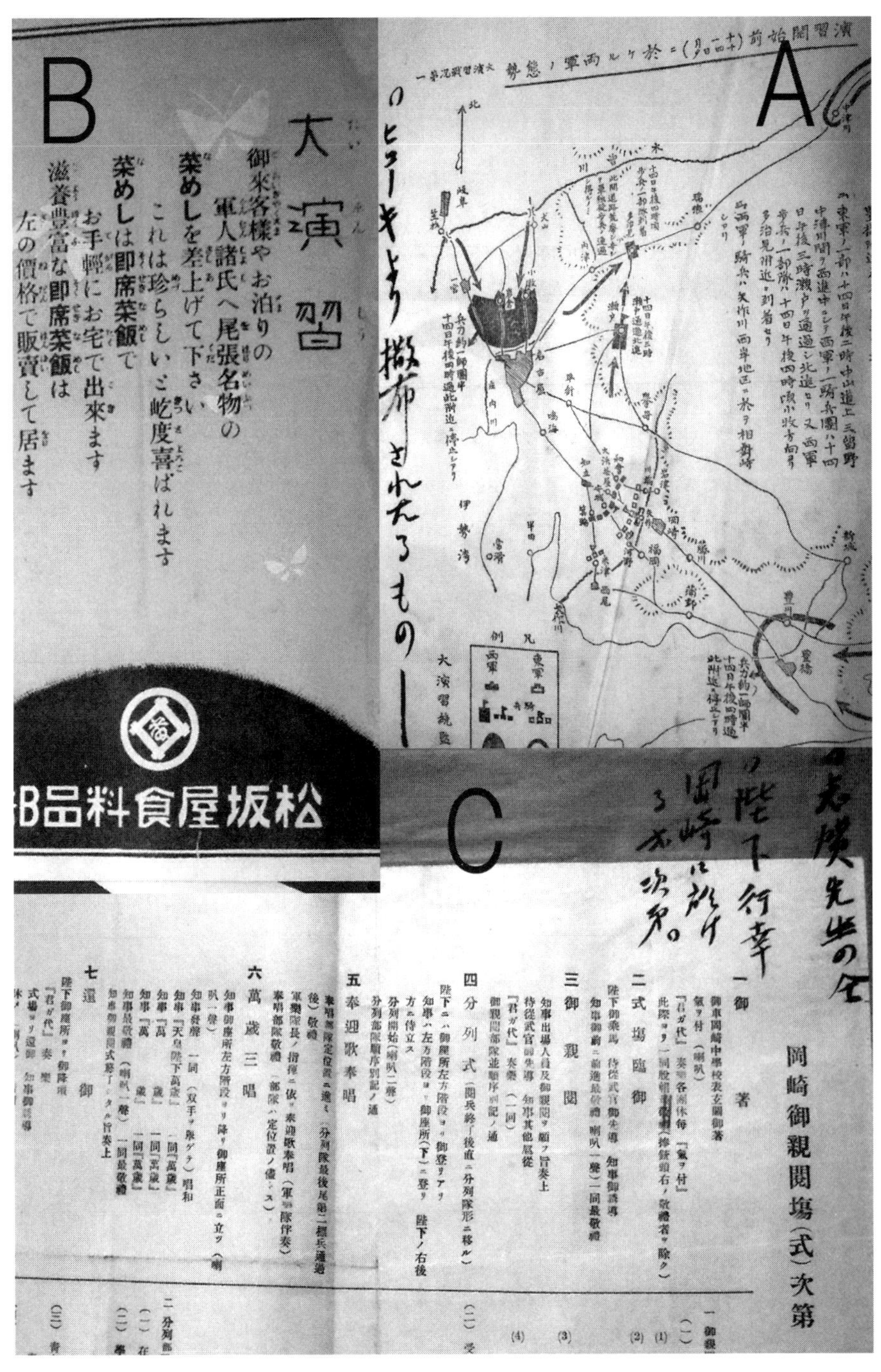

岡崎御親閲場（式）次第

一 御著
御車岡崎中學校表玄關御著
氣ヲ付（喇叭）
『君ガ代』奏樂 各闘休毎『氣ヲ付』
此際ヨリ一同脱帽（捧銃頭右ノ敬禮者ヲ除ク）

二 式場臨御
陛下御乘馬 侍從武官御先導 知事御誘導
知事御前ニ前進最敬禮 喇叭（一聲）一同最敬禮

三 御親閲
知事出場人員及御親閲ヲ願フ旨奏上
侍從武官御先導 知事其他扈從
『君ガ代』奏樂（一回）
御親閲部隊並順序別記ノ通

四 分列式（閲兵終了後直ニ分列隊形ニ移ル）
陛下ニハ御座所左方階段ヨリ御登リアリ
知事ハ左方階段ヨリ御座所（下）ニ登リ 陛下ノ右後方ニ侍立ス
分列開始（喇叭二聲）
分列部隊順序別記ノ通

五 奉迎歌奉唱
奉唱部隊定位置ニ進ミ（分列隊最後尾第二標兵通過後）敬禮
軍樂隊長ノ指揮ニ依リ奉迎歌奉唱（軍樂隊伴奏）
奉唱部隊敬禮（部隊ハ定位置ノ儘ニス）

六 萬歳三唱
知事御座所左方階段ヨリ降リ御座所正面ニ立ツ（喇叭一聲）
知事發聲 一同（双手ヲ揚ゲテ）唱和
知事『天皇陛下萬歳』 一同『萬歳』
知事『萬 歳』 一同『萬歳』
知事『萬 歳』 一同『萬歳』
知事最敬禮（喇叭一聲） 一同最敬禮
知事御親閲式終了シタル旨奏上

七 還御
陛下御座所ヨリ御降壇
『君ガ代』奏樂
式場ヨリ還御 知事御誘導

17　昭和二年　みどりの家

昭和二（一九二七）年十一月、松井弘は念願の自宅を新築落成させた。スクラップ帳に「甲山の住宅　新築落成ニ付　知友を招いた　十二月一日より」と記している。知友宛の手紙（写真A）は「…陳者小生此頃子供が積木で家を作って遊ぶ様な心持で（略）小さな住宅を新築致しました。名づけて『みどりの家』と申します。（略）簡粗な御夕食御入浴の準備を致しお待ち申して居ります。拝具　昭和二年十一月　松井弘」と。

愛娘・みどりさんの名を付けたこの家は、洋風の大きな応接間を設え、赤瓦を葺いた「文化住宅」である。岡崎では最初のものであろう。新しもの好きな松井らしい。

建築好きの松井の帳には、住宅に関する記事がたくさん貼ってある。松井は当時流行り始めた「文化住宅」を、「岐阜國産共進會展」（大正十五年）へ見に行っている。展示された「文化住宅」の絵葉書（写真B）と、裏面に自身の書いた間取り図（写真C）が残っている。洋風化する生活様式にマッチし、なによりもそのモダンなスタイルは憧れだったに違いない。

松井は着工直前にも、東京の知人の紹介で新築されたばかりの文化住宅を訪ねた。「商業圖案家として知られてゐる室田久良三氏を中野に訪問」とある。その後、「田園都市」へも足を延ばした。その見聞を「文化住宅と田園都市」というエッセーにまとめ地元新聞に掲載した。「『田園都市』と云はれてゐる洗足で下車した。赤い瓦の屋根、白いカベ、灰色のそと張り、急傾斜の家、何軒も何軒も続いて建てられてゐる、電車會社が住宅地として此邊（あたり）一帯を買収し之を整理し道路を改修し五六十坪から二三百坪位に區分（くぶん）し…（略）…日本風のもの、洋風のもの、相なかばしたものが建ち、最も多いのは洋風の簡単な家で、バンガロー又はコッテージと称されているものに日本趣味を加えたものが大部分である…（略）…一面都会生活を味はひ一面田園趣味にもしたらうと云ふ」と。震災後の東京郊外の「田園都市」の雰囲気が良くわかる。

その後、「みどりの家」へは、何人かの文化人が立ち寄ることになる。迎賓館的役割を果たしたのだった。もちろん家主・松井弘の人柄も相まってのことである。

〇甲山の住宅
新築落成ニ付
知友を招いた
十二月

謹啓益々御隆昌賀し奉ります、陳者小生
此頃子供が積木で家を作って遊ぶ様な
心持ちで市内六供町甲山西南中腹に小
さな住宅を新築致しました、名づけて
「みどりの家」と申します、おもちやの屋
主人には相應しい玩具の様な家です、
就ては新しい「みどりの家」を見て頂き
たいと存じますので来る十二月五日午
後一時より御尊来を賜りたく御願ひ申
します、簡粗な御夕食御入浴の準備を
致しお待ち申して居ります。拝具

昭和二年十月　松井弘

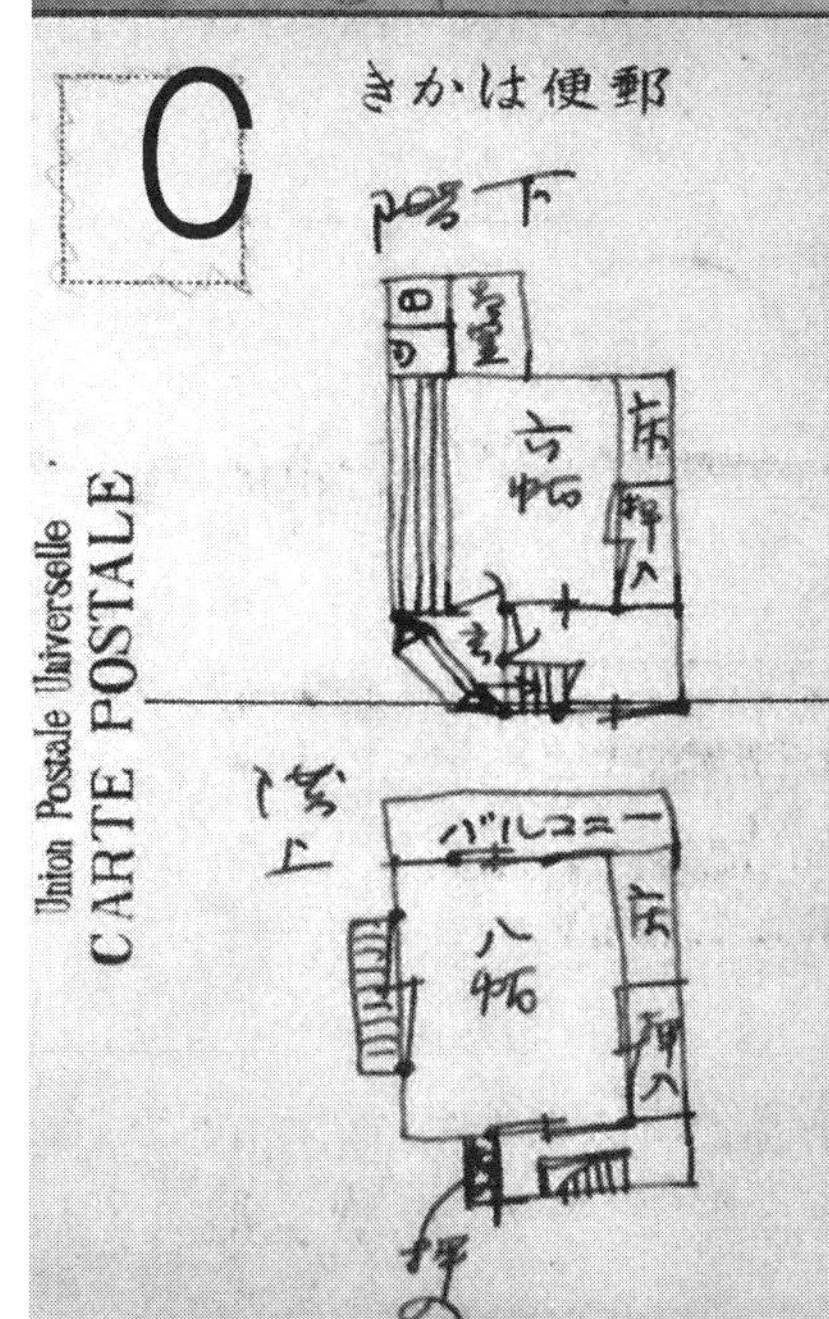

岐阜國産共進會場内文化住宅（出品者エンドン建築工務所）

18 昭和二年『趣味泉』発行

松井弘の昭和三（一九二八）年のスクラップ帳に「岡崎市六供町　趣味泉社」から届いた「御知らせ」がある。昨年に貼り忘れたものらしい。「日時　来ル七月二十二日正午ヨリ后五時マデ（日曜日）／場所　市内六供町甲山松井菅甲氏別邸ニテ／◎趣味品交換入札會／…（略）…／昭和二年七月十五日／趣味家各位」。差出人は松井の趣味仲間の角文堂こと鈴木文治である。

各自が趣味の品を持ち寄り展示即売し、それを資金にして雑誌『趣味泉』を発行しようというもの。はたして十二月には創刊号が発行された。表紙デザインは、般陀羅こと池上年の筆、中身はガリ版刷り十八ページ仕立。同人には、鈴木の他、稲垣豆人、岩瀬清一、石原昇吉など、十二名が名を連ねている。松井は同人でなく、オブザーバー参加だったと思われる。

松井の大正期の帳には、千社札、絵葉書、各種包み紙、切符等々、趣味に関するものや記事が多く残り、その熱中ぶりがうかがわれる。趣味の盟友・稲垣豆人と共に、全国にさきがけて岡崎納札会や趣味会を発会した。また全国の趣味仲間とのパイプ役となり、さまざまな展示会の企画や事務局を務め、自身も郷土玩具や絵馬についての文章も残している。この頃の松井は、出版より「商売の趣味化」、つまり商売に趣味や文化的要素を取り入れながら多くの人に広めたいと考えていたのではなかろうか。「青い目の人形」展示のように。

さて、『趣味泉』創刊号の目次を見ると、「岡崎小唄／三河瓢に就いて／足袋票礼讃／趣味なき人生は砂漠を行くが如し／岡崎花乃名所」等々、郷土研究と蒐集趣味とが混在する不思議な雑誌である。毎月一冊、第八号（三年六月）まで発行された。その全巻が岡崎中央図書館に保管されている。

『趣味泉』に影響を与えたのは、横浜の斎藤昌三と加山道之助が発行する雑誌『いもづる』である。全国の趣味仲間を結び付け、郷土研究の交流の場となっていた。松井と稲垣はその寄稿者であった。こうした郷土研究は、すべて「民間」によるものだった。松井たちの、自由で風変わりな文化活動は、やがて来る「戦時体制」の中で消滅してゆくことになる。

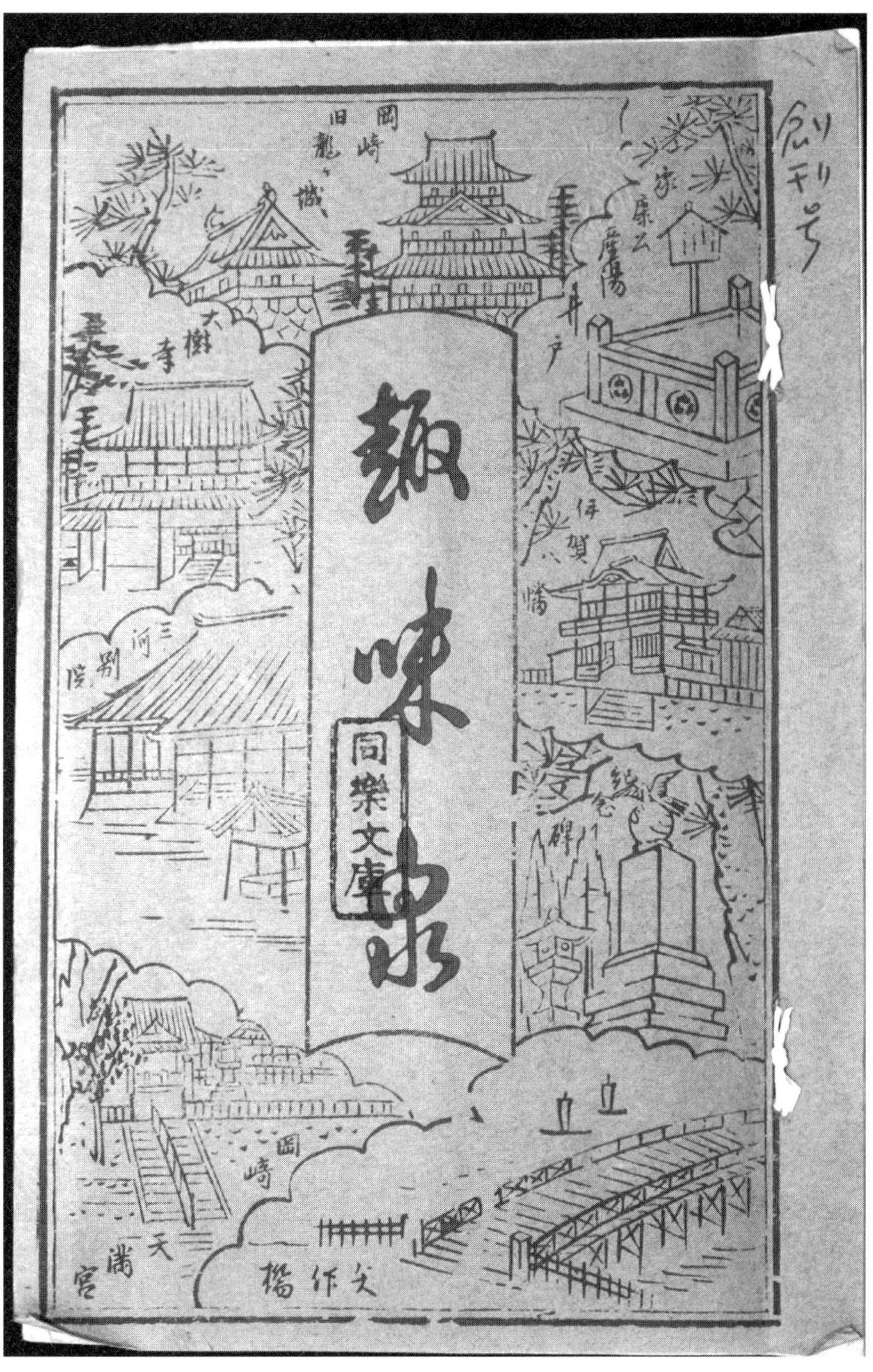
岡崎
旧龍ヶ城
大樹寺
三河別院
天満宮
岡崎
矢作橋
家康公
産湯
井戸
伊賀八幡
同樂文庫
創刊号

19 昭和三年 岡崎石工藝術研究所

松井弘の昭和三（一九二八）年のスクラップ帳に、「甲山の住宅庭園に石燈籠二ケを置く／一は白太夫形京都北野神社起源…／一は春日神社にある最も正しき形のもの／昔に池上氏が実地調査測量製図し原寸通り研究所にて参考品として製作せしもの」と記し、請求書「金壱百八拾九円也／内譯白太夫形壱百弐拾五円也／他に運賃五円也／春日燈篭五十円也　石柱一對九円也／右請求候也／昭和三年七月三十日／岡崎石工藝術研究所　池上年」（写真A）が貼ってある。大卒初任給が六十円ほどといわれた頃である。

池上年は、京都高等工芸学校（現京都工芸繊維大学）を卒業し福岡県で教員、大正六（一九一七）年より岡崎商業学校、岡崎高等女学校で美術教師をつとめた。十五年頃には石工藝術研究所を設立している。松井とは岡崎趣味会の仲間で、メンバーの似顔絵（写真B）や千社札の原画を描くなど美術面ではもちろん、考古学者としても有名で多くの実績を残している。

「岡崎石工藝術研究所」の『石研の石像』という栞と挨拶状が、松井の帳に残っていた。「…現代の石製品が、量的には相当普及されて居るに拘らず、工藝美術的価値から言へば如何に頽廃したものであるかは…（略）…庭園の画龍点青たるべき石燈籠、又は佛教考古学に立脚せる新古典趣味の墓標、等ご需要の場合には…（略）…ご照會の榮を」と趣旨が書かれている。

「民芸運動」の創始者である柳宗悦は、この年に『工藝の道』を書き、「用の美、手仕事の美」を説いた。池上もまた従来の石工芸を「頽廃」とし、芸術性の高いものをめざした。石工芸の新しい行く先を切り拓こうとする池上と、新たな商売のありよう（商売の趣味化）を繰り広げようとする松井とは、「同時代人」であり「同志」でもあった。そう考えると、松井弘邸に池上年の石燈籠（写真C）が置かれたのはいかにもふさわしいことである。

池上の石彫作品は、岡崎城天守閣登り口脇に建つ「東照公（徳川家康）遺訓碑」（写真D）をはじめ、東照公産湯井戸の石碑、同えな塚、東公園の志賀重昻の墓標等々。岡崎市内を中心に数多く残されている。

A
請求書
一金壱百八拾九円也
内譯 白太夫形壱百弐拾五円也 他ニ運送賃五円也
春日燈篭 五十円也
石柱一對 九円也
右請求候也
昭和三年七月三十日
岡崎石工藝術研究所
池上
松井弘殿
B
C
D

20　昭和四年　〇〇デーの流行

松井弘の昭和四（一九二九）年のスクラップ帳に、趣味の盟友・稲垣豆人からの年賀状（写真A）が貼ってある。稲垣は、松井より十三歳上で岡崎瓦斯会社の支配人をしていた（川口勝俊『蔵書票関係資料あれこれ』）。二人の交流は古く、稲垣が松井に宛てた大正五（一九一六）年の「反故（ほご）會」の案内が帳に残る。その後、岡崎納札会、岡崎趣味会を二人で発会している。

さて、その年賀状は「年中デー一覧表」と題されている。当時、英語の「デー」が流行したようで、さまざまな「〇〇デー」が制定された。稲垣は、そんな世相を皮肉って賀状にしつらえたのであろう。

「陸軍デー三月十日／電気デー三月二十五日／メートルデー四月十一日／結核予防デー四月二十七日／メーデー五月一日／乳児愛護デー五月五日／ハイ取デー自（より）五月至九月毎月十五日（写真B）／海軍デー五月二十七日／　蛙デー六月一日／ムシ歯デー六月四日／衛生デー六月六日／時紀念デー六月十日／農業デー六月十四日／狂犬デー七月一日／工場安全デー七月二日／腸チブスデー七月二十日／酒無しデー九月一日／螟虫（ずいむし）デー九月六日／司法デー十月一日／飛行デー十二月十七日　以上」と。現在も残るのは、メーデーとムシ歯デー（現虫歯予防デー）。現在では「デー」とは言わないが、子どもの日、時の記念日、電気記念日、法の日などは残っている。

松井の帳に、この年に岡崎電燈株式會社でおこなわれた「電気デー」の案内状（写真C）があった。新設された八帖変電所での「電気展」、午後は籠田町にあった本社大ホールにて記念講演会がおこなわれた。

「メートルデー」は、尺貫法から世界共通のメートル法へ速やかに移行しようという、グローバリゼーション下での啓蒙活動。螟虫とは稲につく虫のこと。「蛙デー」と合わせて不思議なデーだが、まだまだ農作業が一般的な生活歴に馴染んでいた時代である。

陸軍や海軍にも「デー」があった。「陸軍海軍記念日」では重々しく、国民の警戒心を生む。「デー」ならばモダンで軽やか、親しみもわく。一市民としては軽やかなカタカナ語には充分注意したいものだ。

岡崎市康生町八〇番地

謹賀新年　豆人　稲垣安郎

昭和四年一月一日

年中各デー一覧

陸軍デー	三月十日
電氣デー	三月二十五日
メートルデー	四月十一日
結核豫防デー	四月二十七日
メーデー	五月一日
乳兒愛護デー	五月五日
ハイ取デー	自五月至九月毎月十五日
海軍デー	五月二十七日
蛙デー	六月一日
ムシ歯デー	六月四日
衛生デー	六月六日
時紀念デー	六月十日
農業デー	六月十四日
狂犬デー	七月一日
工場安全デー	七月二日
腸チブスデー	七月二十日
酒無シデー	九月一日
[illegible]デー	九月六日

A

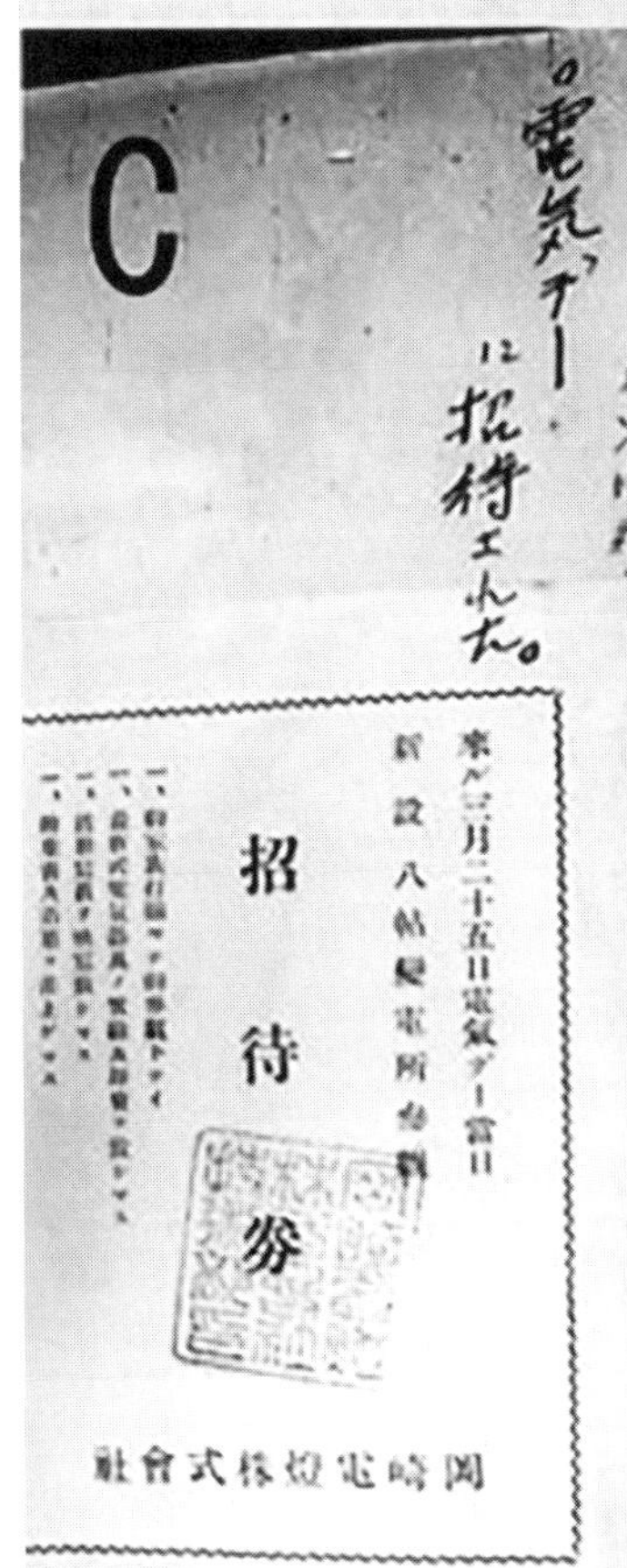

21 昭和四年　岡崎防空演習

昭和四（一九二九）年七月十九日から二十一日の三日間、愛知県では初の防空演習がおこなわれた。松井弘のスクラップ帳に「防空演習　灯火管制　要項」が貼ってあり、そこに「防空演習　全市民に配布せるもの」と記してある。発行元は名古屋に本部を置く第三師團防空演習統監部。町内会で配布されたものと思われる。

「要項」には演習日程の説明に続き「燈火管制（敵空襲の際の消灯）午後八時より五分間、午後十一時三十分より十分間（定時二回）」を行うべしと書かれている。さらに「工場の煙幕遮蔽／瓦斯防毒演習／消防演習／高射砲実弾射撃（大野新舞子）」。演習徹底のため、市役所、警察署、消防署等からもチラシが配られた。松井の帳にはこうしたチラシが十枚ほど残っている。

岡崎市役所発行のチラシには「國交断絶ト共ニ東京、大阪、名古屋ハ敵ノ空中襲撃ノ第一目標トナリマス同時ニ岡崎、豊橋市モ亦空襲ヲ受ケルモノト覚悟セネバナリマセン」と。一般市民への爆撃は、一九一四年のドイツ軍によるパリ空襲が最初とされる。そのパリ空襲直後の写真を載せたチラシ（写真B）もある。

「欧洲大戦間巴里防空施設ノ活動」との見出しで、「欧洲大戦ノ末期幾多敵の空襲ヲ受ケ苦心惨憺凡ユル犠牲ト最多ノ努力ヲ拂ヒ市民ノ訓練大イニ徹底シ…（略）…防空施設ヲ完備シタ後ニ於ケル結果デアル」とパリ市民の訓練を讃えている。

同市役所発行の「岡崎地區防空演習心得」（写真A）から、演習時の内容を知ることができる。まず警報（ラジオとサイレン）により敵機来襲を知らせる。ラジオは徳王神社、殿橋、伊賀橋付近の三カ所に置かれた。サイレンは「甲山・連尺小學校デ吹鳴ス」とあり、三秒間隔で三秒間ずつ鳴らされた。その後「消火方法／警報解除／危害盗難予防／在郷軍人／消防團／青年團ノ活動／音響管制」がおこなわれた。

三日間の防空演習が終了し、松井の帳にはまた暑中見舞い、中元売り出しのチラシ、福引券などが貼られ、平和な日常を楽しんだことがわかる。この演習の日から十六年後、岡崎の街が空襲で焼失するなどとは、松井も思いもよらなかったであろう。

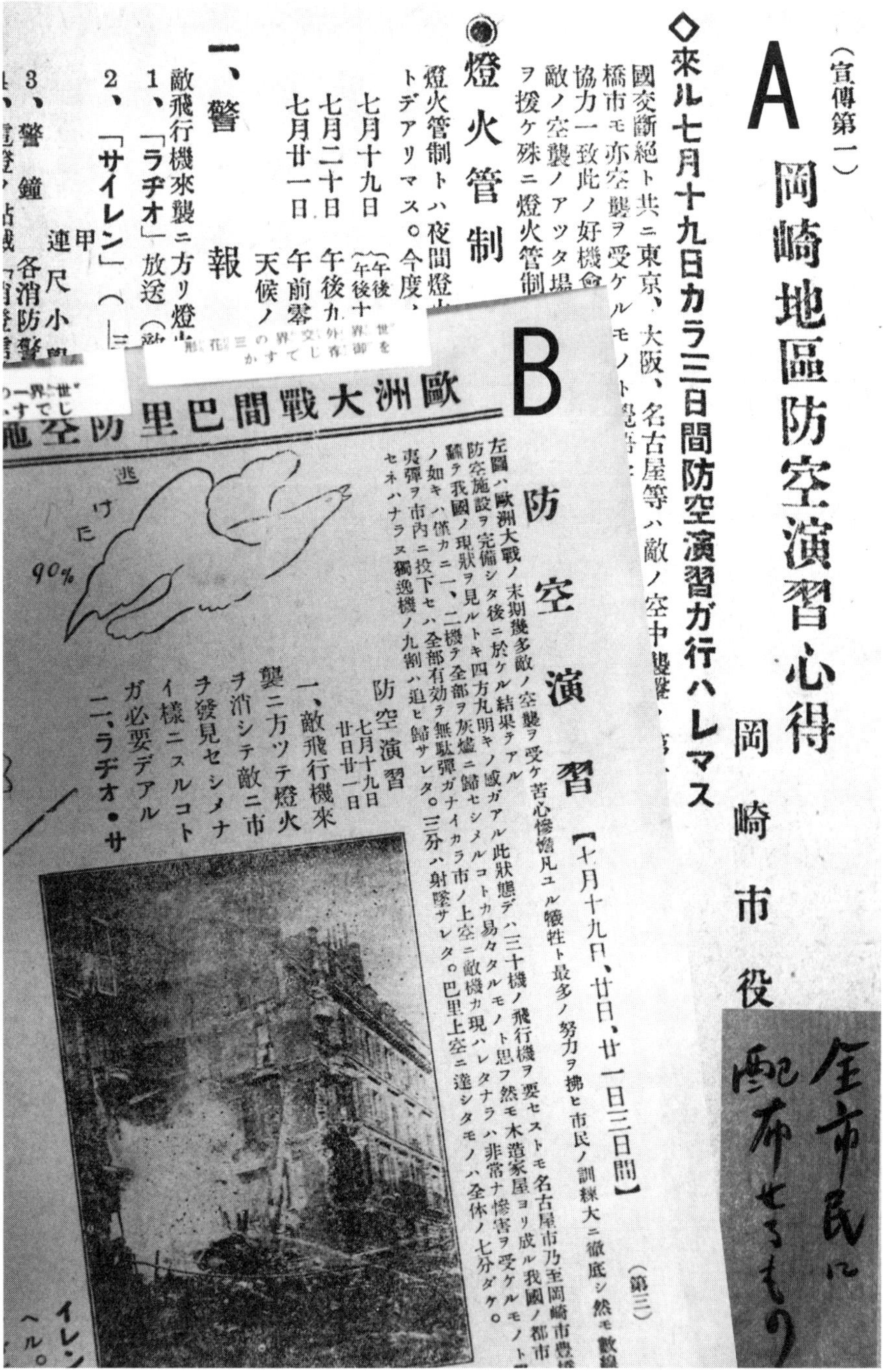

（宣傳第一）

A 岡崎地區防空演習心得

岡崎市役

◇來ル七月十九日カラ三日間防空演習ガ行ハレマス

國交斷絶ト共ニ東京、大阪、名古屋等ハ敵ノ空中襲撃……
橋市モ亦空襲ヲ受ケルモノト覺悟……
協力一致此ノ好機會……
敵ノ空襲ノアッタ場……
ヲ援ケ殊ニ燈火管制……

●燈火管制

燈火管制トハ夜間燈火……今度……
トデアリマス。

七月十九日 （午後……） 午後九……
七月二十日 （午後十……） 午前零……
七月廿一日 天候ノ……

一、警報

敵飛行機來襲ニ方リ燈火……
1、「ラヂオ」放送（敵……
2、「サイレン」（一……
3、警鐘 甲 連尺小……
各消防……
4、……

世界外交界の三花形を御存じですか

B 歐洲大戰間巴里防空施……

防空演習

【十月十九日、廿日、廿一日三日間】 （第三）

左圖ハ歐洲大戰ノ末期幾多敵ノ空襲ヲ受ケ苦心慘憺凡ユル犧牲ト最多ノ努力ヲ拂ヒ市民ノ訓練大ニ徹底シ然モ數……
防空施設ヲ完備シタ後ニ於ケル結果デアル
顧テ我國ノ現狀ヲ見ルトキ四方丸明キノ感ガアル此狀態デハ三十機ノ飛行機ヲ要セストモ名古屋市乃至岡崎市豐橋
ノ如キハ僅カニ一、二機テ全部ヲ灰燼ニ歸セシメルコトカ易々タルモノト思フ然モ木造家屋ヨリ成ル我國ノ都市……
夷彈ヲ市内ニ投下セハ全部有効テ無駄彈ガナイカラ市ノ上空ニ敵機カ現ハレタナラハ非常ナ慘害ヲ受ケルモノト……
セネハナラヌ獨逸機ノ九割ハ追ヒ歸サレタ。三分ハ射墜サレタ。巴里上空ニ達シタモノハ全体ノ七分ダケ。

防空演習 七月十九日 廿日廿一日

一、敵飛行機來襲ニ方ツテ燈火ヲ消シテ敵ニ市ヲ發見セシメナイ様ニスルコトガ必要デアル

二、ラヂオ・サイレン……ヘル。

全市民に配布せるもの

22　昭和四年　不景気の中の大売り出し

松井弘の昭和四（一九二九）年のスクラップ帳に、二枚のチラシ（写真A）が貼ってある。一つは「十一月二十五日より　金解禁値下断行全商品定価の一割引　仕候　岡崎籠田町銭屋洋品店」。もう一つは「値下断行仕候　何卒此の上共一層の御愛顧奉願上候　昭和四年十一月　岡崎呉服太物商組合」である。

慢性的な不景気の中、小津安二郎映画のタイトル名『大学は出たけれど』が流行語になるほどの就職難だった。日本は「金解禁（金輸出解禁）」の断行で、景気回復を図った。しかし同年九月に米国での株価大暴落が引き金となり世界大恐慌が起きた。このチラシは、まさにその真っ只中のもの。

松井たち岡崎東康生連合商店会は、年末にも新しいチラシを撒いた。「金解禁値下断行　十二月一日より同十五日まで　現金割戻し大売出し　岡崎市東康生聯合商店」。「金解禁」の単語がやたら出てくる。金解禁と値下げと直接結びつくものかどうか筆者にはわからないが…。

さて、その割戻し方法だが、「現金にてお買上げ　金五十銭以上のお客様に限ります　抽籤にてお買上金の三割、二割、一割、五分、を即時割戻します　特価品其他特殊品は除外します」と。松井はそのチラシの脇に「世の不景気で割戻しの商略最初だ」と記す。この「割り戻し商略」はアイデアマンの松井が中心となった企画ではなかろうか。

岡崎を代表する大店舗で、連尺町と東康生に店を持つ千賀呉服店と山澤屋呉服店も、負けじと「東京マネキン嬢来る」のチラシ（写真B）で客を集めた。マネキン嬢とはファッションモデルのこと。当時東京銀座に登場したばかりの最尖端の女性たちである（『昭和二万日の全記録1』）。

その後、東康生は年末年始も大売り出しを続けた。写真Cはその時の福引券である。

小売業だけではない、割烹料理の鶴島屋（松本町）も、明朗会計こそ不況打開の道とばかりに「御宴会ノ費用」としてチラシに公明正大なる値段表を明示した。小店舗も大店舗も、割烹旅館も、さまざまなアイデアでこの不景気を乗り切ろうと必死であった。

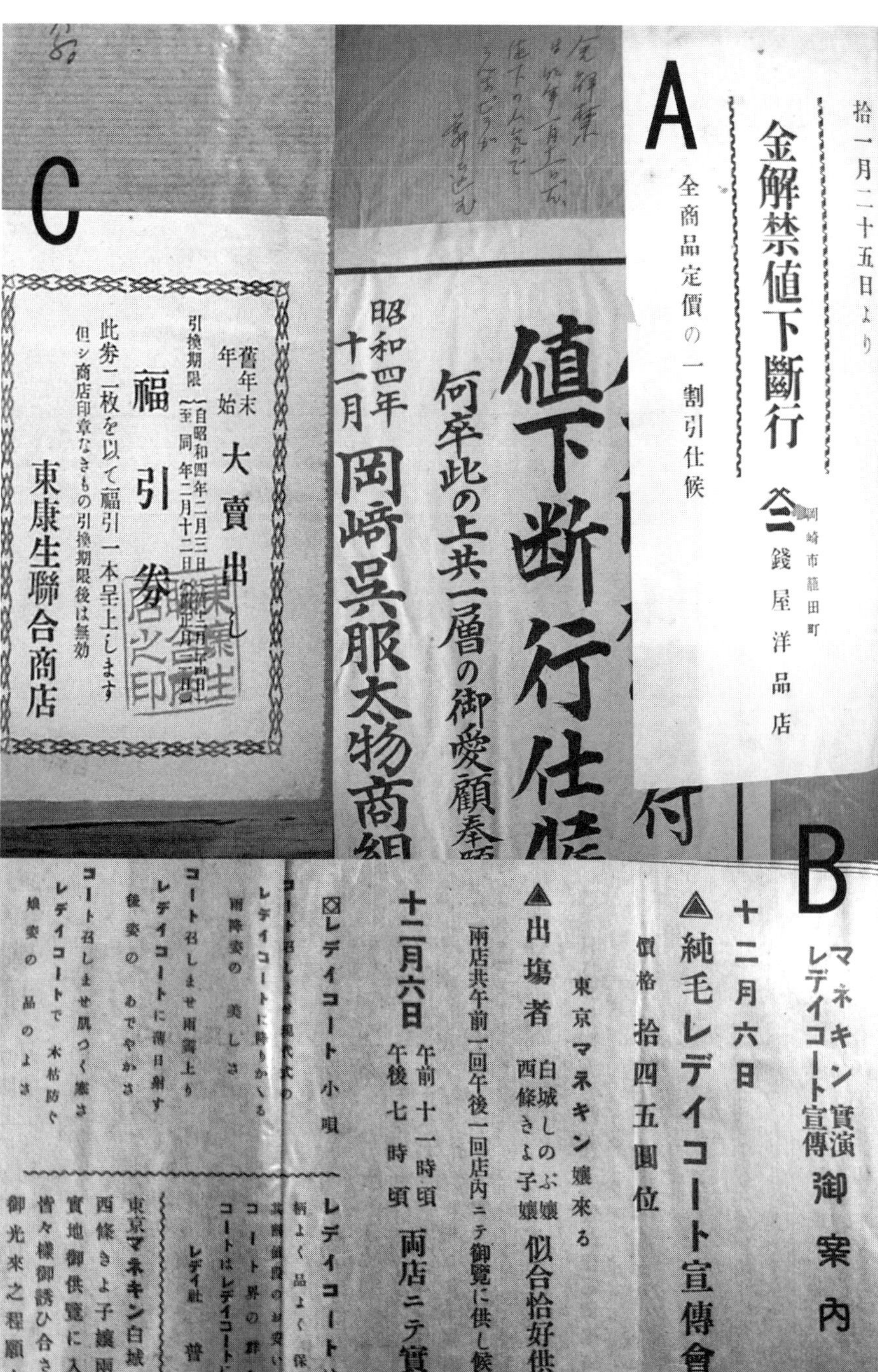
A
拾一月二十五日より
金解禁値下斷行
全商品定價の一割引仕候
岡崎市籠田町
錢屋洋品店
値下断行仕候
何卒此の上共一層の御愛顧奉
昭和四年十一月
岡崎呉服太物商組
C
舊年末年始 大賣出し
引換期限 自昭和四年二月三日 至同年二月十二日
福引券
此券二枚を以て福引一本呈上します
但シ商店印章なきもの引換期限後は無効
東康生聯合商店
B
マネキン實演 レデイコート宣傳 御案内
十二月六日
純毛レデイコート宣傳會
價格 拾四五圓位
東京マネキン嬢來る
出場者 白城しのぶ嬢 西條きよ子嬢
兩店共午前一回午後一回店内ニテ御覽に供し候
十二月六日 午前十一時頃 午後七時頃 兩店ニテ實演
レデイコート小唄
レデイコートは
レデイ社
御光來之程願上

23　昭和五年　つばめタクシー登場

松井弘の昭和五（一九三〇）年のスクラップ帳に、つばめタクシー（現在のつばめタクシーとは別会社）のチラシ（写真A）が貼ってあり、「二月二十三日タクシーが出来た、メーター付、岡崎としては最初だ、新時代の風が漸く吹いて来たわけだ」と記している。国内では、タクシーは明治の終わり頃に登場し、東京では大正末に「円タク（一円均一で走るタクシー）」が走り一般にも広まり始めていた。

チラシの見出しは「30銭から乗れる／つばめタクシー／メーター付」。メーター付きが売りだったようで、「タクシーとは賃金表示機（メーター）を付けてある自動車を申すので　**メーター**が付けて無いのは**タクシー**とは申しません」とまでいっている。営業所は東遊廓（中町）と松本町の二カ所（後に伝馬町にも）。料金は「最初二分ノ一哩（マイル）（約七丁半）金参拾銭　以后四分ノ一哩（約四丁）金拾銭」。初乗りが約八百メートルで三十銭ということになる。

これまでにも岡崎には営業用自動車はあったが、ほとんどは乗合自動車だった。その点、つばめタクシーは好きな所で乗り降りでき、なにより「メーター」による料金制という目新しいものだった。

この頃の岡崎市内の交通網は、南北を走る三河電気軌道の路面電車があった。殿橋を発車して南行、東岡崎駅前（明大寺町）を経由して東海道本線岡崎駅へ。北へは康生町を経由して井田駅までで、五～十五分間ごとに運行していた。問題は東西交通だった。繁華街の伝馬町も市役所も公会堂も路面電車より東にある。東遊廓がさらに東の中町にでき、人力車に頼るのみ。そんな中でのつばめタクシーの登場だった。

同年の帳に「夏の行樂の會」のチラシ（写真B）も残っている。主催は御油海岸引馬野旅館（現豊川市御津町）、後援はつばめタクシーである。松井は「自動車と旅館との連携　面白い趣向だ」と記している。このチラシには「行程　早朝岡崎をつばめタクシーの自動車にて出發（時間御随意）御油海岸にて一日の清遊夕景同車にて御帰岡。昼食　弊店獨特の献立書食にビール一本付。行樂　汐干狩、舟遊び、水泳、塩湯」で、料金は「金弐圓也（にえん）」とある。自動車と観光は、松井がいう通り「新時代の風」であった。

A

30銭から乗れる つばめタクシー メーター付き

◎タクシーとは賃金表示機(メーター)を付けてある自動車を申すのでメーターが付けて無いのはタクシーとは申しません

◎當岡崎市に賃金表示機(メーター)を付けて營業する自動車屋が出來ました、それはつばめタクシーで御座います

◎つばめタクシーは最も安い料金で然も乘心地のよい高級車を全部一定に揃へまして何時何處(セダン)の營業所で御乘り下さいましても新しい箱型高級車ばかりで御座います

◎つばめタクシーは何處へ御呼びに成りましても御客様が御乘りに成りました處より賃金表示機(メーター)を出しまして行先地迄の料金を頂きますので御客様本意で最も交通機關として合理的の營業方法ですから非常に皆様から喜ばれて居ります

◎つばめタクシーの自動車は箱型(セダン)高級車ばかりで其の上に運轉手は當岡崎市の一流運轉手で最も克く御存じの者ばかり揃へて居りますので安心して御利用が願える事と信じて居ります

◎つばめタクシーは只今の處六台迄では何時でも御用命に應ずる事が出來ます

市内各營業所ヨリ御乘車賃金概算表

行先地 ＼ 營業所	東遊廓	松本
松本	八〇錢	三〇錢
東遊廓	三〇	八〇
三銘座	四〇	五〇
常盤館	五〇	五〇
寶來座	五〇	五〇
岡崎劇場	六〇	四〇
籠田町	五〇	四〇
市役所	五〇	四〇
郵便局前	六〇	三〇
殿橋	六〇	四〇
公園	七〇	四〇
東岡崎驛	六〇	五〇
板屋町	八〇	五〇
龍城座	八〇	四〇
大平	九〇	一圓二〇
三龍社	八〇	七〇
公會堂	三〇	七〇
八幡町	六〇	四〇
八丁町	八〇	五〇
伊賀橋	一圓一〇	四〇

◎つばめタクシーは郡部行の場合はメートルですから非常に安い料金で御利用が願えます 御入用の場合には一度御相談下さい御氣に召す事と存じます

◎賃金表示機(メーター)は
(最初二分ノ一哩(約七丁半) 金參拾錢)
(以后四分ノ一哩(約四丁) 金拾錢)

つばめタクシー營業所
東遊廓 電話一〇七九番 擔任者 山本巖
松本 電話三九〇番 擔任者 三島三郎

B

夏の行樂の會

三伏の炎暑

海!! 海!!

盛夏!!

日常の激務に精進せらるゝ皆様、めまぐるしい都會の黄塵に倦怠を感ぜらるゝ時日曜日、朔日、十五日等の安樂日一日の休養を白砂青松の海岸に涼需めての行樂を熱望されるでせう

今夏弊店はかうした皆様の御希望を滿すためつばめタクシーと特約して時代の要求に隨って夏の會を催し皆様の御來光をお待ち申します

一、行程 早朝岡崎をつばめタクシーの自動車にて出發(時間御館迄) 御油海岸にて一日の清遊夕景同車にて御歸岡

一、晝食 弊店獨特の献立晝食にビール一本付

一、行樂 汐干狩、舟遊び、水泳、鹽湯

一、會費 金貳圓也

一、期間 盛夏毎日

一、申込所 岡崎市内つばめタクシー各營業所

右之外御宿泊御料理等は特別大勉强致しますから詳細はつばめタクシーに御問合せ下さい

追而自動車の都合もありますからなるべく早く御申込み下さい

主催 御油海岸 引馬野旅館 電話御油驛前十九番

後援 つばめタクシー 遊廓營業所 電一〇七九番

24　昭和五年　東京へ家族旅行

昭和五（一九三〇）年六月、みどりや主人・松井弘一家は東京見物に出かけた。

「六月六日妻と子供をつれて東上」。「此の旅行は別に目的があったわけではない。一寸買物に名古屋へ行かうとしたが、一思いに東京へでやうとしたので急に思いたった東上だ」と記している。東京まで九時間余、「名古屋へ行くなら一思いに…」とは、当時の岡崎の人はそんな感覚だったのだろうか？

スクラップ帳に貼ってある切符、領収書、チラシの類から、一家のおおよその東京見物の旅程がわかる。岡崎駅を夜半十二時過ぎの夜行列車で発ち、食堂車の東洋軒で朝食。「自分も妻も五十銭の食事、みどり（娘・九歳）は洋食弁当を食した」と記す。静岡では、お茶入りアイスクリームを食べ「流石にお茶の産地だ」と感心。六日の午前には東京駅に着いた。タクシーで都内を廻り、浅草の川上旅館に宿泊した。

翌七日は家族で「銀ぶら」をした。銀ぶらとは、ショーウィンドーなどを覗きながら、銀座の繁華街を散歩することで、当時の新しい風俗であったようだ。一九二五年に考現学の今和次郎らが、銀ぶらをする人々の服装やしぐさなどを調査している。今はその動機を「しきりに華美に傾いていた東京人の風俗を、ぜひ記録にとっておきたい」と書いている（『考現学入門』）。それほど銀座は「華美に傾いた街」だったようだ。帳に貼ってある広告と領収書から、松井一家は白木屋、服部時計舗、伊東屋、三越、松坂屋を巡ったことがわかる（写真B）。目を引くのはマネキン嬢の顔入り広告（写真A）。「白木屋二ケ所にマネキンが居た」と、珍しいものを見たとばかりに書いている。マネキン嬢とはファッションモデルで、当時の最尖端。

銀座で「華美な風俗」を楽しみ、八日夜は浅草松竹館で映画を見た。八日には日光を観光し、最終日の九日は「歌舞伎座にて六月狂言を見る」とある。松井一家が見た芝居の記事と広告が貼ってある（写真C）。松井松翁作『旅順包囲録』という芝居で、二代目左團次が乃木大将を演じた、日露戦争をテーマにしたものであった。松井一家が楽しんだ都会の文化にも、戦争の影が見え隠れしている。

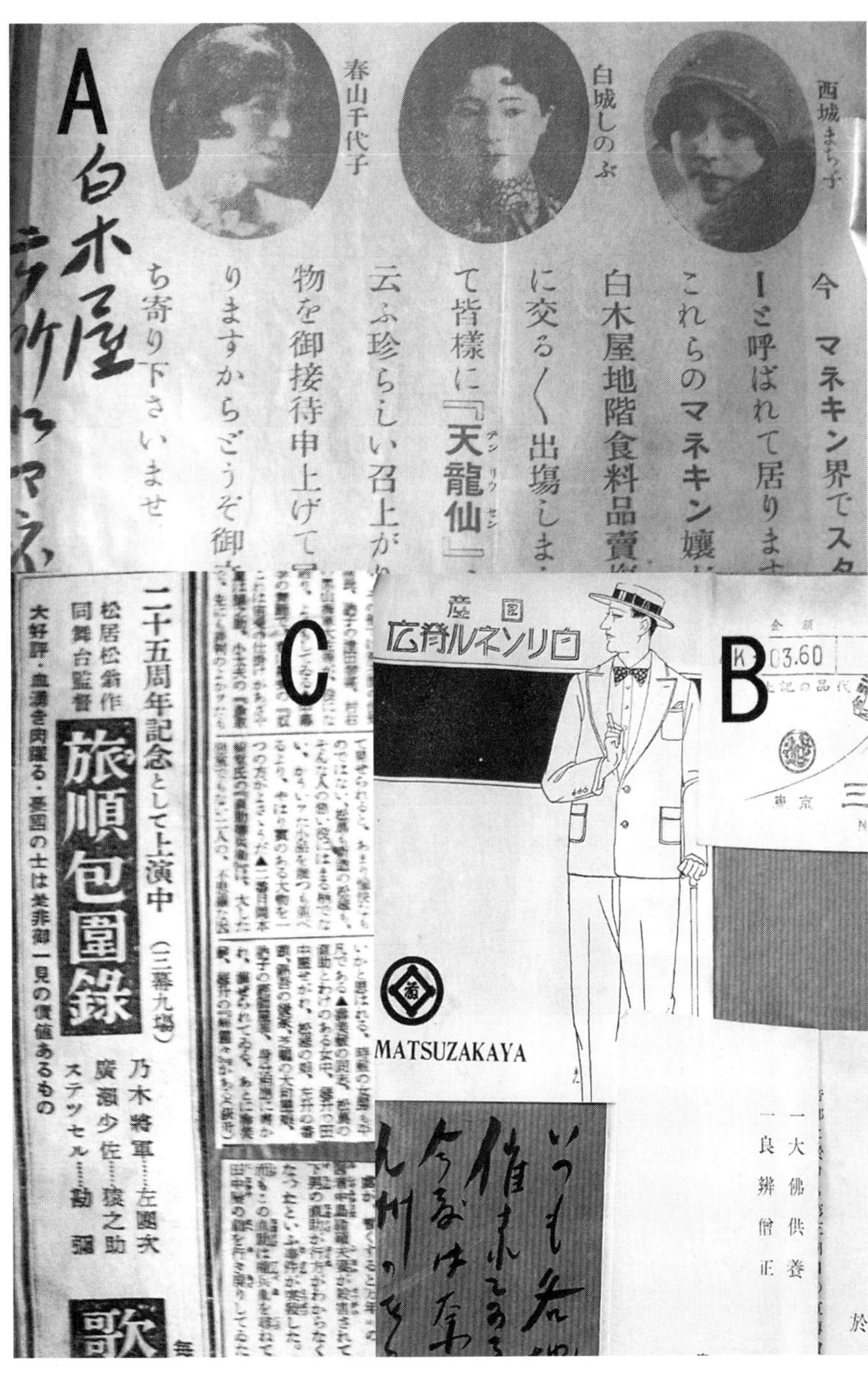
A
西城まち子
白城しのぶ
春山千代子
今　マネキン界でスタ
ーと呼ばれて居りま
これらのマネキン嬢が
白木屋地階食料品賣
に交る〳〵出場しま
て皆様に『天龍仙』
云ふ珍らしい召上が
物を御接待申上げて
りますからどうぞ御
ち寄り下さいませ
白木屋
C
二十五周年記念として上演中　（三幕九場）
松居松翁作
同舞台監督
旅順包圍録
乃木將軍……左團次
廣瀬少佐……壽之助
ステッセル……勘彌
大好評・血湧き肉躍る・憂國の士は是非御一見の價値あるもの
歌
白リンネル背広
MATSUZAKAYA
B
K 03.60
上記の品代
東京
一大佛供養
一良辨僧正
於

25 昭和五年　海へ！山へ！

昭和五（一九三〇）年の夏は暑かったようだ。松井弘のスクラップ帳には、涼！を求める記事やチラシがやたらに多い。中でも大阪心斎橋大丸百貨店のチラシ（写真Ａ）の見出しは、ズバリ「夏を涼しく」。「冷たい御馳走、涼しい座敷、海へ、山へ、旅行、水遊び」を提案している。不景気の中、遠くへの旅行は難しいが近場なら可能だ。人々は海や山での避暑を求めた。大丸のチラシには、「水着は男子用三〇銭、婦人用三十五銭より、登山服（上下）は四円八〇銭、登山靴七円より」とある。松井はこのチラシを「夏の廣告として中流の客に対し萬点（まん）」と評した。

同年の愛知電気鉄道（現名古屋鉄道）の宣伝紙『愛電ニュース』を見ると、この頃愛知電鉄は三河電鉄を合併した。冒頭に「不日を以て三河鉄道線は愛知電鉄の三河線（旧三河本線）、岡崎線と名を替える」と。続いて、新舞子、大野の海水浴場を紹介。「新舞子、大野も、遠くて近い仲です、すぐお隣同士のモガです」と。「モガ」とは当時の流行りことばで、語源は「モダンガール」。「新舞子がモガ子氏なら大野は桃割れの振袖娘氏です。何れが花やら…」と続く。当時海水浴は「モガ」を称するほど華やかで、かつ尖端風俗だったのだろう。

松井一家はこの夏の避暑に山を選んだ。帳に残る「日本アルプス　白馬・燕（つばくろ）・立山」の宣伝パンフレットを何度も眺めたことだろう。この年の四月に鉄道局内に国際観光局ができ、観光事業の推進が進められた只中でもある（『昭和二万日の全記録２』）。

名古屋鉄道局（現ＪＲ東海）の「上高地小梨平キャムプ團員募集」チラシ（写真Ｂ）に「吾等の行くキャンプ申込む」と。旅程は「發駅—（汽車）—松本—（電車）—島々—（自動車）—中ノ湯—（徒歩一里半）—上高地」である。キャンプ地は上高地小梨平幕営地（五千尺旅館付近）、運賃は「三等往復割引運賃　名古屋（發）四円八〇銭（往復）」であった。松井一家は七月二十六日に出発し、二十七日小梨平の幕営地に着いた。インディアン型テントに二泊し、上高地の大自然を楽しみ帰路についた。帰りの汽車内で食べたであろう昼の弁当と風月堂のそば饅頭の紙包みが、キャンプの思い出として松井の帳に残されている。

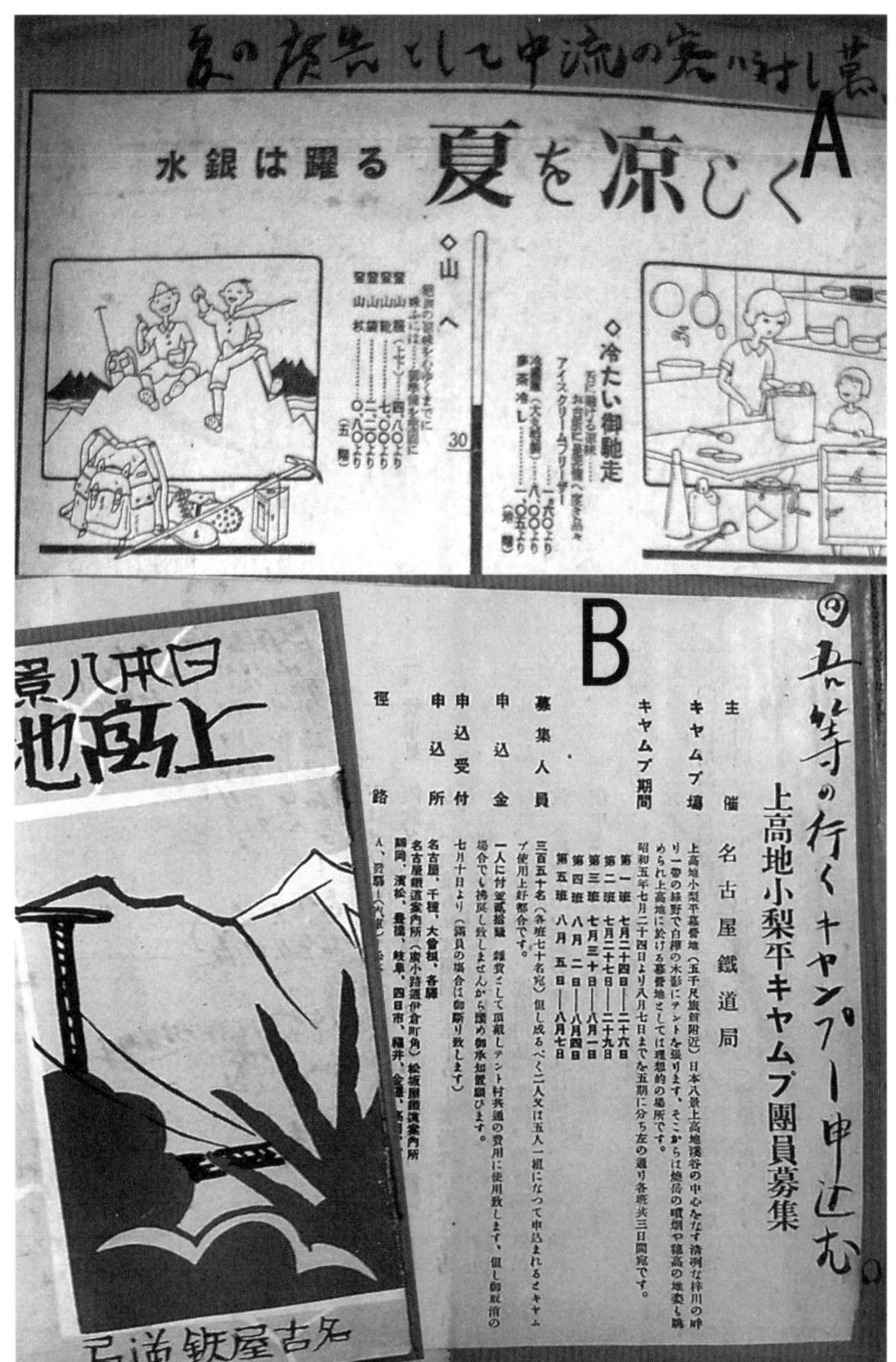
A
水銀は躍る
夏を涼しく
◇山へ
30
◇冷たい御馳走
アイスクリームフリーザー
B
吾等の行くキャンプ―申込む。
上高地小梨平キャムプ團員募集
主　催　名古屋鐵道局
キャムプ場　上高地小梨平幕營地（五千尺旅館附近）日本八景上高地渓谷の中心をなす清冽な梓川の畔り一帶の緑野で白樺の木影にテントを張ります、そこからは燒岳の噴煙や穂高の地姿も眺められ上高地に於ける幕營地としては理想的の場所です。
キャムプ期間　昭和五年七月二十四日より八月七日までを五期に分ち左の通り各班共三日間宛です。
第一班　七月二十四日―二十六日
第二班　七月二十七日―二十九日
第三班　七月三十日―八月一日
第四班　八月二日―八月四日
第五班　八月五日―八月七日
募集人員　三百五十名（各班七十名宛）但し成るべく二人又は五人一組になつて申込まるゝとキャムプ使用上好都合です。
申込金　一人に付　雜費として頂戴しテント村共通の費用に使用致します、但し御取消の場合でも拂戻し致しませんから豫め御承知置願ひます。
申込受付　七月十日より（滿員の場合は御斷り致します）
申込所　名古屋、千種、大曾根、各驛　名古屋鐵道案内所　松坂屋鐵道案内所
靜岡、濱松、豊橋、岐阜、四日市、福井、
徑路
日本八景
上高地
名古屋鉄道局

26　昭和五年　菊池寛来訪

昭和五（一九三〇）年春、松井一家は東京を旅行し、浅草松竹館で「父」という舞台を観劇した。主演は武田春郎と鈴木歌子、原作は菊池寛。菊池寛は当時の人気作家にして、文藝春秋社々長、誰もが知る超有名人であった。その菊池が同年八月三日、岡崎市で講演し松井宅に宿泊した。その時のスナップ写真（写真C）と菊池が持参した「文藝春秋」のマッチ箱（写真B）が帳に残っている。

「講習会に講師の宿泊を頼まれ、講師係として手傳ふ事になってしまった、八月一日（七月三十一日の夜）より八月三日まであはただしく暮す」と（写真A）。

菊池が講演をした「夏期大学講座」は、主催「國際文化學會同人・安間公観、大阪毎日新聞社」。八月一、二、三日の三日間、岡崎市高等女学校講堂でおこなわれた。主催者の安間は「フタバ園（現早蕨幼稚園）」創立者の一人である（『新編岡崎市史 総集編』）。菊池の他、宗教家の境野黄洋、教育学者の谷本富、大阪毎日新聞社名古屋支局長の伊藤金次郎の講座もあった。かなり大がかりな催しだったようだ。

松井の帳にある新聞記事には「（菊池は）「文藝と近代人の生活」と題し数時間に亘り講演をなす…（略）…講演終了後市内六供町甲山みどりや別宅に到り休憩し有志者と文藝談を交し午後七時より丁字屋における歓迎會に臨む筈」とある。丁字屋は正しくは丁字家で、現六地蔵町にあった料亭である。

松井は六供町の自宅を「みどりの家」と呼んでいたが、来宅した菊池に請うて名を付けてもらった。名は「無憂荘」。そのあらましが趣味仲間の雑誌『山鳩』（西尾町　津川百竹刊）にある。「休憩所の別邸の主人松井菅甲氏が堂號の命名を乞はるゝに　涼風に憂無き家の明るさよ　と揮毫され無憂荘と名づけられ申候」と。このことは、戦後松井自身が綴った「わたしの交友録から」（福岡寿一『続三河現代史』）にも記されている。

この時菊池が揮毫した色紙はもう一枚あり、それは「人生恋すれば憂患多し　恋せざるもまた憂患多きを」である。この二枚とも今も大切に松井邸に飾られている。松井はこれ以降、帳の表紙に少し誇らしげに「無憂荘主人」と署名している。

A
昭和五年八月
夏期大學講演概項
講習会に講師の宿泊を頼まれる
る講師係として手伝ふ事になつてしまつた。八月一日（七月三十一の夜）より八月三日まであはただしい毎日です。
B
婦人サ
一九三〇年の尖端を行く
婦人雜誌
菊池寛編輯
文藝春秋
毎月號
文藝春秋社發行
菊池寛氏来訪の時持参のマッチ
C
松井
菊池

27　昭和五年　甲子園へ

　松井弘の昭和五（一九三〇）年のスクラップ帳に、野球や大相撲の記事がたくさん貼ってある。スポーツは新聞とラジオの実況放送によって、この頃に広まった。スポーツの実況放送は、同年には実に十一種類あったという（『昭和二万日の全記録2』）。スポーツに熱狂する世相を漫画にした新聞挿絵（写真A）が残っている。アスリート人気は今も同じだが、その始まりである。

　松井はその中でも、とりわけ野球が大好き。早慶戦を見に行ったり、ラジオを聴きながら店でスコアーブックをつけたりするほどであった。帳にも、連日野球の記事が貼ってある。「都市対抗野球」「六大学野球」「少年野球」、そして「全国中等学校野球優勝大會」である。中等野球は現在の高校野球である。その実況放送が始まったのは昭和二（一九二七）年八月の第十三回大会からで、多くの国民の関心の的となった。野球好きの松井は、「正に野球時代だ。之れある為めに大朝（大阪朝日）紙をとる位だ」と記している。一戦一戦を新聞で読み、ラジオで聴いて楽しんでいた。

　五年の全国中等野球大会は第十六回目で、全国から二十二チームが参加した。その中には朝鮮、満州、台湾地方も含まれていた。我が東海地方代表は愛知商業であったが、三日目に静岡中に負け敗退した。優勝決定戦は「広島商業」対「諏訪蚕糸（さんし）（現長野県岡谷工業高校）」であった。

　新聞記事によれば、リードされていた諏訪が八回に二対二の同点とした。しかし、九回表に広商が一気に六点を勝ち越し、八対二で勝利した。新聞は「勝者に栄光あれ、栄誉の大旗は三度山陽道の野に燦然（さんぜん）として輝いた」と、広商の三度目の優勝を讃えた。

　松井は、新聞とラジオだけでは満足できず、どうやら甲子園に出かけたようだ。松井のフットワークは軽い。帳に「甲子園野球見物　三日」と記し、指定席券（写真B）が貼ってある。またスタンドで食べたと思われる「朝日赤飯辨當（べんとう）　二拾五銭」の包み紙（写真C）も。

　松井が何日目の試合を見たのかは記録にないが、前年完成したばかりのアルプススタンドでの野球観戦に、大満足だったに違いない。

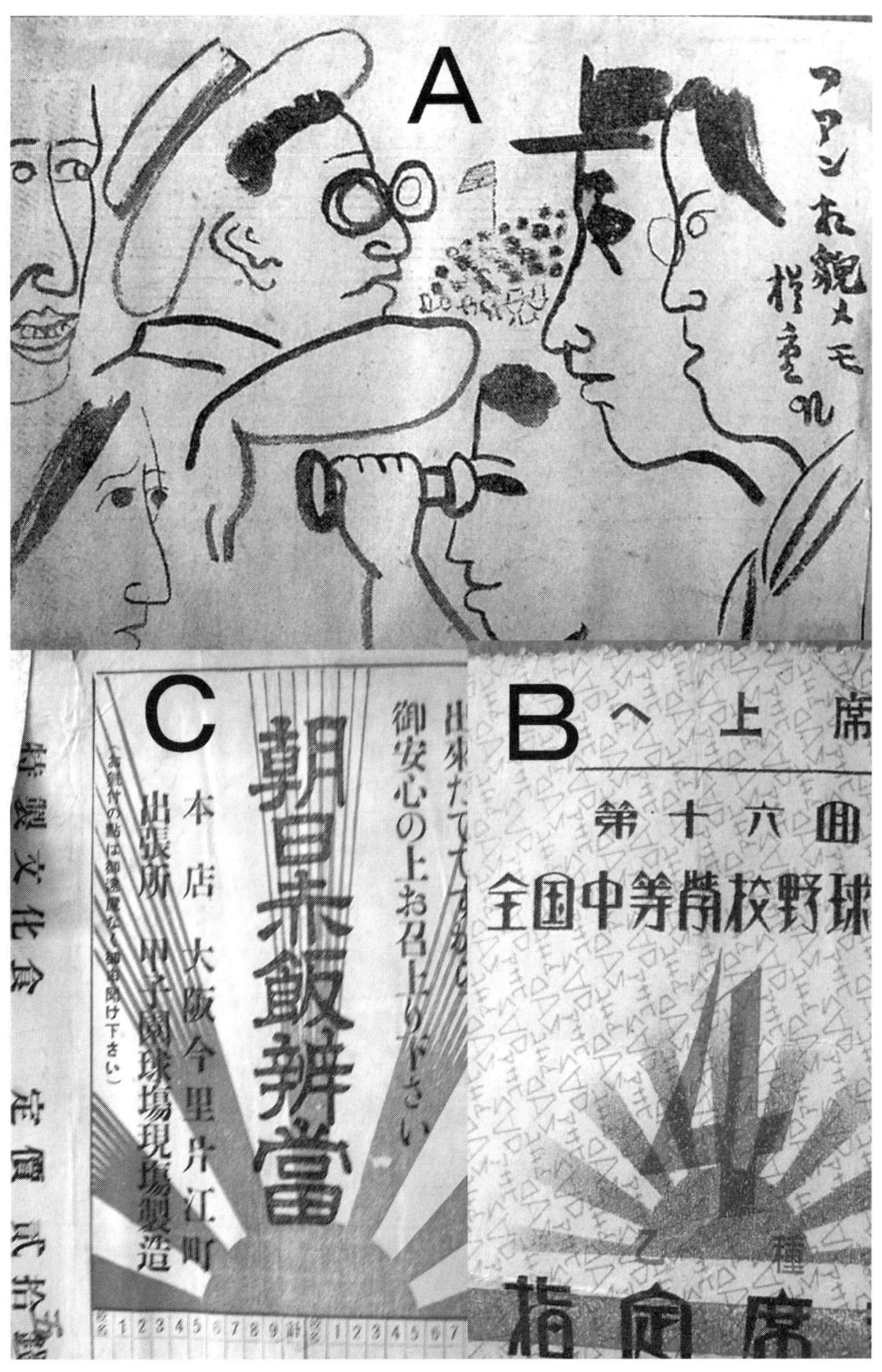
A
C
B
席上へ
第十六回
全国中等学校野球
御安心の上お召上り下さい
朝日赤飯辨當
本店 大阪今里片江町
出張所 甲子園球場現場製造
1 2 3 4 5 6 7 8 9 計
1 2 3 4 5 6 7
指定席

28　昭和六年　松井弘とラジオ

松井弘は実に趣味が多い。美術、謡曲、長唄、西洋音楽、短歌、旅行等々。この時代に生きた人々は、松井に限らず趣味が多かったようだ。

松井のスクラップ帳には、ラジオに関する記事や広告が何度も何度も登場する。日本でのラジオ放送は大正十四（一九二五）年に始まった。東京放送局が最初でＪＯＡＫ、次に大阪がＪＯＢＫ、名古屋はＪＯＣＫであった。

松井の昭和八（一九三三）年の帳に放送局の一覧表（写真Ａ）が貼ってある。日本列島だけではない、中国大連がＪＱＡＫ、ハルピンＣＯＨＢと、ラジオは世界と繋がっている。

松井は放送開始早々に加入したようだ。松井の帳に大正十五年の領収書（一年で六円）が残っている。また昭和五年の「ラジオ五年」という新聞記事に、松井は「ラジオは我が家の必須の家常茶飯（かじょうさはん）となった」とまで書いている。

松井一家はなにを聴いていたのだろう。六年の帳には「ラジオ講座　春の花壇園芸講座」と「仏蘭西（フランス）語講座、中等英語講座、漢文講座、婦人講座（家庭経済、洋裁法）」の広告記事（写真Ｂ）が貼ってある。後者に「吾等はこの（英語講座の）テキストにより学びつつあり」と書き添えている。奥様の玉枝さんと英語を学んでいたようだ。

「ラヂオの子供時分に――はしゃぎいし子は寝入りしかな　物の音せぬ」とは、松井が帳に書き残した歌（韻文？）である。あどけない子どもの寝顔が目に浮かぶ。

店頭で、松井が早慶野球戦を聴きながら原稿用紙に書きつけた「スコアー表」が残っている。野球もまたラジオ中継のおかげで広く愛されるようになったのである。ラジオ好きの松井は、家庭と野球場や劇場、そして海外とも繋がっていることを実感していたに違いない。

一方でラジオ嫌いもいる。小説家・永井荷風のラジオ嫌いは有名で、隣家からラジオ放送の声が聞こえるとそそくさと自宅を飛び出し、街を歩き回ったという（吉見俊哉『声の資本主義』）。永井は松井より十一歳上の一八七九年生まれ、ほぼ同時代を生きながら、これほど好き嫌いが両極端なのはおもしろく感ずる。

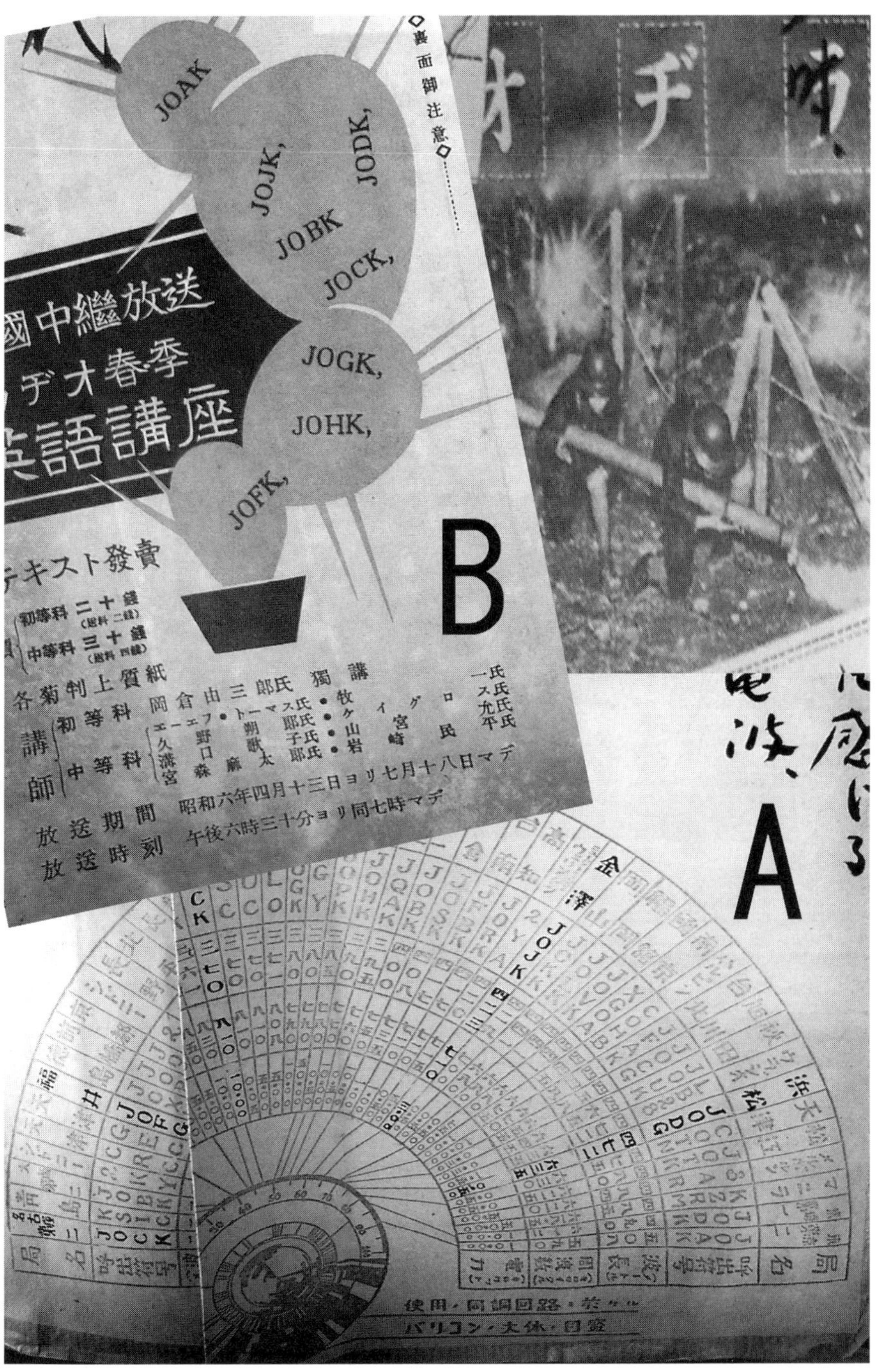

裏面御注意
JOAK
JOJK,
JODK,
JOBK
JOCK,
JOGK,
JOHK,
JOFK,
繼放送
春季
語講座
テキスト發賣
初等科 二十錢
中等科 三十錢
各菊判上質紙
岡倉由三郎氏獨講
放送期間 昭和六年四月十三日ヨリ同七月十八日マデ
放送時刻 午後六時三十分ヨリ同七時マデ
B
A
使用ノ同調回路ニ於ケル
バリコンノ大体ノ目盛

29　昭和六年　新流行語ウーピー

昭和六（一九三一）年の新流行語は「ウーピー（whoopee）」だった。松井弘の同年のスクラップ帳に「知っていますか新流行語『ウーピー』エディ・キャンターの当たり芸から世界へ広がる歓楽の素」という見出しの新聞記事（写真A）が貼ってある。「ウーピー」は「アメリカ人の間にはやったかと思うと、もう大西洋を渡ってフランスへ、イギリスへ侵入しはじめた」というのだ。さらに「（日本でも）いまにこいつが小学生仲間ではやりすぎて道学先生を悩ますだろう」という。「道学」とは今でいう道徳。

さて、「ウーピー」とは一体何なのか？　記事をもう少し読もう。アメリカのミュージカル・コメディ『ウーピー』で、俳優・エディ・キャンターの軽快な歌やダンスが大当たりして、観客がそれを讃えて「ウーピー！ウーピー！」と歓声を連発したのが始まりという。その大当たりしたエディの演技とは「大きな目玉の絶えざる回転と軽快な小唄と軽妙のダンス」だ。ウーピーとは単なる歓声だが、「愉快なことをやろう」というときには、「レッツ・メイク・ウーピー」というのだそうだ。

もう一枚の記事（写真B）は、「近代社会の底を流れる悩みの爆発」との見出しで、「ウーピー」の精神を別の側面からとらえている。「その持ってゆきどころのない悲哀とやるせなさをせめてドンチャン騒ぎで晴らしたいという気持の現れが即ちウーピーの一つの特徴だ」とし、「実に近代社会層の底を流れる憂鬱とあきらめの表現である」と説明している。この年は世界恐慌下での不況の真っ只中であった。

さらに記事は「諸君、ウーピーといふ言葉をおぼえなさい、エロ?、グロ?　古い、言葉も畳と同様新しいのに限りますぞ」と結んでいる。

エロ、グロは古いといえどもまだまだ健在。同年の帳に「エロ味を増した下呂温泉」という見出しの対談記事を見つけた。対談の司会役は松井である。「（下呂）温泉はグロにきくし、エロの方も相当発展しているそうですね。…（岡崎の）遊廓から芸妓が行ったとか、まづあの町がエロ化した第一歩を彼の女たちが築いたとさえ言われています」とある。エロ、グロはこんな風に使われた。岡崎の芸妓の話は初耳である。

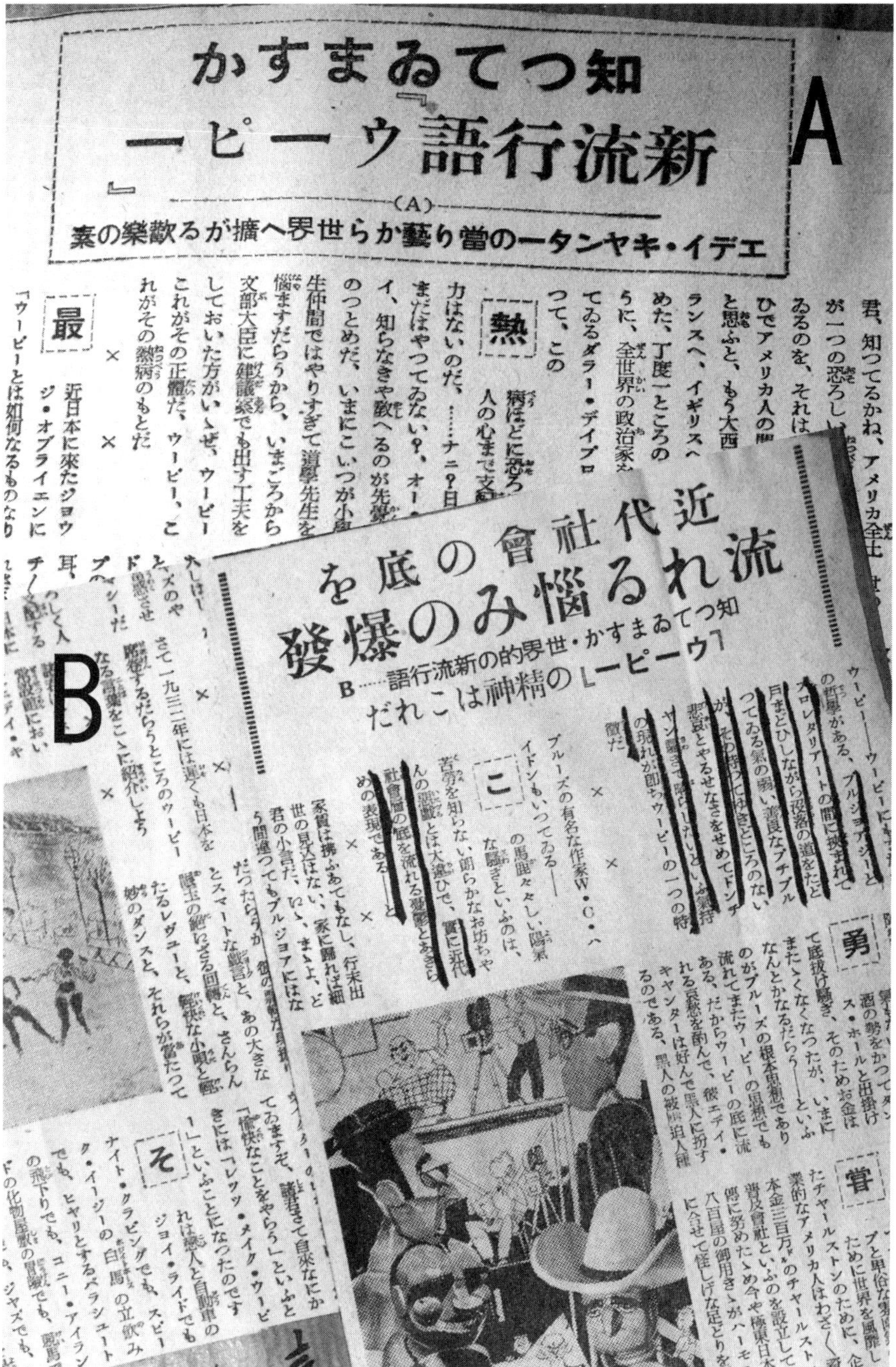

A

知つてゐますか
新流行語『ウーピー』

（A）

エディ・キャンターの當り藝から世界へ擴がる歡樂の素

君、知つてるかね、アメリカ全土……が一つの恐ろしい……ゐるのを、それは……ひでアメリカ人の腦……と思ふと、もう大西……ランスへ、イギリスへ……めた、丁度一ところの……らに、全世界の政治家を……てゐるダラー・デイプロ……つて、この

熱病ほどに恐ろ……人の心まで支配……力はないのだ、……ナニ？日……まだはやつてゐない？、オー……イ、知らなきや敎へるのが先覺……のつとめだ、いまにこいつが小學……生仲間ではやりすぎて道學先生を惱ますだらうから、いまごろから文部大臣に建議案でも出す工夫をしておいた方がいゝぜ、ウーピー、これがその正體だ、ウーピー、これがその熱病のもとだ

× ×

最近日本に來たジョウジ・オブライエンに「ウーピーとは如何なるものなり……

B

近代社會の底を流れる惱みの爆發

知つてゐますか・世界的の新流行語……B
「ウーピー」の精神はこれだ

ウーピー——ウーピーにも……の哲學がある、ブルジョアジーとプロレタリアートの間に挾まれて月まどひしながら沒落の道をたどつてゐる氣の弱い善良なプチブルが、その持つてゆきどころのない悲哀とやるせなさをせめてドンチヤン騷ぎで晴らしたいといふ氣持の現れが即ちウーピーの一つの特徵だ

× ×

このブルーズの有名な作家W・C・ハイドンもいつてゐる——の馬鹿々々しい陽氣な騷ぎといふのは、苦勞を知らない朗らかなお坊ちやんの惡戯とは大違ひで、實に近代社會層の底を流れる憂鬱とあきらめの表現である——と

× ×

家賃は拂ふあてもなし、行末出世の見込はない、家に歸れば細君の小言だ、ねえ、まよ、どう間違つてもブルジョアにはな……

勇……酒の勢をかつてダンス・ホールと出掛けて底拔け騷ぎ、そのためお金はまたゝくなくなつたが、いまになんとかなるだらう——といふのがブルーズの根本思想であり流れてまたウーピーの思想である、だからウーピーの底に流れる哀愁を酌んで、彼エディ・キャンターは好んで黒人に扮するのである、黒人の被壓迫人種……

嘗……プと卑俗な……ために世界を風靡したチャールストンのために、企業的なアメリカ人はわざく資本金三百万ドルのチャールストン普及會社といふのを設立して宣傳に努めたゝめ今や極東日本で八百屋の御用きゝがハーモニカに合せて怪しげな足どりを試……

……

さて一九三二年には遲くも日本を風靡するだらうところのウーピーなる言葉をこゝに紹介しよう

× ×

……とスマートな戯言と、あの大きな眼玉の絶えざる回轉と、さんらんたるレヴューと、輕快な小唄と輕妙のダンスと、それらが當たつて……

……てゐますぞ、諸君さて自來なにか「愉快なことをやらう」といふときには「レッツ・メイク・ウーピー」といふことになつたのです

それは戀人と自動車のジョイ・ライドでもナイト・クラビングでも、スピーク・イージーの白馬の立飲みでも、ヒヤリとするパラシュートの飛下りでも、コニー・アイランドの化物屋敷の冒險でも、競馬でも、……、ジャズでも、み……

30 昭和六年　百貨店防禦（ぼうぎょ）陣

昭和六（一九三一）年の春は寒かったようだ。松井弘の同年のスクラップ帳にこんな記事の切り抜き（四月九日）があった。「寒気に襲はれて桑園の被害甚大／豊根村上津具村一帯は時ならぬ銀世界と化し」と。

寒い春だが、帳に貼られた新聞の切り抜きなどを眺める限り平穏な日々である。この年に「不惑」を迎える松井の関心事は、百貨店・デパート、旅行、ラジオ講座、謡曲、園芸だったようだ。

名古屋の百貨店、十一屋（後の丸栄）と松坂屋の広告が貼ってある。十一屋の広告（写真A）は赤と黄色使いの派手なもので、「十一屋の出張大売出し／五月十五日・十六日の両日／岡崎市　寳来（ほうらい）座にて」とある。

一方、松坂屋（写真B）は水色を主体とした涼しげなデザインで、「夏物出張大売出し／六月二十二日、二十三日／岡崎康生町岡崎劇場にて」。寳来座は六地蔵町、岡崎劇場は康生通南にあった。

目玉商品は、メリヤスシャツ、片側帯（おび）、洋服用エプロン、キャラコ割烹（かっぽう）着、蛇の目傘、洋傘、浴用石鹸、等々、女性用の夏物衣料が中心。こうした百貨店の出張販売の広告は、大正の終わり頃から松井の帳の中に目立ち出す。とくに昭和の不況以降、百貨店は販路拡大で近郊への出張販売をしきりにおこなっていた。「百貨店の進出いよいよはげしく」と、小売業を営む松井は不安な思いを帳に記している。

不安を感じていたのは松井だけではない。同じ年、大阪では小売商組織が百貨店の圧迫に抗して大会を開いている（『昭和二万日の全記録2』）。岡崎の商店街も同様で、店主たちの百貨店進出への危機感と対策を、新聞は当時流行の軍事用語を使い「百貨店防禦陣」と書いた。

松井の帳に「百貨店防禦陣―良い品を安く親切に」と「岡崎に造りたい路上デパート　共力して造る外ない」の記事（写真C）が残っている。康生通の店主たちの座談会の記事である。一カ所ですべてが揃う百貨店ではなく、各売り場（デパートメント）が横に並ぶ街作りのプランは、その後の岡崎の商店街の基本構想である。松井はその構想の中心的な存在で、戦後の商店街復興にもこのプランを生かし、岡崎商工会の商業副部会長をつとめることになるのである。

悲しむことは生きること　蟻塚亮二

◉原発事故とPTSD

原発被災者の精神的な苦悩は、戦争被害に匹敵する。原発事故直後から現地の診療所で診察を続ける著者が発見した、被災地を覆う巨大なトラウマの存在。　１８００円＋税

家康VS秀吉　小牧・長久手の戦いの城跡を歩く　内貴健太

小牧・長久手の戦いのすべてがこの一冊にある。城跡や古戦場など、ゆかりの地を訪ね歩き、地域の伝承なども盛り込んで、その実相を立体的に解き明かす。　２２００円＋税

写真でみる　戦後名古屋サブカルチャー史

長坂英生　編著

ディープな名古屋へようこそ！〈なごやめし〉だけじゃない名古屋の大衆文化を夕刊紙「名古屋タイムズ」の貴重写真でたどる。　１６００円＋税

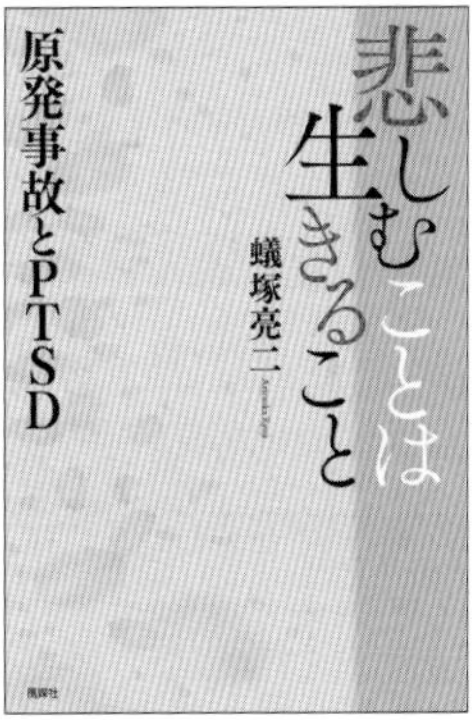

風媒社　新刊案内

2023年12月

〒460-0011
名古屋市中区大須1-16-29
風媒社
電話 052-218-7808
http://www.fubaisha.com/
[直販可　1500円以上送料無料]

名古屋で見つける化石・石材ガイド
西本昌司

地下街のアンモナイト、赤いガーネットが埋まる床……世界や日本各地からやってきた石材には、地球や街の歴史が秘められている。

1600円＋税

東海・北陸のジオサイトを味わう
森勇一／田口一男

海底10mになぜ遺跡があるのか？ 日本で最初に見つかった古代塩田、特別天然記念物になった埋没林の神秘、お城の石垣を地学の眼で解き明かしたり……

1800円＋税

東海 自転車さんぽ
木村雄二

近代建築や古墳めぐり、水源を目指して川沿いを走るコースや、サイクルトレインを使ったロングコースなど、多彩な自転車散歩を楽しめる近場を紹介。

1500円＋税

名古屋発 日帰りさんぽ
溝口常俊 編著

懐かしい風景に出会うまち歩きや、公園を起点にするディープな歴史散策、鉄道途中下車の旅など、歴史と地理に詳しい執筆者たちが勧める日帰り旅。

1600円＋税

名古屋ご近所さんぽ
溝口常俊 編著

あなたもやってみませんか？ 特別な準備は不要。自分流にアレンジして、身近な場所を手軽に楽しむための散歩のヒント集。

1200円＋税

愛知の駅ものがたり
藤井 建

数々の写真や絵図のなかからとっておきの1枚引き出し、その絵解きをとおして、知られざる愛知の鉄道史を掘り起こした歴史ガイドブック。

1600円＋税

モダン東京地図さんぽ
和田博文 編著

関東大震災で江戸と地続きの東京はどのように滅び、変貌したのか。焼け跡からモダン都市へ――。地図から覗いた戦前東京の街ものがたり。

1600円＋税

愛媛県歴史文化博物館 編
予の海上交通、四国遍路をめぐる物語……
1600円＋税

古地図で楽しむ駿河・遠江
加藤理文 編著
古代寺院、戦国武将の足跡、近世の城とまち、災害の爪痕、戦争遺跡、懐かしの軽便鉄道……。
1600円＋税

古地図で楽しむ三重
目崎茂和 編著
江戸の曼荼羅図から幕末の英国海軍測量図、「大正の広重」吉田初三郎の鳥瞰図…多彩な三重の姿。
1600円＋税

岐阜地図さんぽ
今井春昭 編著
観光名所の今昔、消えた建物、盛り場の変遷、飛山濃水の文学と歴史……地図に隠れた岐阜。
1600円＋税

古地図で楽しむ岐阜　美濃・飛騨
美濃飛騨古地図同攷会／伊藤安男 監修
多彩な鳥瞰図、地形図、絵図などをもとに、地形や地名、人々の営みの変遷をたどる。
1600円＋税

明治・大正・昭和　名古屋地図さんぽ
溝口常俊 監修
廃線跡から地形の変遷、戦争の爪痕、自然災害など、地図に刻まれた名古屋の歴史秘話を紹介。
1700円＋税

古地図で楽しむなごや今昔
溝口常俊 編著
絵図や地形図を頼りに街へ。人の営み、風景の痕跡をたどると、積み重なる時の厚みが見えてくる。
1700円＋税

古地図で楽しむ尾張
溝口常俊 編著
地図をベースに「みる・よむ・あるく」——尾張謎解き散歩の勧め。ディープな歴史探索のお供に。
1600円＋税

古地図で楽しむ三河
松岡敬二 編著
地域ごとの大地の記録や、古文書、古地図、古絵図に描かれている情報を読み取る。
1600円＋税

古地図で楽しむ近江
中井均 編著
日本最大の淡水湖、琵琶湖を有し、様々な街道を通して東西文化の交錯点になってきた近江。
1600円＋税

地図で楽しむ京都の近代
上杉和央／加藤政洋 編著
地形図から透かし見る前近代の痕跡、あったかもしれない景観、80年前の盛り場マップ探検。
1600円＋税

古地図で楽しむ金沢
本康宏史 編著
加賀百万石だけではない、ユニークな歴史都市・金沢の知られざる姿を読み解く。
1600円＋税

認知症の人間学　中村博武

◉認知症の人の内面世界を哲学から読み解く

誤解に満ちた固定観念から離れて、哲学的視座から認知症の人の内面世界を見直し、認知症とともに生きることの意味を問う。　1800円＋税

ある軍法務官の生涯　西川伸一

◉堀木常助陸軍法務官の秋霜烈日記・伊勢、旭川、善通寺、そして満州

軍法会議の担当文官「陸軍法務官」として軍法務に精勤した堀木常助。彼の残した日記を丹念にひもとき、軍が「聖域」視されていた時代を振り返る。　1700円＋税

生き延びるための地理学　溝口常俊

◉東日本大震災 被災地で考えたこと

震災や津波に対して想定外で済ませないために、地理学に何ができるのだろうか。半地下シェルター「やどかりプラン」を提言する地理学者の思考の軌跡。　1600円＋税

名古屋都市・空間論　井澤知旦

◉消毒された都市から物語が生まれる都市へ

名古屋の都市イメージはどのように形成されていったのか。〈消毒都市〉と〈物語都市〉をキーワードに名古屋の新たな魅力とアイデンティティを提案。　2000円＋税

ウィシュマさんを知っていますか？　眞野明美

◉名古屋入管収容場から届いた手紙

入管で亡くなったスリランカ人女性ウィシュマ・サンダマリさんが残した手紙。彼女の思い描いていた未来はなぜ、奪われたのか。安田菜津紀さん推薦！　1200円＋税

冤罪をほどく　中日新聞編集局　秦融

◉〝供述弱者〟とは誰か

冤罪の罠にとらわれる供述弱者の存在を明るみに出した画期的調査報道。**第44回「講談社 本田靖春ノンフィクション賞」受賞作！**　1800円＋税

障害者たちの太平洋戦争　林雅行

◉狩りたてる・切りすてる・つくりだす

視覚・聴覚障害、肢体不自由、知的障害の人々はいかに戦時体制に組み込まれ、積極的または消極的に動員されていったか。　1800円＋税

矢田川は鳥たちの楽園　小野知洋

◉したたかに生きる「都会っ子」たち

矢田川散歩で出会った鳥たちは愛らしくもたくましい。都市周辺環境の激しい移り変わりの中で翻弄される鳥たちの繊細さと、思わぬしたたかさ。　1000円＋税

ダルタニアンの馬　小長谷正明

◉名大医学部とぼくたちの青春

1969年名古屋大学医学部入学、学園紛争の嵐のなか、まぎれのない青春の時をぼくたちは過ごした。愛車〝ダルタ馬〟で駆け抜けたの青春グラフィティ！　1500円＋税

ベルギーの歴史　ベルナルド・コペン＆アラン・ルクレール 著、柴山久代 訳、ヴェロニック・デゾヌ 監修

つねに大国・強国の支配を受けてきたベルギー。小国ながらも豊かな国となったベルギーの古代から現在まで、その知られざる歴史をひもといた絵本。　1000円＋税

ブダペストの映画館　小島亮

◉都市の記憶・1989年前後

現在史の起点・あの日々の東欧へ。体制転換の渦中に書き綴られた備忘録を中心に編集した『ハンガリー知識史の風景』を新装復刊。　2000円＋税

ものづくり中部の革新者　中部産業遺産研究会 編著

つねに変化と挑戦を恐れず――。「ものづくり中部」として知られる中部地域の発展に尽くした産業人、技術者、教育者たちの横顔を描く。　3000円＋税

復刻 愛知県産 岩石並鉱物採集必携　柿原喜多朗

1941年に発行された『愛知県産 岩石並鉱物採集必携』を復刻。鉱山地を訪問し、鉱物編と岩石編に分類。産地・鉱物解説とともに詳細な地図も掲載。

城に学ぶ
NPO法人東海学センター 編

◉第8回東海学シンポジウム

「城」の登場は人びとに何をもたらしたのか。小牧山城、多聞城、指月城、名古屋城など、考古学、建築学の成果をもとに人びとと城のかかわりをひもとく。 1800円+税

なごや昭和写真帖 キネマと白球
長坂英生 編著

の情熱。数々のドラマを生……の隆盛、野球少女たちの夢……。 1600円+税

愛知の大正・戦前昭和を歩く
溝口常俊 編著

モダン都市の光と影——。カフェ、遊廓、百貨店、動物園、映画館、商店、レコード……。地域に残された歴史資料で、まちの表情を読み解く。 1800円+税

名古屋の明治を歩く
溝口常俊 編著

江戸の面影が徐々に消え去り、近代産業都市へとめまぐるしく変化した明治の名古屋。転換期の風景や世相・風俗を読み解き、近代名古屋のルーツを探る。 1600円+税

名古屋の江戸を歩く
溝口常俊 編著

いにしえの名古屋の風景を求めて、さまざまな絵図・古地図・古文書から、地名の変遷、寺社の姿、町割りの意味、災害の教訓などを読み解く。 1600円+税

改訂版 なごやの古道・街道を歩く
池田誠一

ロングセラーがカラー改訂版で再登場！ 名古屋地域を通る古道・街道の見どころ、名所・旧跡を紹介。まちの記憶を訪ね歩く歴史ウオーキングにおすすめ。 1800円+税

街道今昔 三重の街道をゆく
千枝大志 編著

三重県内の街道で育まれた物語を訪ねて、地元の学芸員や郷土史家が歩いた。 1800円+税

街道今昔 三河の街道をゆく
堀江登志実 編著

旅人の気分になって、往時をしのばせる寺社仏閣や路傍の地蔵・道標などを訪ねてみませんか。 1600円+税

街道今昔 美濃路をゆく
日下英之 監修

大名や朝鮮通信使、象も通った街道の知られざる逸話や川と渡船の歴史をひもとく。 1600円+税

街道今昔 佐屋路をゆく
石田泰弘 編著

東海道佐屋廻りとして、江戸時代、多くの旅人でにぎわった佐屋路と津島街道を訪ねる。 1600円+税

古地図で楽しむ広島
鈴木康之 編著

瀬戸内海沿岸の広島・宮島・呉など、海とともに発展してきた地域の歩みを古地図を糸口に探る。 1700円+税

古地図で楽しむ伊豆・箱根
池谷初恵／大和田公一 編著

信仰、要害、温泉、街道などを切り口に、伊豆・箱根の奥深い歴史と文化、多様な景観を読み解く。 1700円+税

古地図で楽しむ瀬戸内・香川
森正人

近代航路で変容した旅、名物として発見されたうどん……地図を読み解き伝統・文化を問い直す。 1800円+税

古地図で楽しむ首里・那覇
安里進／外間政明 編著

当時の町の絵師たちが描いたパノラマ図などを比較分析し、近世琉球社会の姿を読み解く。 1700円+税

地図で楽しむ横浜の近代
岡田 直／吉﨑雅規／武田周一郎

横浜時間旅行へ、いざ！ 外国人居留地、関東大震災の爪痕、モダン都市横浜、占領と復興……。 1600円+税

古地図で楽しむ富士山
大高康正 編著

前近代の富士山信仰の世界、さまざまな登山道とその起点となった集落の変遷……。 1700円+税

古地図で楽しむ神戸
大国正美 編著

文字情報だけではわからない街道や自然景観の変遷、港町の情景、近代文学者たちのまなざし……。 1600円+税

古地図で楽しむ信州
笹本正治 編著

流れる川とそびえる山、四つの平らと城下町……。村絵図や街道地図を読み解く。 1600円+税

古地図で楽しむ長崎

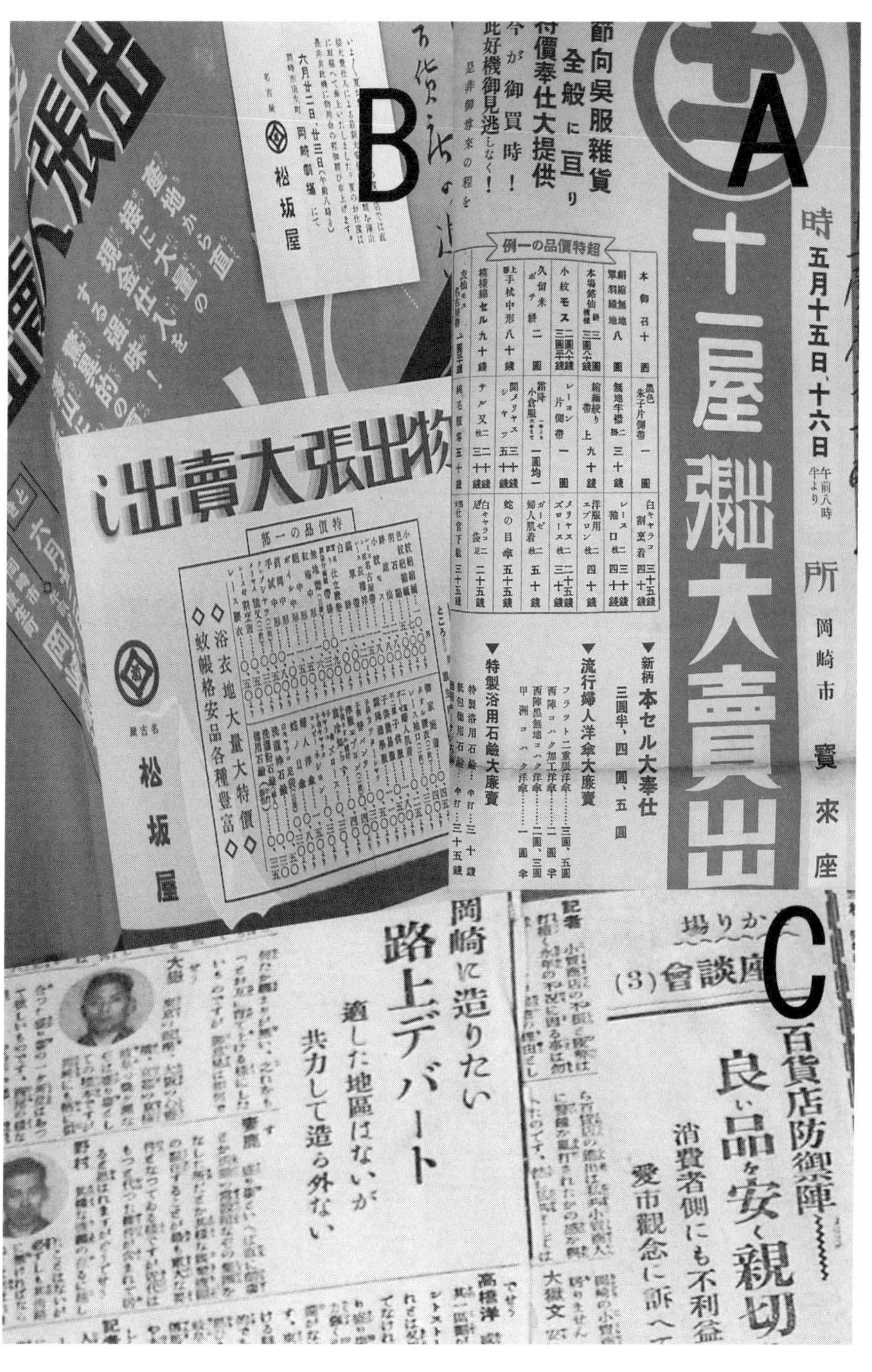
A
十一屋
出張大賣出
時 五月十五日、十六日 午前八時半より
所 岡崎市 寶來座
御向呉服雑貨全般に亘り特價奉仕大提供
今が御買時！
此好機御見逃しなく！
是非御來場の程を
超特價品の一例
新柄本セル大奉仕
三圓半、四圓、五圓
流行婦人洋傘大廉賣
特製浴用石鹸大廉賣
B
六月廿二日、廿三日
岡崎劇場にて
名古屋 松坂屋
物出張大賣出し
特價品の一部
浴衣地大量大特價
蚊帳格安品各種豊富
名古屋 松坂屋
C
岡崎に造りたい
路上デパート
適した地區はないが
共力して造る外ない
座談會(3)
百貨店防禦陣
良い品を安く親切
消費者側にも不利益
愛市観念に訴へて

31　昭和六年　カラーを買う

松井弘の昭和六（一九三一）年のスクラップ帳に「六月十九日久し振りに洋服をきる　カラー三十五銭　くつ下七十三銭」と記されている（写真B）。松井はラジオで英語講座を聴き、野球、登山、旅行を愛するモダンボーイなのだが、普段は着物で過ごしていた。さて洋服を着るのに三十五銭で買った「カラー」とは何だろうか…？

大正十四（一九二五）年、考現学の創始者である今和次郎は仲間達と「東京銀座風俗記録」と称して、銀座の町を歩く人々の服装（風俗）を観察した。（『考現学入門』）。その結果は、男性の洋装率は六七％、女性の洋装はたった一％であった。大正から昭和の始め頃は、まだまだ着物の生活だった。

その「銀座風俗記録」の中に「男性のカラーしらべ」がある。当時は、デタチャブルカラーといって、衿のないシャツに好みのカラー（衿）を付けて着用したようである。ちなみに記録（写真A）では、表の左から四番目にかかれたソフト型が最も人気があり四四％、次にダブル二九％、前折、単カラーと続く。

昭和六年の同じ帳に、松坂屋の「國産リンネル背広オーダーメード特価一着金二十圓」の案内が残っている。上等な駅弁が五十銭の時代の「二十圓」とはやはり高級品である。注文証や領収証が帳に貼ってないところを見ると、さすがにお洒落な松井もあきらめたと思われる。

同年の松坂屋と十一屋百貨店の大売り出しのチラシも残っている。売り出し商品は女性向けの呉服や家庭用品ばかりで、男性用衣料品としては唯一「サル又　二十銭三十銭」のみ。当時、いろいろな意味で男性用衣料は売り出しにはそぐわないものだったのだろう。

帳に「みどり求む外出用絹のくつ下　一円八十銭とは…」と記し、絹製くつ下のラベルが貼ってある。また別ページには、「みどり用スプリングオーバー二十三円　サンマードレス十八円五十銭　相当に高価なものだ　子なればこそ…」と。これらは、名古屋市広小路県庁前のヒツジ屋という店であつらえた（写真C）。

松井は、リネンの背広はあきらめたが、この年十一歳になる愛娘・みどりさんのためには惜しみない。

A

7日午後4時25分―45分			西側南行（労働者を除く）			K
206人						なし
北 (尾張町)	5	25	30	34	1	0
南	2	16	28	56	8	1
計	7	41	58	90	9	1
%	3	20	29	44	4	(1/206)

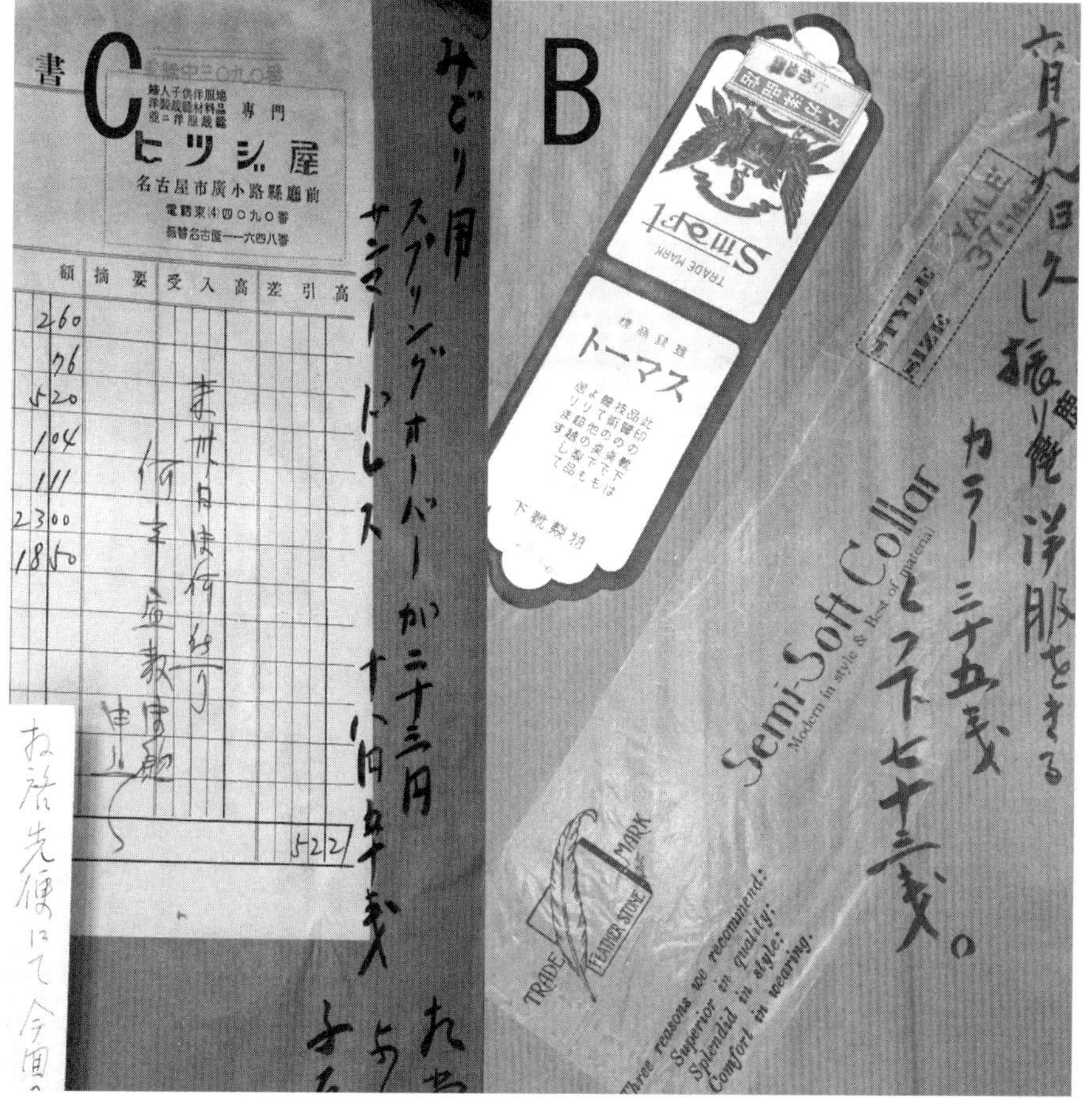

32　昭和六年　浄瑠璃姫墓と納札塚

昭和六（一九三一）年世間は不況のどん底だが、みどりや主人・松井弘は商売も趣味も順調だった。趣味の盟友・稲垣豆人と立ち上げた「岡崎趣味会」や「岡崎納札会」の名が全国に知れ渡った。きっかけは、大正十五（一九二六）年の浄瑠璃姫の墓の保存運動である。その昔牛若丸（源義経）との恋に落ち、のちに菅生川へ入水したという矢作兼高長者の娘・浄瑠璃姫の悲話が岡崎に残っている。広く知られる語り物「浄瑠璃」の原型である。岡崎趣味会の稲垣、池上年、石田茂作などが中心となり古墓を発掘調査した。

岡崎公園入り口東に残るその墓石前に「浄瑠璃姫之墳」と刻んだ石碑（写真A）が建つ。発起人は稲垣始め、本多敏樹市長、深田三太夫、早川久右エ門、近藤重三郎など地元政財界の重鎮。寄付者には浄瑠璃関係の大物も名を連ねる。もちろん松井の名も。その人数は目算で四百十二人。全国に有志者を募ったと思われる。石碑と玉垣に「ベルツ花子」の名がある。「お雇い外国人教授」として明治期に東京大学で医学を教えたベルツ博士の妻である。豊川市の医師・大島信雄氏の研究によれば、彼女の父は御油宿（現豊川市御油町）の戸田屋旅館の出。さらに彼女は、戸田屋が浄瑠璃姫の父・兼高長者の子孫と考えていたという。

松井のスクラップ帳に、同七年「浄瑠璃姫之墳」建立・保存事業の決算書（写真B）が残っている。寄附金の総収入六千百十八円八十七銭。一般会員十～十五円の中、「ベルツ花子殿寄附　金貳百圓」とある。

岡崎納札会の名を知らしめたもう一つの事業は、浄瑠璃姫が観月したと伝える地に「納札塚」を建立しようというもの。松井も世話方の一人で、その「趣意書」が残っている。「（浄瑠璃）姫供養の為と我々納札趣味の上と昭和時代最初の企てとして…（略）…一丁札一口に付　金貳円也」と、全国に呼びかけた。地元はもちろん、京浜、京阪の納札趣味の仲間も参加し、同年に完成した。協賛者百二十名の名が刻まれた石碑（写真C）は、今も西本願寺三河別院（十王町）に建つ。そこに、米国の文化人類学者にして「お札博士」として有名なフレデリック・スタール博士の名も。石碑中央辺りに「米國寿多有」（写真D）とある。

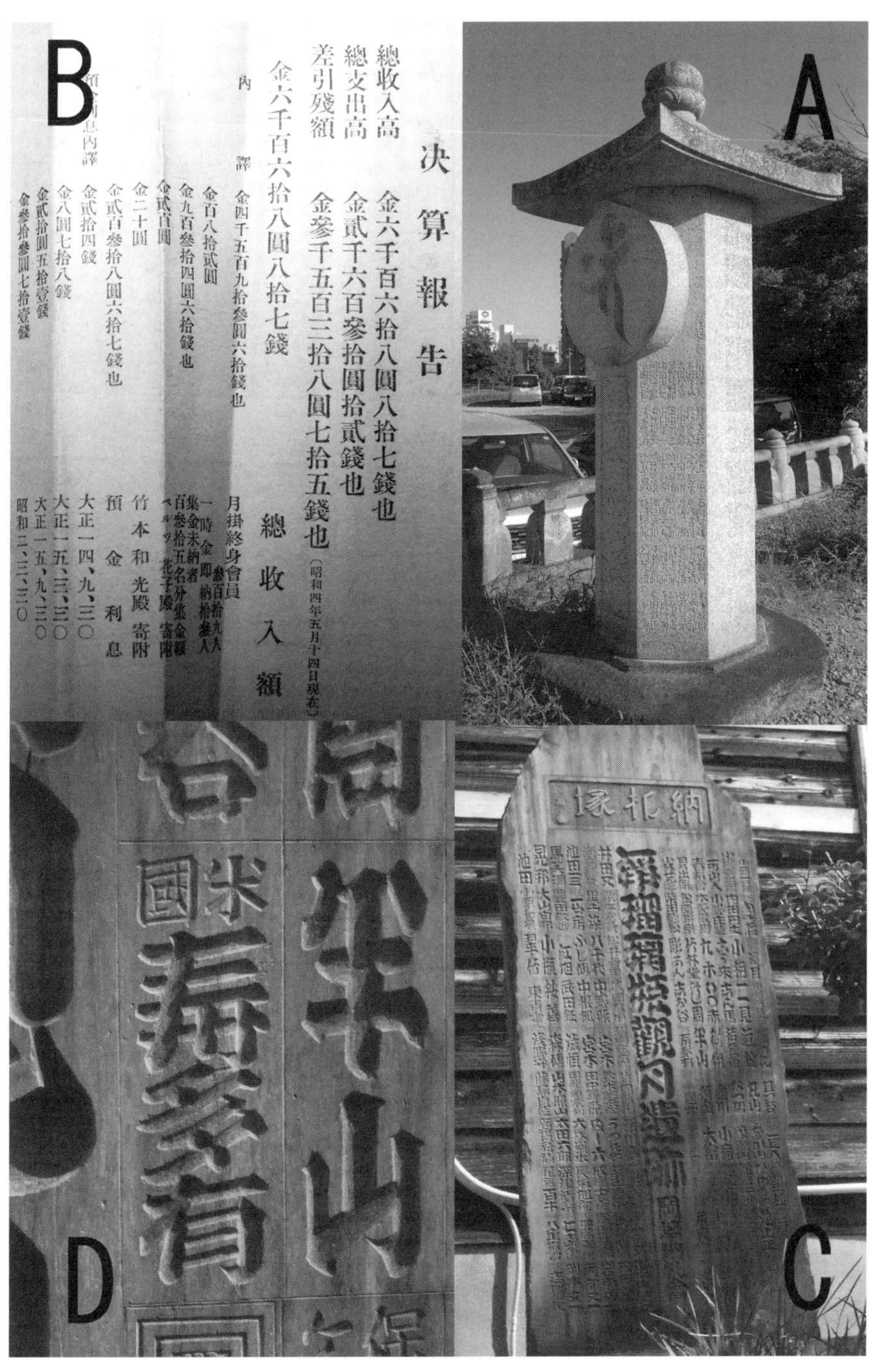

決算報告

總收入高　金六千百六拾八圓八拾七錢也
總支出高　金貳千六百參拾圓拾貳錢也
差引殘額　金參千五百三拾八圓七拾五錢也
（昭和四年五月十四日現在）

金六千百六拾八圓八拾七錢　總收入額

內譯

金四千五百九拾參圓六拾錢也　月掛終身會員參百拾九人
金百八拾貳圓　一時金即納拾參人
金九百參拾四圓六拾錢也　集金未納者百參拾五名分集金額
金貳百圓　ベルツ花子殿寄附
金二十圓　竹本和光殿寄附
金貳百參拾八圓六拾七錢也　預金利息

預金利息內譯

金貳拾四錢　大正一四、九、三〇
金八圓七拾八錢　大正一五、三、三〇
金貳拾圓五拾壹錢　大正一五、九、三〇
金參拾參圓七拾壹錢　昭和二、三、三〇

33　昭和六年　早慶野球観戦

松井弘の昭和六（一九三一）年十月〜年末のスクラップ帳の表紙裏に、「早慶野球を見る為め東上／日米対抗野球／日支満州事変」と書いてある。

十五年戦争の始まりとなる満州事変は、この年の九月十八日に起こるのである。それよりも松井は「野球熱」に取り憑かれていた。松井だけではない。この時だれが、その後の日中戦争や太平洋戦争そして敗戦に至る道を想像しただろうか…？

松井は東京の友人に早慶戦の入場券を依頼した。人気過熱で前年から抽選制となり、実に七倍の競争率だったという（『昭和二万日の全記録2』）。抽選は九月十六日の九時から。ラジオで抽選の実況放送があったと松井は記す。

十時四十分、待ちに待った電報「アスヲ一マイカヘタ　コンヤタテ（明日を一枚買えた　今夜立て）」を受け取った。「ともかく、玉枝もみどりも行くと云ふので、つれて出発　二時の急行列車」、友人に「コンヤ八ジ二五フン　トウキョウツク（今夜八時二十五分東京着く）」と打電した。

十七日は「（午前）八時に入場し、午後二時試合開始と云ったのに雨が降り出した。インクがにじむので鉛筆でスコアーをつけた。紙も人もびしょぬれになったまゝに見てゐた」と、雨の中を観戦。結局この試合は三回ノーゲームとなった。新聞は「漸く熱狂の球場に　にくや無残の秋雨」と書いた。

十八日は、家族三人で慶応側スタンドで観戦。そのときの入場券が貼ってある（写真A）。「此の入場券を得る為め如何に苦労したか」、「プレミヤムがついて実に一枚十円から十二三円の取引きのあったと云はれてゐる」。松井の記録には通常一枚一円とあるので、十倍以上の値段が付いたことになる。

この試合は二対一で早稲田が勝った。帳に「伊達攻守に殊勤　早大先づ勝つ」の新聞記事（写真B）を貼り、そこに「現代日本のある一面を象徴した気分だ」。更に「若々しさ、雄しさ、鮮しさ、三（みっつ）を見て自分は若返り学生時代の気分にしたることの幸せを喜ぶ」と書いた。

この日、四十一歳の松井は野球にスポーツに「新しい日本」の気配を感じていた。

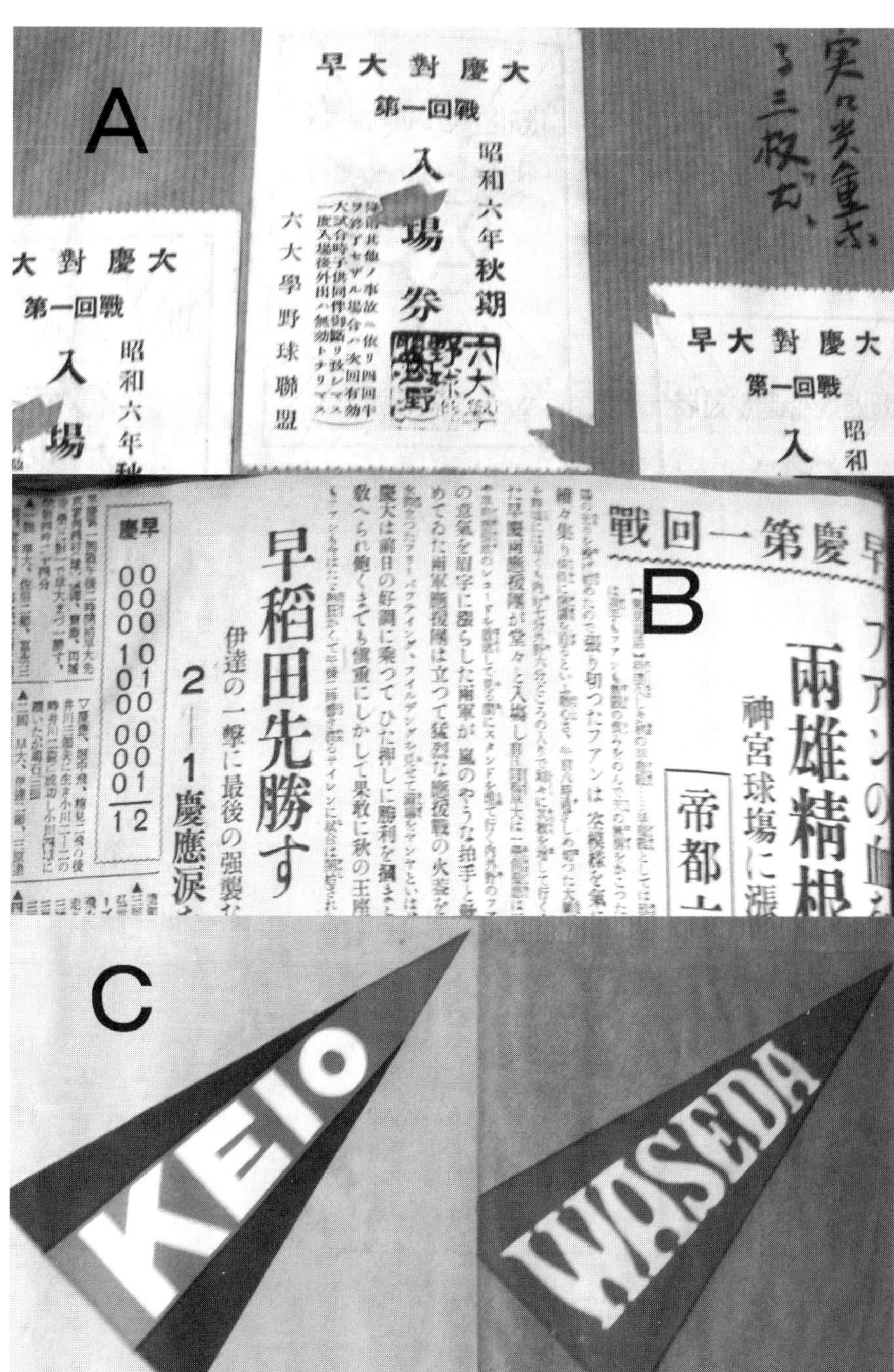
A
早大對慶大
第一回戰
昭和六年秋期
入場券
六大學野球聯盟
B
早慶第一回戰
早稻田先勝す
2—1
兩雄精根
神宮球場に
C
KEIO
WASEDA

34 昭和六年　満州事変と松井弘

昭和六（一九三一）年九月一八日の夜、満州事変が起こった。みどりや主人・松井弘は、親子三人で早慶野球を観戦した東京からの帰りの電車内だった。翌日松井は、事件の号外を手にした。

スクラップ帳に貼った『九月十九日　大阪毎日名古屋號外』に「奉天附近で日支兵交戦」とある（写真B）。松井はその脇に「此頃何か不安が漲ってゐる様であったが、果然こんな事になった」と記す。このとき、ほとんどの日本人が「果然」と感じたに違いない。他の号外（写真A）には「日支両軍衝突の詳報　名古屋出身野田中尉重傷（奉天發）十九日午前零時半　我軍隊は北大営の支那兵舎を占領し…（略）…我軍奉天城を占領す」とも。

その頃、ちょうど県会議員選の最中で、松井の帳にはこちらの記事の方が多い。今回の「日支兵交戦」をさほど大したこととは受け止めていなかったのだろう。県議には、千賀康治と菅野経三郎が当選。菅野はこの四年後に五代目岡崎市長となる。

『九月二十日　名古屋新聞號外』は、「南嶺占領の激戦で我軍の戦死卅余名　血旗を振り降伏と見せ猛然と一斉射撃」と伝える。南嶺は中国南東部の山脈である。

記事はずいぶんと「反中」感情を煽ったものだが、松井は冷静にこう記す。「支那は目覚めつつあるのかも知れない。然し日本は血を流して得た正当に利権がある。之は守らなければならぬ」。また「支那兵を排撃するのは当然の処置であるが、度を超さぬ様にありたい。速やかに解決せよ」と。

「満洲事變映畫」公開のチラシ（写真C）が帳に貼ってある。「本社撮影空中輸送による／満洲事變映畫ニュース／今二五日午後六時半　岡崎市公園グランド／主催大阪朝日新聞社　後援岩月新聞舗／入場無料」。二十三日にも、大阪毎日の満州事変の映画が、寶来座で上映された。一週間も経たぬ間に、地方都市岡崎でも「満州事変」の映像は広まっていく。映像の伝達力はすこぶる速い。速い分だけ見る者の思考力を鈍らせる。

「責任不在」のまま、映像だけが拡散してゆく様は、現代のマスコミも変わらない。

A

昭和六年九月十九日發行

大阪毎日名古屋號外

日支兩軍衝突の詳報

名古屋出身野田中尉重傷

【奉天發】十九日午前零時半我軍隊は北大營の支那兵營を占
遼陽師團、海城の野砲第二聯隊、旅順、鐵嶺等の各守備隊を續
天に集注する一方奉天城内支那兵工廠に對し行動を開始し十
方面では午前一時二十六分兩軍盛んに交戰中である、奉天在
人青年團は即時春日公園に集合附屬地自警團もそれ〳〵
いた城内邦人は直に軍隊に救助されつゝあり目下危險

獨立守備隊第二大隊步兵中尉野田耕夫氏
中隊御器所町出身)は北大營の戰闘に重傷を負ふた、尚
た滿鐵線現場は奉天北方約一里半文漢屯鐵橋である

參謀總長重大訓令を發す

金谷參謀總長は支那兵の暴戾に對し極度に憤慨しこの際
徹底的に膺懲すべきやう午前二時本庄關東軍司令官に對
令を發

我軍奉天城を占領す

【奉天發】我軍は午前二時奉天城の一

B

大阪毎日名古屋號外

奉天附近で 日支兵交戰

十八日午後

C

日本

公

無

滿洲事變映畫

本社特派隊撮影

大阪毎日の映畫

第一報 第二報 第三報

本廿三日

午前十一時より午后四時まで 數回

場所 寶來

主催 大阪毎日新聞社

35　昭和六年　名古屋へ買い物

松井弘の昭和六（一九三一）年のスクラップ帳に、「一一月一〇日所用あり名古屋へ行く（玉枝同伴）」とある。満州事変から一月半余。「軍隊宿泊と教育者宿泊との為めの甲山に於ける不足品補充の為め」である。甲山とは松井の自宅（六供町）のこと、どこからかの依頼で宿を提供したようである。宿泊者は岐阜歩兵連隊少尉と、別日に「労作教育」講習会の講師として来岡した教育者二人である。その礼状が残っている。労作教育とは、児童中心の学習を重視したもので、岡崎では当時福岡尋常高等小学校を中心に実践されていた。

松井は几帳面な人で、不足品補充のメモを残している。座ぶとん、めしびつ、カーテン、花台、おかし、ナベ、などなど、三十品目以上。これだけの品を一気に買い揃えるとなると、やはり名古屋の百貨店だった。岡崎に本格的な百貨店ができるのはまだ先である。

名古屋栄町へは、市内電車で東岡崎に出て、愛知電鉄で神宮前駅へ、そこからは路面電車で栄町へ出る。一時間半から二時間ほどの道のりになる。

松坂屋と十一屋（後の丸栄）で買い物をしたことが領収書からわかる。その端に「マネキン時代。コーヒー大宣伝」と、その日のデパートの様子を記す。相変わらず松井はチラシ類まで捨てない。松坂屋食堂の箸袋、各種レシート、大売り出しのチラシに混じって、松坂屋「女の足展覧會」のプログラムが貼ってあった（写真A）。福助足袋の主催。内容は女性の足にまつわる写真や歴史的遺物の展示だったらしい。「日本最初の二万円保険の足」、「ミスユニバースの足」、余興には舞踏団のレヴュー。洋装により露出される女性の足は、男女問わず関心の的だったようだ。

「マネキンが配ってゐた」と写真Bのチラシを貼っている。マネキン（嬢）とはモデルのこと。前年に東京銀座に登場し、この年名古屋にも登場している。

もう一つのカタカナの職業「メッセンジャーボーイ」の広告もあった（写真C）。「可愛らしい少年の用達屋の様なものです」。「きれいな洋服を着て何處(どこ)へでもお使に参ります」とも。当時の「尖端風俗」は百貨店にあった。

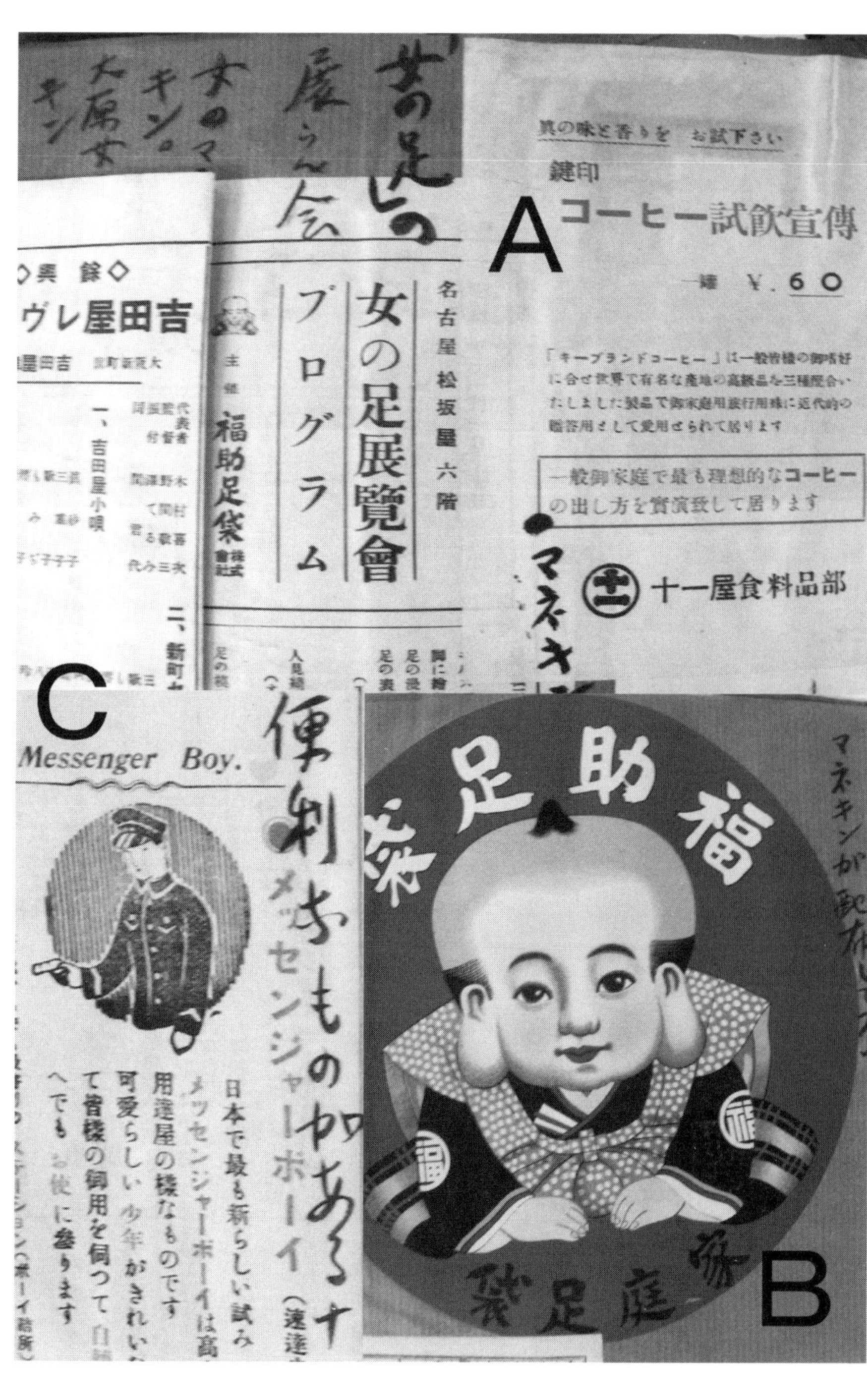
A
眞の味と香りを　お試下さい
鍵印
コーヒー試飲宣傳
一罐 ¥.60
「キーブランドコーヒー」は一般皆樣の御嗜好に合せ世界で有名な産地の高級品を三種配合いたしました製品で御家庭用旅行用共に近代的の贈答用として愛用せられて居ります
一般御家庭で最も理想的なコーヒーの出し方を實演致して居ります
十一屋食料品部
女の足展覧會
プログラム
名古屋松坂屋六階
主催 福助足袋株式會社
吉田屋レヴュ
C
Messenger Boy.
便利なもの
メッセンジャーボーイ
日本で最も新らしい試み
メッセンジャーボーイは
用達屋の樣なものです
可愛らしい少年がきれいな
て皆樣の御用を伺つて
へでもお使に參ります
B
福助足袋

36　昭和六年　吉田初三郎の鳥瞰図（ちょうかんず）

みどりや主人・松井弘は大の旅行好き。彼のスクラップ帳から、昭和五、六（一九三〇、三一）年だけでも、東京、大阪、神戸、上高地、比叡山へと家族旅行したことがわかる。

旅行ブームの中、「鳥瞰図」による観光案内図（写真A）が世間に出回った。鳥瞰図とは、鳥の如く空から眺めた絵地図である。その大家が京都出身の画家・吉田初三郎。大正三（一九一四）年のこと、時の皇太子（後の昭和天皇）が吉田の描いた鳥瞰図による「京浜電車案内」を賞賛したというエピソードが残る。吉田は同十二年頃から犬山を拠点として名古屋鉄道の仕事をしていたことから、岡崎にも多くのファンがいたようである。その一人が鳥瞰図の蒐集家である康生町の神谷兵次郎。

昭和六年十一月に、吉田初三郎の展覧会が岡崎市立図書館で開催されることとなった。主催者は日本ライン観光タイムス社と三河新報社。賛助者には本多敏樹市長、岡崎きっての文化人・岡田太郎次郎（撫琴（ぶきん））もいる。展覧会に向けて地元紙では「全国鳥瞰図絵の蒐集家神谷兵次郎氏を訪れて」という記事を三回にわたって掲載した。神谷によれば、「（鳥瞰図の中で）吉田のものが最も芸術的である」という。また吉田に次ぐ鳥瞰図画家として、吉田の弟子・前田虹映、東京の日本名所図絵社、名古屋の文精社、一誠社などをあげている。当時多くの画家が鳥観図を描いていたことがわかる。

岡崎での展覧会の挨拶に、神谷と観光社理事の岡地某が松井宅を訪ねている。松井の帳にその来訪が記され、岡地が持参した絵葉書（写真B）が帳に貼ってある。展覧会の「吉田画伯揮毫頒布規約」には「尺五絹本着彩一幅金貳拾五圓」とあり、「鳥瞰図」だけでなく掛軸作品も頒布されたようである。

展覧会はどうだったのだろう？松井の帳に残る展覧会チラシには、「開會以来非常なる盛況裡に…（略）…十六日を以て閉会予定のところ…、吉田初三郎先生名所圖繪展覧会十七、八日日延べ」とある。会期を二日間も延期したのである。岡崎での展覧会は大盛況だったとみて良い。

「鳥瞰図」は人々を旅行へといざない、さらに新たな観光名所を生み出してゆくのである。

A
B
C
Beautiful Japan
吉田初三郎先生
名所圖繪展覽會
―十七・八日、日延べ―
去る十二日より公園圖書館樓上に開催され
つゝある本社主催吉田初三郎先生名所圖繪
展覽會は開會以来非常なる盛況裡に、日増し
に觀衆を増加しつゝ大方人士の賞讃を博し
松本
上高地
焼ケ岳
信濃鉄道線

37　昭和六年　号外！号外！号外！

　昭和六（一九三一）年十一月。満州事変から二ヶ月、松井弘のスクラップ帳には急に号外の数が増える。11／17付「閣議僅(わず)か廿一(にじゅう)分／直ちに秘密会議へ」は、満州問題に揺れる国際連盟の様子を伝える「新愛知新聞」の号外。同日の「大阪毎日新聞」号外は「馬占山(ばせんざん)遂に屈服」。11／18付「新愛知」号外は「愈よ(いよい)増兵断行か」、同日「名古屋新聞」号外「黒竜江軍益に／我軍総攻撃に出で」と、二日間に四枚の号外が出た（写真A）。松井は「号外　号外景気のいいものだ」と記している。

　満州への日本軍侵攻を、人々はどう感じたのだろうか…？松井は「…満州を我保護国にしなければならぬ」と、リベラルな考えを持つ彼でさえそう書いている。

　そんな中、松井は、二十一日に日米野球観戦のために上京。二十三日には岡崎競馬場（羽根町）へ行っている。写真Cはその時の「優勝馬投票證」。不安定な世界情勢と、身近な娯楽とが入り交じっている。

　二十七日にもまた号外。

「天津に於て又も日支兵衝突」（三河日報）。

「支那の不法射撃に日支再び開戦す」（新愛知）。

「天津日支大衝突」（名古屋）。

「支那軍の租界射撃」（新愛知）。

「陸軍首脳会議を開き増兵を断固す」（新愛知）。

　松井は「号外続々来る一日に五回も来る稀なり」と、この異常な事態を書き残している。

　同日、「満蒙問題市民大會」が寶来座と岡崎劇場で開催された。その広告は「国民一致共力シテ國難ヲ打開セヨ」と勇ましい。

　翌十二月三日、田町の龍城座で「中村大尉虐殺事件」の芝居がかかった（写真B）。日本軍の武力侵攻のきっかけとなった事件である。「正に時尚当て込みの芝居だ　東京でも猿之助が満州事変をやってゐる」と。

　年末のラジオ放送「第三回在満同胞慰安の夕」を聞き、松井は「遠い満州にある人々と共に聴いてゐると思えばゆかいだ」とも記している。

　平穏に始まった昭和六年だったが、九月の満州事変以降、世間の空気がどんどん変わってゆくことを、スクラップ帳から感ずる。

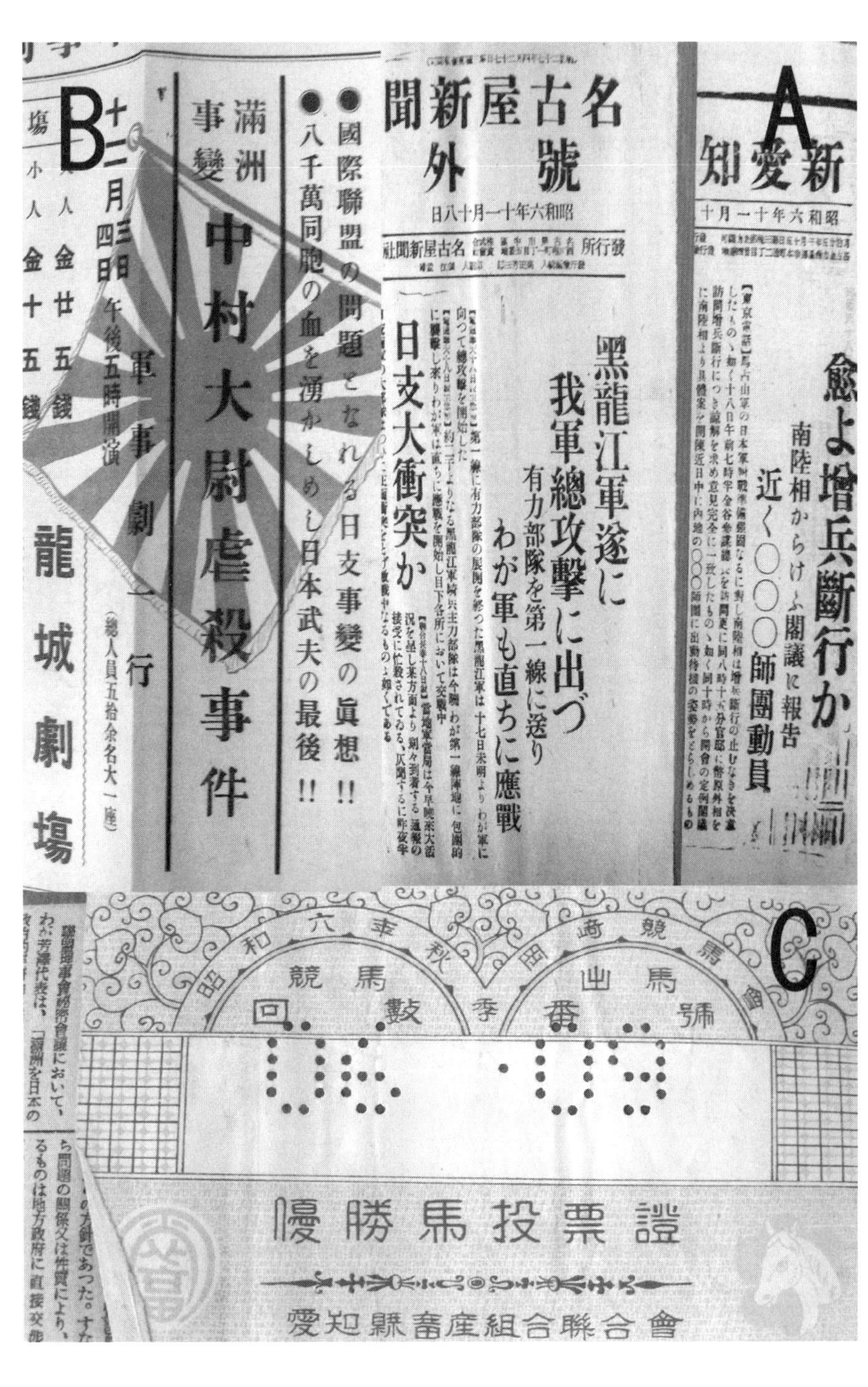
A
新愛知
昭和六年十一月十
愈よ増兵断行か
南陸相からけふ閣議に報告
近く○○師團動員

名古屋新聞
號外
昭和六年十一月十八日
發行所 名古屋新聞社
黒龍江軍遂に我軍總攻撃に出づ
有力部隊を第一線に送り
わが軍も直ちに應戦
第一線に有力部隊の展開を終つた黒龍江軍は十七日未明よりわが軍に向つて總攻撃を開始した
約二千よりなる黒龍江軍騎兵主力部隊は今朝わが第一線陣地に包圍的に襲撃し来りわが軍は直ちに應戦を開始し目下各所において交戦中
日支大衝突か

B
滿洲事變
中村大尉虐殺事件
●國際聯盟の問題となれる日支事變の眞想!!
●八千萬同胞の血を湧かしめし日本武夫の最後!!
十二月三日四日 午後五時開演
軍事劇一行
（總人員五拾余名大一座）
龍城劇場
大人金廿五錢
小人金十五錢

聯盟理事會秘密會議において、
わが芳澤代表は、「滿洲問題を日本の
ら問題の關係又は性質により、
るものは地方政府に直接交渉
の方針であつた。すな

C
昭和六年秋季競馬
回數
岡崎競馬會
出馬番號
優勝馬投票證
愛知縣畜産組合聯合會

38　昭和七年　不況下のネオンライト

昭和七（一九三二）年三月二日、長い不況の中で岡崎市康生通に本部を置く額田銀行が突如休業した。市民は大きな不安に襲われた。松井弘もその一人。彼のスクラップ帳に額田銀行からの手紙が残っている。長々とした文面だが、要は六月五日より一口二十円以下の預金には払い戻しを約束、それ以上は猶予をお願いするというもの。これを受けて「額田銀行預金者大會」がおこなわれた。新聞は「物々しい警戒裡に開かれた額田銀行預金者大會／犇々と押しかけた會衆六百名／重役の無誠意糾弾に氣勢を揚ぐ二十日夜市公會堂」と伝えた（写真A）。

この大変な時代、松井たち小売業者はさまざまなアイディアを絞り出している。「大売り出し」「処分市」などの広告チラシは当たり前だが、名古屋で「十センストアー」なるものが登場した。今の百円均一ショップのような店か。現在の中区栄二、三丁目辺りであった。この頃「均一」は流行りで、タクシーにも一円均一の「円タク」が登場し、高島屋のチラシにも「10銭20銭ストアー」とある。松井たち東康生商榮會（商店組合）でも「五銭均一売出し」とチラシに載せた（写真B）。

さらに松井は、連尺町の青木達成と一緒に小売商連盟の組織化を商工会と市に陳情した。その結果、松井は岡崎商工業組合連合会から「商品祭並全市大売出委員」に嘱託された。

その取り組みの一つは組合合同での広告作りである。もう一つは各店舗が足並みを揃えた装飾である。ショーウィンドやガラスケースによる商品展示は松井の得意とするところで、後に岡崎で「店頭装飾コンテスト」等を企画してゆくことになる。

本町商店街が「ネオン街」で売り出すのが昭和十年頃だが、松井はそれより前にネオンライトを付けたと思われる。彼の七年の帳にネオン看板の見積書が残っている。設置したのは松本町の西川龍風堂化工店（写真C）。ネオン管や看板設置などで「〆金　四拾八円五拾銭」である。そこに「見積はネオン片面だけである。…（略）…作るなら一思ひとて両面にする。従って値段は倍加して計八十五円だ。此の不況に加って銀行の休業で悲惨の折だが、反って発奮だ…」と。不況下の大きなチャレンジであった。

A
6/22
物々しい警戒裡に開かれた
額田銀行預金者大會
犇々と押しかけた會衆六百名
重役の無誠意糾彈に氣勢を揚ぐ
決議
右決議す
昭和七年六月二十日
額田銀行預金者大會
B
納涼大賣出し
同　吾日まで
大特價品
五錢均一
其他大安賣品豊富
ゼヒ御出て下さい
七月中土曜日は大福引呈上
岡崎一の商店街
東康生町商榮會
C
ワカシニミ
ネオン
藝術的ネオンはワカシニミ

39　昭和七年　満州事変から一年

昭和六（一九三一）年九月十八日の満州事変勃発から一年となる。連日のように号外が発行された異常な事態も落着きを見せ、市民にとって中国での戦争は「日常」となりつつあった。

七年六月九日、満州から凱旋する部隊の通過を歓迎する催しが岡崎駅でもおこなわれた。そのときの「歓迎者割引証」（写真A）が残っているので、松井も歓迎者の一人として出かけたのであろう。帳に「凱旋兵続々通過す」と記してある。

戦争は遠い大陸での出来事であり、新聞紙上では勝利続き。市民にはさほどの危機感はなかったように思われる。松井は「支那兵を排撃するのは当然の処置であるが、度を超さぬ様にありたい。速やかに解決せよ」と記し早い終戦を願っている。

七年の帳に知人からの写真葉書（写真B）が貼ってある。葉書には「渡満記念　栗田東洋　萩村一舟　昭和七年六月十五日撮影　於旅順二〇三高地記念碑前」と印刷されている。

この年の三月に満州国が建国された。神戸港から定期船で旅順へ、さらに大連から満州鉄道で満州国首都・新京へ至る満州旅行は市民の憧れであった。その満州国が国際的にも承認された。七月十五日付の号外に「満洲國正式承認／議定書に調印を了す／記念すべき今朝九時／新京執政府において」とある。松井は「店頭に日満両国旗を掲げ以って祝意を表す」と記している。

「陸軍歩兵上等兵草野敬治君葬儀」の案内葉書（写真D）が帳に残されていた。葬儀は七月二十五日、中町の三河別院で執り行われた。

彼の戦死は新聞紙上で「軍神」と讃えられた（写真C）。記事は、満州国騎兵を指揮し反吉林（きつりん）軍との戦闘中に戦死を遂げたという。「本来ならば市葬となるべきだが、市代表者が参列する程度に止めるらしい」と結んでいる。

松井はこの戦死した草野を知っていたようだ。「草野と云ふ人が店の前の泉屋酒店に此の一月頃迄居たあの人だとは知らなんだ、この人が満州軍に入って今度戦死した」と帳に記している。

遠い大陸での出来事ではなく、身近な顔見知りが戦死した。松井は葬儀に出かけた。そのときに履いた足袋のラベル（写真D）が貼ってある。

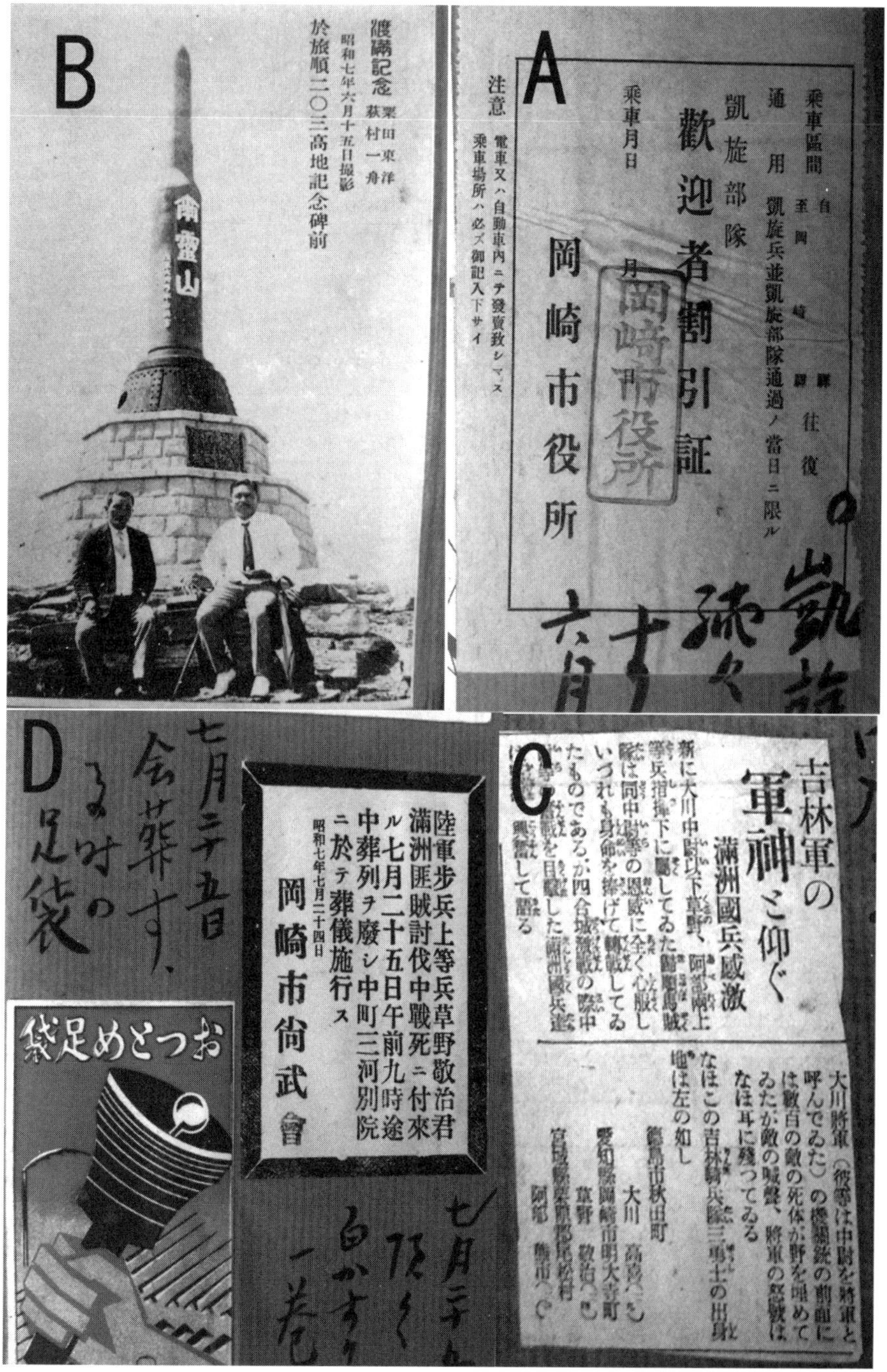

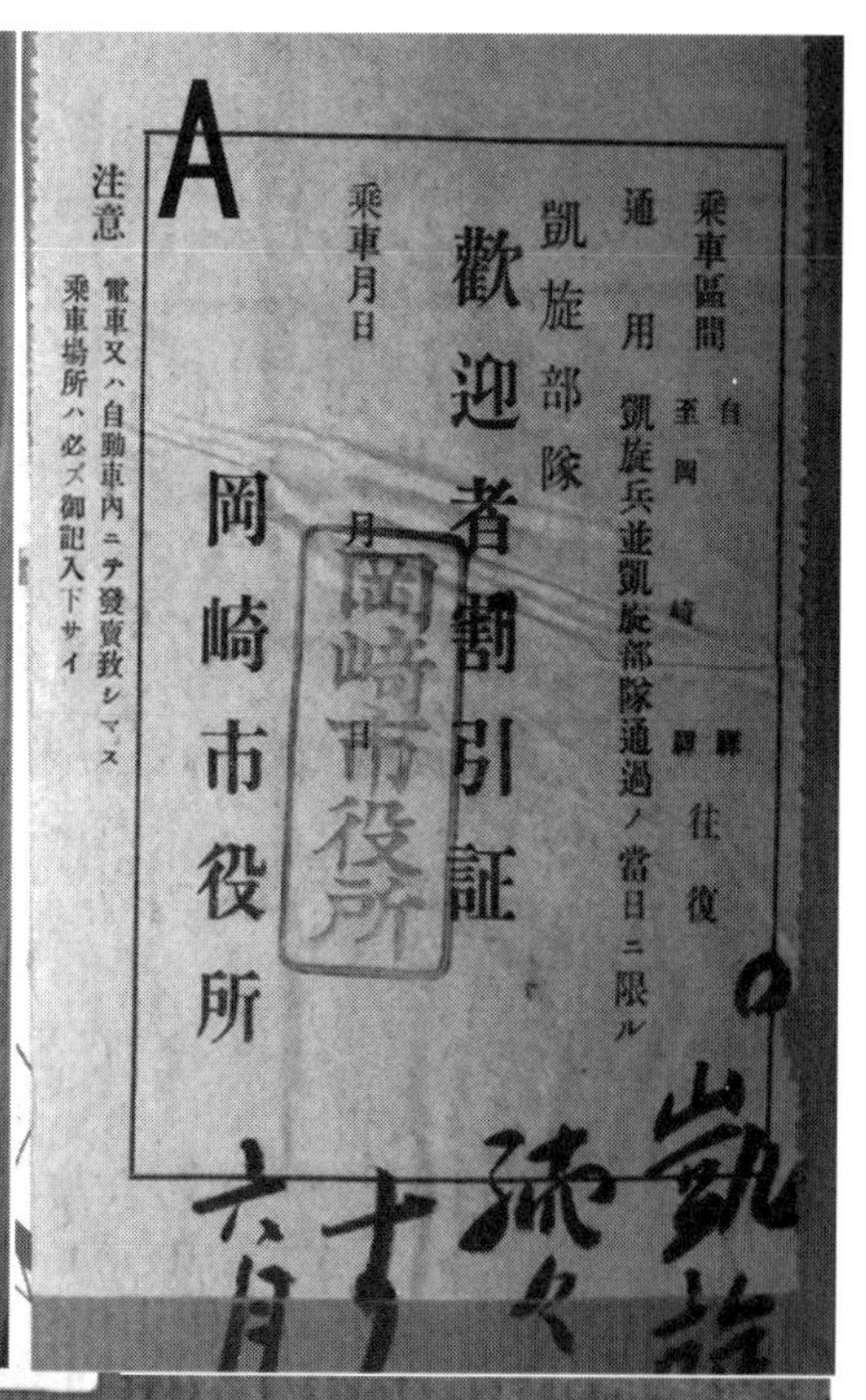

A

乗車區間 自 驛 至岡崎驛 往復

通用 凱旋兵並凱旋部隊通過ノ當日ニ限ル

凱旋部隊

歡迎者割引証

乗車月日 月 日

岡崎市役所

注意 電車又ハ自動車内ニテ發賣致シマス
乗車場所ハ必ズ御記入下サイ

B

渡滿記念 栗田東洋 荻村一舟

昭和七年六月十五日撮影

於旅順二〇三高地記念碑前

C

吉林軍の軍神と仰ぐ

滿洲國兵感激

新に大川中尉以下草野、阿部兩上等兵指揮下に屬してゐた吉林騎馬賊隊は同中尉等の恩威に全く心服しいづれも身命を捧げて轉戰してゐたものであるが四合城激戦の際中尉等の奮戦を目撃した滿洲國兵達は感激して語る

大川將軍（彼等は中尉を將軍と呼んでゐた）の機關銃の前面には數百の敵の死体が野を埋めてゐたが敵の喊聲、將軍の怒號はなほ耳に殘つてゐる

なほこの吉林騎兵隊三勇士の出身地は左の如し

德島市秋田町 大川 高貞（[illegible]）

愛知縣岡崎市明大寺町 草野 敬治（[illegible]）

宮城縣栗原郡尾松村 阿部 勝市（[illegible]）

D

陸軍歩兵上等兵草野敬治君滿洲匪賊討伐中戰死ニ付來ル七月二十五日午前九時途中葬列ヲ廢シ中町三河別院ニ於テ葬儀施行ス

昭和七年七月二十四日

岡崎市尙武會

七月二十五日 会葬す。 その時の足袋

おつとめ足袋

40 昭和七年　岡崎市美術工藝展

みどりや主人・松井弘は美術好きであった。昭和六（一九三一）年には東京で早慶戦を観戦したついでに帝展（帝国美術院展）を見学するほどである。スクラップ帳に「芸術の殿堂美の世界だ　半日時間飽かず眺めた」と記し、帝展の評論記事を大切に残している。美術評論が広く読まれる時代だった。

地方都市ながら岡崎でも美術展が盛んだった。松井の同七年の帳に、岡崎市主催の「第十一回岡崎美術展覧會　繪畫部　出品目録」と「第拾壹回岡崎工藝美術展覧會　出品目録」が残っている（写真）。前者は市立図書館楼上で、後者は岡崎商品陳列所と公会堂（共に現セキレイホール）と、三会場でおこなわれた。洋画には、岡崎の美術界をリードする近藤孝太郎はじめ三十九名が、日本画には岡田撫琴などの文人画家を含めた二十六名が出品した。当時、公共が公募する美術展はまだ少なく、市外からの出品者もあった。日曜画家でもある松井も日本画を出品している。

工芸展には、銅器、彫塑、陶器、写真、表装の五部門があった。銅器の部に三浦榮太郎が銅製花瓶や床置を出品している。岡崎には古い歴史を持つ鋳物師の安藤家があった。二十六代目の安藤金得は日本を代表する青銅器作家としてフランスのリヨン博覧会に出品し褒賞を得た。その芸術性と技術を継承した一人が三浦榮太郎である。

また彫塑の多和田泰山は岡崎へ招聘された彫刻家で、日本中の学校に建つ二宮金次郎の石像の原形を作った人である。目録には多和田を含め、金次郎像五点の出品が記される（写真）。岡崎の石工業者が試行錯誤しながら金次郎の石像を全国に売り出そうとしていた頃である。工芸展は地元産業と深く結び付いていたのだ。

この岡崎市主催の美術工芸展は、大正十一（一九二二）年に近藤孝太郎の提案で、岡田撫琴が後押しすることで始まったという（『岡崎市史4』）。全国的にも珍しいものであった。近藤は松井より七歳下だが、付き合いは古いようだ。大正九年の帳に、近藤の日本郵船ニューヨーク支社転勤の挨拶状が残る。近藤はその後フランスへも渡り、欧米の芸術運動を学んで岡崎に持ち帰った。岡崎市美術工芸展は、その結晶の一つだった。

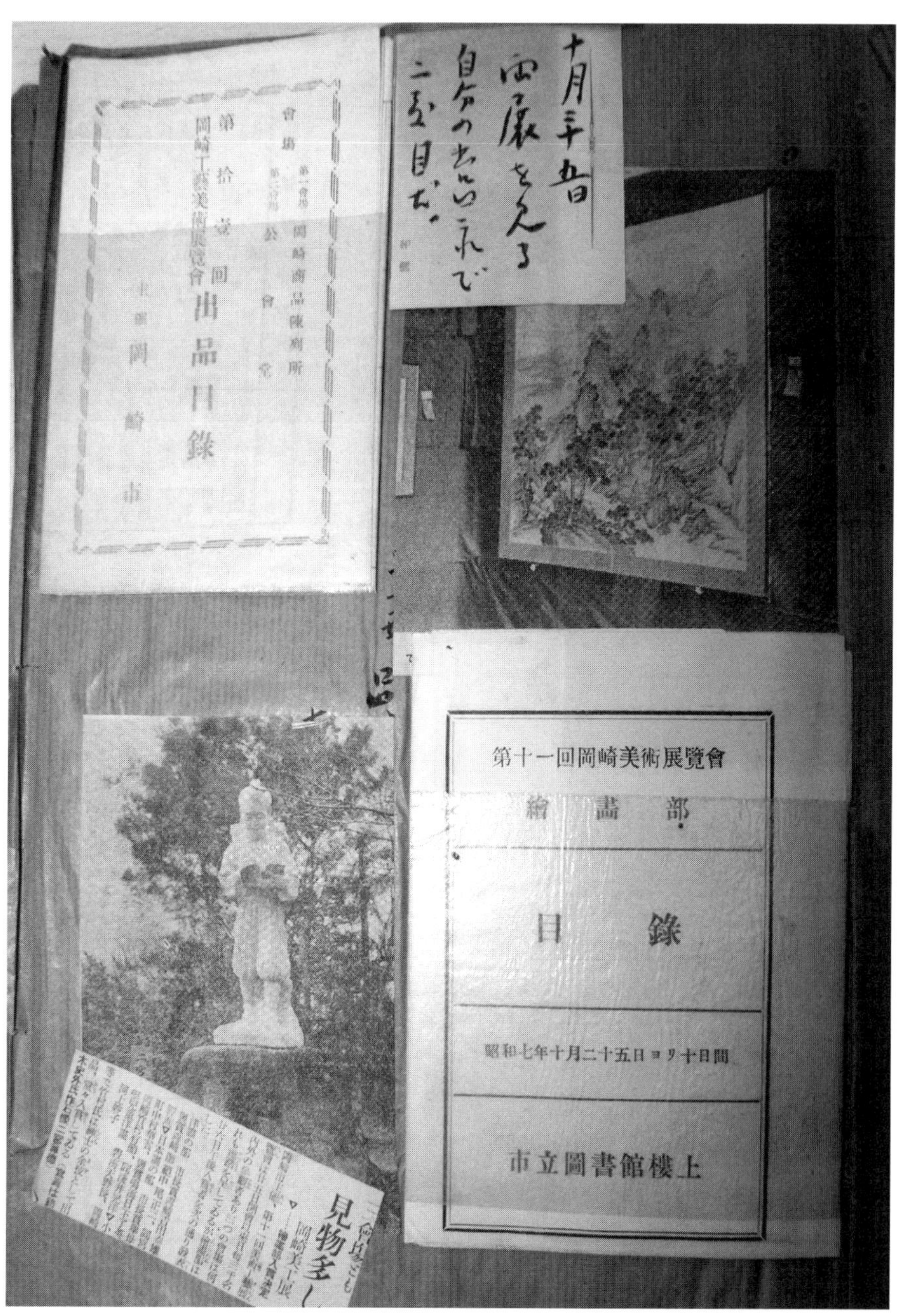

第拾壹回
岡崎工藝美術展覧會 出品目録
會場 第一會場 岡崎商品陳列所 第二會場 公會堂
主催 岡崎市
第十一回岡崎美術展覧會
繪畫部
目錄
昭和七年十二月十五日ヨリ十日間
市立圖書館樓上
見物多し

41　昭和八年　松井弘の正月風景

昭和八（一九三三）年正月、松井弘は四十三歳。この年のスクラップ帳の最初のページには、自ら写生した酉の玩具の絵を印刷した年賀状が貼ってある。

次ページから彼に届いた年賀状がずらり。その中に石田茂作のものがある。石田は矢作町（当時碧海郡）出身で、岡崎師範学校の教師時代に岡崎趣味会の仲間として松井と親しい関係にあった。この頃石田は教師を辞し、東京帝室博物館研究員（監査官補）であった。後に法隆寺若草伽藍の発掘調査を経て仏教考古学の第一人者となる人である。また岡崎康生出身の工学博士にしてアイヌ文化研究者、文人画家としても有名な鷹部屋福平の年賀状もある。彼は松井の三歳年下で、帰岡のたび松井の店に寄るほどの親しい間柄であった。

帳に残る年賀状で、最も目を引くのが軍国少年を描いた数枚の絵葉書。「僕等の陸軍」「軍國少年の新年」などの文字が印刷される。鉄かぶとを被り兵隊の格好をした子どもが主役である（写真A）。可愛らしいが、銃剣を持ち、軍犬を連れたり、行進したりしている。筆者は大正九年からの松井の帳を見てきたが、これほど「軍国主義」に傾倒した絵葉書は初見である。松井も「軍国の春は、子供の年賀状まで…」と書き添えている。

松の内が終わり、岡崎市東康生町商榮會の年末福引の抽選会がおこなわれた。その結果は「謹告」（写真B）として発表された。福引の賞品は「壹等　勧業債券拾圓券一枚／貳等　コーヒー茶碗半打(ダース)セット（化粧箱入）一組宛／参(さん)等　上等火鉢壹個宛」であった。同年に「格安ランチ三十五銭」との記録があるので、一等の十円は大金とまではいかないが夢があった。二等のコーヒー茶碗セットとは贅沢な憧れの品だった。インスタントコーヒー登場の前である。三等の火鉢は必需品と、当時の人々の欲しかったものが垣間見えてくる。

次のページには「日本動産火債保険株式會社岡崎駐在所　小野山榮一」の名刺を貼り（写真C）、脇に「西尾の小野山氏お菓子屋として相当大きくやってゐたが、銀行事件で閉鎖の止むなきに至り今度新生涯に入れり」と記す。銀行事件とは額田銀行休業のことか。誠に厳しい時代である。

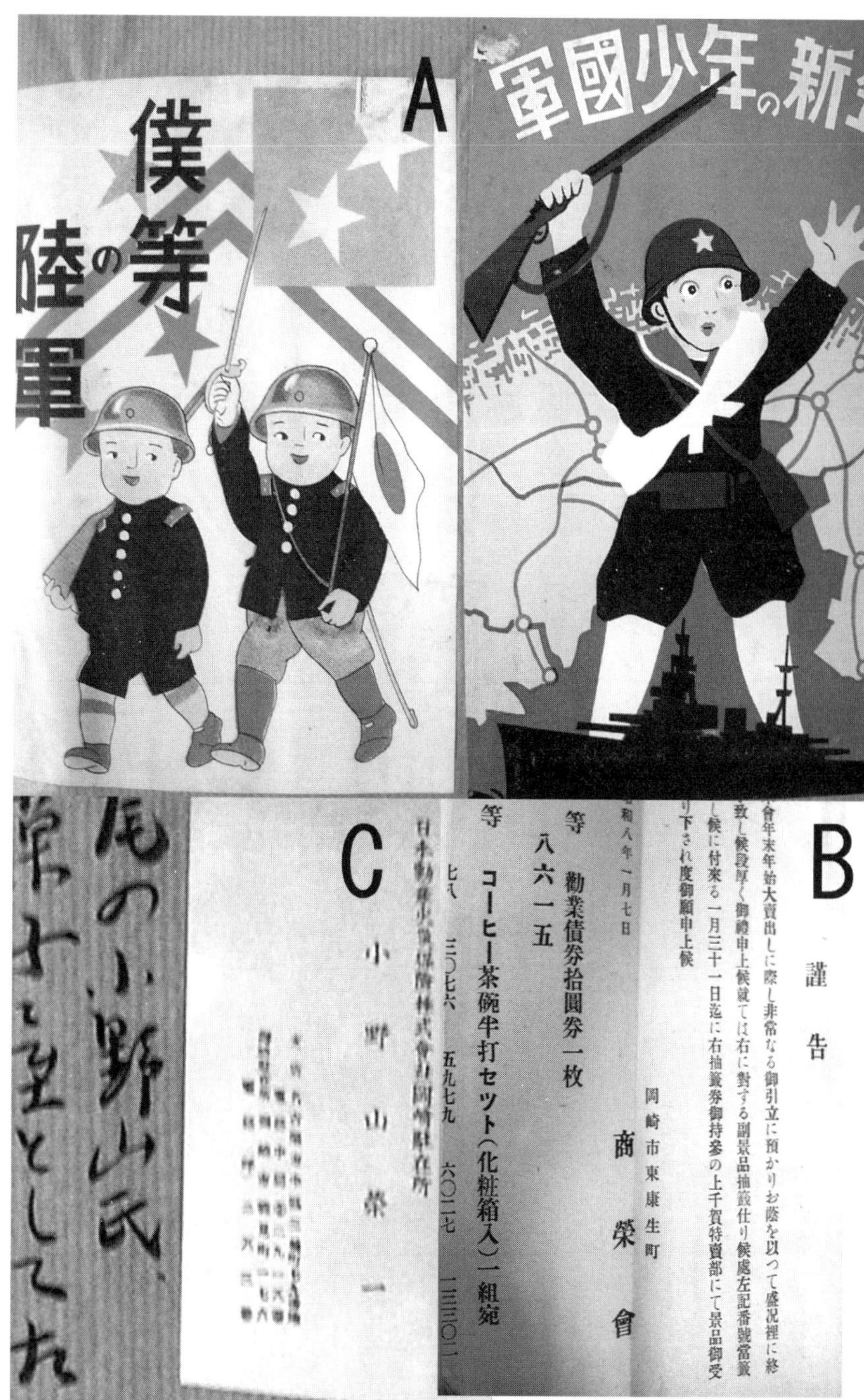
A
僕等の陸軍
軍國少年の新年
B
謹告
會年末年始大賣出しに際し非常なる御引立に預かりお蔭を以つて盛況裡に終
致し候段厚く御禮申上候就ては右に對する副景品抽籤仕り候處左記番號當籤
し候に付來る一月三十一日迄に右抽籤券御持參の上千賀特賣部にて景品御受
り下され度御願申上候
岡崎市東康生町
商榮會
和八年一月七日
等　勧業債券拾圓券一枚
八六一五
等　コーヒー茶碗半打セット（化粧箱入）一組宛
七八　三〇七六　五九七九　六〇二七　一三三〇二
C
小野山榮一

42 昭和八年　テキにカツ

松井弘の昭和八（一九三三）年第一冊目のスクラップ帳（写真A）の一ページ目には、自作の酉年の年賀状が貼ってある（写真B）。そこに「とりの玩具の写生を木版画に起こしたが、うまく出来なかった」と書き添えてあるが、なかなか上手なものである。

最初の新聞切り抜きは、歌会始に天皇から出された「勅題」で、この年は「朝海」だった。そのために天皇が伊勢二見浦を訪れたと、ラジオ放送があったことを記している。

八年の松の内は、およそ平穏とは言いがたい。四日に「我軍、山海関（さんかいかん）を占領する」の号外が貼ってある。日本軍は元旦から中国軍と軍事衝突し、三日には山海関（現中国河北省）を占領している。さらに六日の切り抜きは、リットン卿の米国での講演記事。「ニッポンは爆弾です／三勇士のやうに爆発します」と、衝撃的な見出しである。「爆弾三勇士」は、上海戦線で三人の兵士が爆弾筒を抱え相手陣地に突入し、爆死しながらも突破口を開いたという愛国美談である。リットンはその話と重ね、今の日本は爆弾を抱えてどんな国にもぶつかってゆくかもしれない、と警告している。

「八年で気になるのは、国際連盟の空気と財界の変化だ」と、松井は年始めの不安な思いを書いている。

緊張させる新聞記事が続く中に、「岡崎旅行會」の会則が貼ってあり、ホッとした。会長は当時の岡崎商工会会頭の千賀千太郎。会費はA会員が毎月五円、B二円、C一円を積み立てた。当時旅行は普及していたものの、まだまだぜいたくな娯楽であった。

市民の手軽な楽しみといえば映画だが、ずいぶんと戦時色が濃くなった。現在の岡崎市伝馬通二丁目にあった劇場・常磐館（ときわ）では米国の実録映画『太平洋爆撃隊』（写真C）が封切りされた。飛行機も好きな松井は、この広告の脇に「此の映画見逃す可からずもの」と書き添えている。

写真Dは同じ伝馬通のトキワ食堂の広告。「陸軍戦勝記念日／9・10・11／敵ニ勝／当食堂の肉弾的大奉仕／テキ一皿、カツ一皿、御酒一本で五十銭」とある。「肉弾的大奉仕」とは少々恐ろしいが。ここにも松井は「非常時なればこそこんな広告も出て来る」と記した。

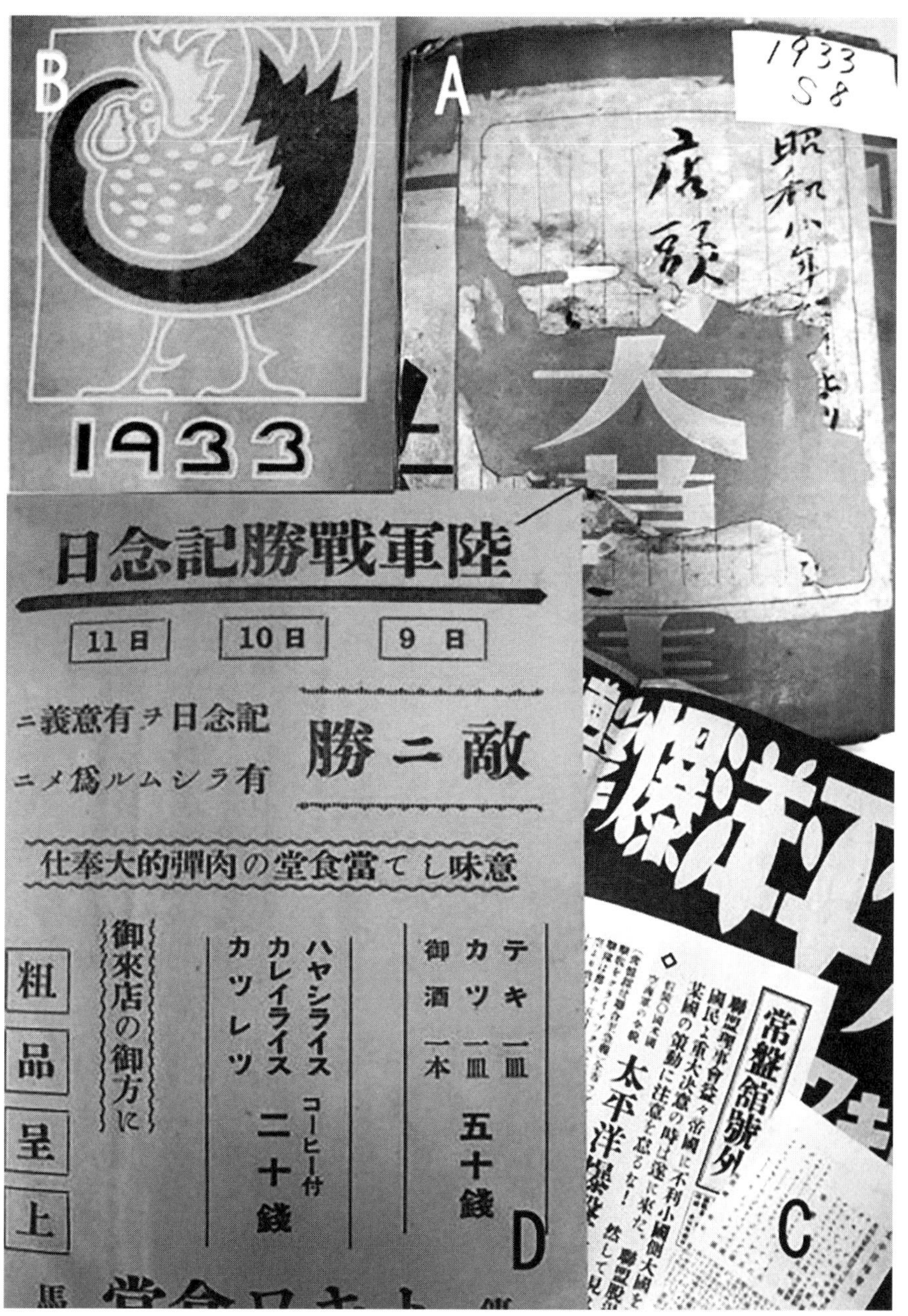
B
1933
A
1933
S8
陸軍戰勝記念日
9日
10日
11日
敵ニ勝
記念日ヲ有意義ニ
有ラシムル爲メニ
意味して當食堂の肉彈的大奉仕
テキ 一皿
カツ 一皿 五十錢
御酒 一本
ハヤシライス コーヒー付
カレイライス 二十錢
カツレツ
御來店の御方に
粗品呈上
D
常盤舘號外
太平洋
C

43 昭和八年　カフェー満洲

松井弘の昭和八（一九三三）年のスクラップ帳に、「カフェー満洲」の広告が貼ってある。B6版ほどのピンクの色紙に「初冬満洲のルーム／陶酔の樂天地／他をリードした／美給のサービス／岡崎市伝馬町常磐館横」と印刷されている（写真A）。

昭和六（一九三一）年九月に満州事変が起こっているので、その「満州」という名称からカフェーまでもが軍事色一色だったのかと思ったが…、よくよく広告を読むと「おやっ？」。

「陶酔の樂天地」。「美給（美人女給か）のサービス」などと続き、軍事とはほど遠い。松井はそこに「如何に満州に関心をもつか、こんな店さえ出来る」と複雑な気持ちを書いている。

当時の「カフェー」は今のカフェや喫茶店とは違う。村嶋歸之の『カフェー考現学』（柏書房）を読むと、カフェーには、今日でいう「風俗営業店」が多かったという。

岡崎でもカフェーは大人気だったようだ。同六年の帳に「代表女給の座談會」と題した六回連載記事が残っている（写真B）。松井自身が司会となり、当時岡崎にあったカフエーの代表女給八人が語り合っている。

記事によれば、当時の岡崎には康生町に二軒、伝馬町二軒、久右衛門町、松本町、上肴町（現花崗町一丁目・伝馬通一丁目）、遊廓（現中町にあった）にそれぞれ一軒ずつの合計八軒があった。さらに、カフェーには家族でも行ける（健全な）店と、手っ取り早くエロを得るために行く所との二種類があったという。

さてカフェーで得られるエロとは何だろうか…？　女給が煙草に火をつけてくれたり、客にしなだれかかるなどのサービスだったらしい。

同じ八年の帳に、「カフェー桂子の家」開店の広告が貼ってあった（写真C）。「明るくて静かで／愉快で上品で／気が利いて落ちついたカフエーが／お近くに出来ました」。場所は「岡崎・中伝馬・三晃堂南へ入ル」とある。

松井はこれにも「岡崎カフエーの浮沈、実に目まぐるし」と書いている。

さて「桂子の家」はどんなカフエーだったのだろうか。

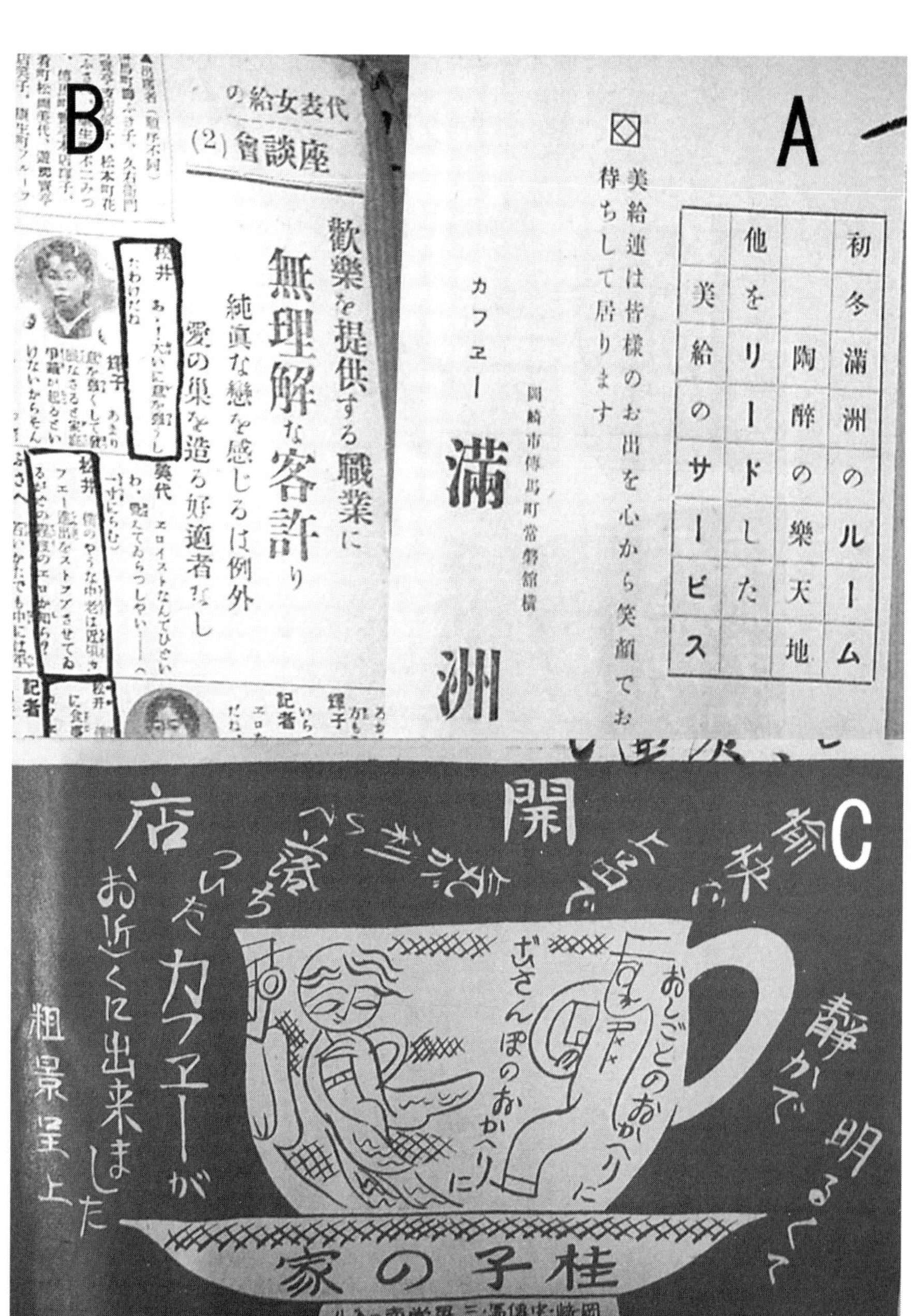
A
初冬満洲のルーム
陶酔の楽天地
他をリードした
美給のサービス
美給連は皆様のお出を心から笑顔でお待ちして居ります
岡崎市傳馬町常磐館横
カフヱー
満洲
B
代表女給の座談會 (2)
歡樂を提供する職業に
無理解な客許り
純眞な戀を感じるは例外
愛の巣を造る好適者なし
C
開店
カフヱーがお近くに出来ました
粗景呈上
静かで明るい
おしごとのおかへりに
さんぽのおかへりに
桂子の家
岡崎・中傳馬三晃堂南へ入ル

44 昭和八年　通水と開通

「我主張の貫徹を／私は戦い盡(つく)した／松岡全権ステートメント」とは、日本の国際連盟脱退記事の見出しである。続いて前年に起きた「五・一五事件」の公表全文の号外などなど。

松井弘の昭和八（一九三三）年第二冊目のスクラップ帳も、歴史的大事件の記事が続く。日本が太平洋戦争へ進む道を決める年であったように見える。しかし、それは今だからいえることで、日々店頭で新聞の切り抜きを貼り、思いを書き記す松井には、どう見えていたのか…？

「五・一五事件」の公表全文を読んだ松井は「テロ行為は禁止されている。然し此の種のことをなす彼等あればこそ政党より政権は離れ挙国一致の内閣が生じたのではないか…（略）…現時此の種の人物の存在も不必要と誰が云はうや」と、反乱将校達に好意的でさえある。

友人からもらった「大大阪(だいおおさか)高速地下鉄道」の絵葉書（写真A）が貼ってあった。この年の五月、大阪で地下鉄が開通している。もう一つは、世界的に有名なドイツのハーゲン・ベックの動物サーカスの絵葉書（写真B）。名古屋でも公演があり、話題となった。テレビのない時代、絵葉書は視覚的な情報を得るための重要な媒体であった。

市民の生活環境もどんどん変わる。「通水祝賀式決定／新國道開通式と併せて／菅生神社川祭りに挙行」とは、岡崎上水道完成の記事。井戸から水道へ！である。「来月にはわが店にも通水せんとす。然し甲山宅の方は如何するか未定」と、松井は迷っている様子でもある。

さらに「五万石城下のモダン名粧／十二間幅の大道路が岡崎市内を貫通」と新国道一号線の開通記事が続く（写真C）。十二間（二一・六m）幅の道路とは、誰もが驚いたに違いない。「これが岡崎に如何なる影響をもたらすか」と松井は書いている。

また愛知電気鉄道の整備により名古屋との結びつきも一層強まりつつあった。「（東岡崎）開駅十周年記念／納涼特別大割引／名古屋へ往復六十五銭／豊川へ七〇銭」との広告に、「いよいよ岡崎は名古屋の一郊外となる感深し」と、一抹の不安を書き添えている。

B
ハーゲン・ベック
サーカス團繪葉書
A
地下鉄のりば
地下鉄のりば
C

45 昭和八年　エロとグロとナンセンス

昭和八（一九三三）年の春に岡崎市伝馬町に開店したカフエー「桂子の家」は、初夏には「大酒場桂子」に変わっていた。

松井弘のスクラップ帳に「桂子の家能丸髷オンパレード…（略）…ままよ捨身で今宵のサービス」と、エロを売り物にした広告が貼ってある。「こんな事は自分達の若い頃にはなかった」と松井は記している。

エロは大正中頃からの流行語で、昭和五年頃よりはグロとナンセンスが付いた。

岡崎随一の繁華街である伝馬町は江戸時代には東海道「岡崎宿」の中心として賑わい、当時も劇場や料亭、飲食店、カフエーや芸妓の置屋などが集まる歓楽街であった。その中心は常磐館であった。その常磐館での封切り映画「類猿人ターザン」の広告が松井の帳に残っている。

「地上唯一前代未聞の人獣争闘映画／超大作全発声日本版」の宣伝文句。さらに「同名類似のインチキ連続無声映画と同一視せらるゝ勿れ」とも。「人獣争闘」とは、まさにグロとナンセンス。

この年の夏、岡崎の劇場は賑やかであった。六月には龍城座で「志賀廼家淡海劇」。岡崎劇場では「曽我廼家五九郎劇」。喜劇もナンセンスとして大人気だった。松井が「志賀の家と五九郎と同六日に開演、何れが勝つか、東京か大阪か」と記すとおり、この年岡崎で東西喜劇王の対決があった。

同じ時期に寶来座では「軍艦展覧会」が開催されている。「我が四六艦隊百八十六隻の実型」との宣伝文句。模型とはいえ、百八十六隻の陳列は壮観だったろう。松井はこの展覧会を「非常時を当て込んだ面白い催しだ、然し見に行くとは欲しない」と。

七月の龍城座は「東京新派劇」の芝居だが、「新派の劇も何故か衰退した…（略）…（特等席）三円の入場料をとるのだから然し見物する気になれぬ」と松井。

岡崎劇場では、お得意様を招待して「音楽と舞踊大会」が開催された。主催は千賀呉服店。大衆娯楽の中心にあった劇場は、芝居、演芸、映画、展覧会、そして音楽会と、人々の欲望を詰め込んだ宝箱であった。

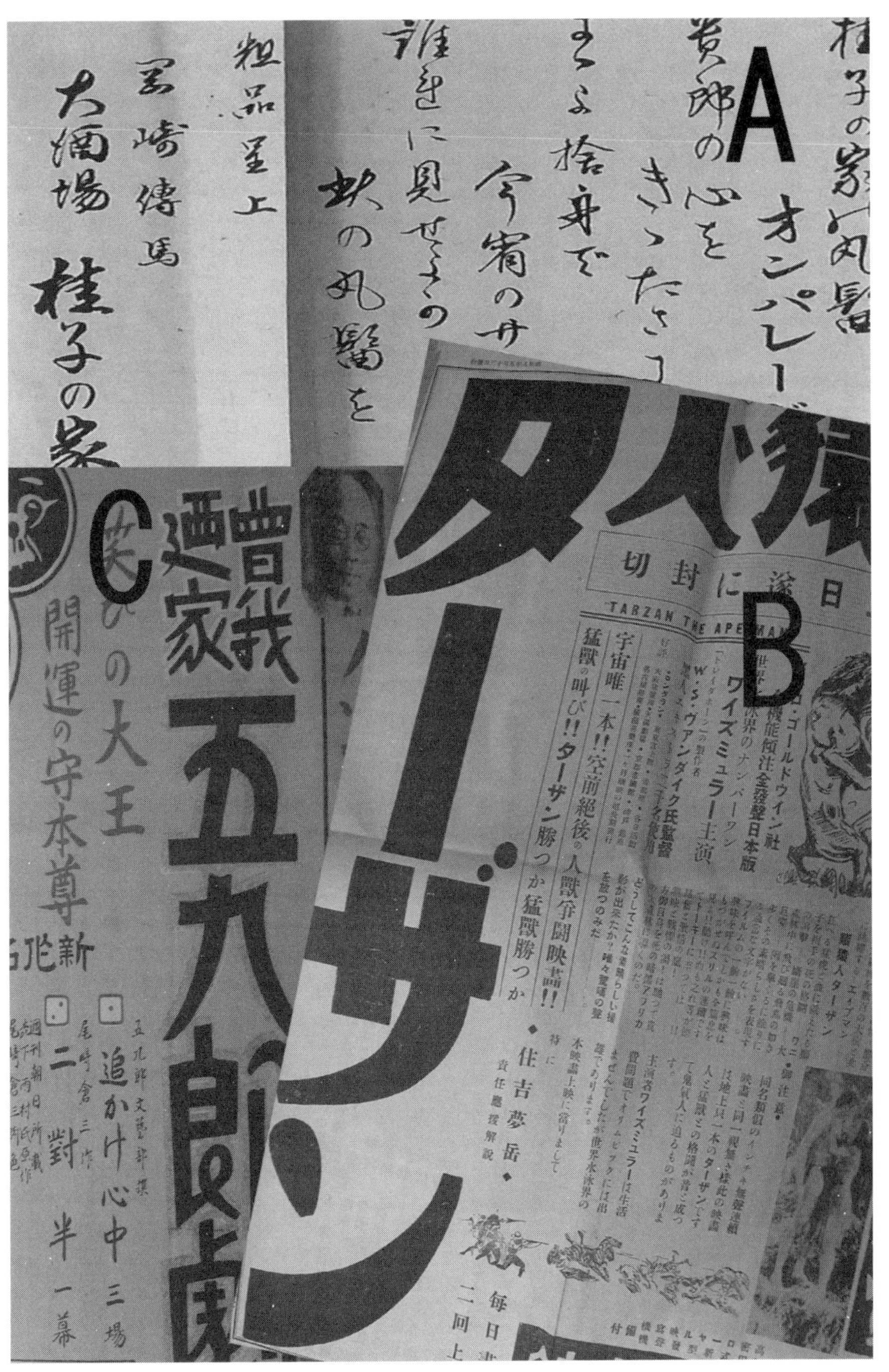
A
B
C
ターザン
日 遂に封切
TARZAN THE APE MAN
世界のナンバーワン
ワイズミューラー主演
W.S.ヴアンダイク氏監督
宇宙唯一本!!空前絶後の人獣爭闘映畫!!
猛獸の叫び!!ターザン勝つか猛獸勝つか
住吉夢岳
毎日
二回上
笑ひの大王
開運の守本尊
新作
追かけ心中 三場
二對半 一幕

46　昭和八年　岡崎銀座!?

昭和八（一九三三）年夏、岡崎劇場で「音楽と舞踊大会」（写真A）を主催した千賀呉服店は、岡崎市連尺町（現連尺通）の老舗。当時の店主・千賀千太郎は製造工場まで持つ近代的な経営者で、岡崎銀行、岡崎瓦斯、岡崎電灯などなど、地元会社の設立、経営にもつとめた。さらに代議士、商工会会頭を三度つとめるなど、岡崎を代表する経済人であった。

また千賀は山田宗偏（そうへん）流の茶人でもあり、「不蔵庵（ふぞうあん）」を号した。不蔵庵の名は、その後千賀家出身の岡田撫琴が名のることとなる。この年の五月、中町極楽寺で茶会を催している。その絵葉書が、松井弘のスクラップ帳に貼ってある。文化と経済との蜜月時代だった。

六月には、こんな新聞記事の切り抜きが貼ってある。「岡崎市内の繁華街移動／下町方面の計画」。七月の新国道（現一号線）開通に伴い、「市役所下から公園前に至る間に夜店を開設し余興を催し…」と大規模な計画が発表された。

松井は「吾等の街（東康生）は現在繁華の中心たる自負を有す。今此の報道あり、又連尺の改修あり、注意発奮を要す」と記している。

「繁華街移動」とは一大事！と、松井たち東康生町商榮會は納涼大売り出しを開催した。広告には「夜間納涼大売り出し／夏の夜の街散策は華やかな岡崎銀座東康生町へ！」とある（写真B）。

「岡崎銀座」を称する東康生は、七十九店舗が並ぶ。街を散歩しながら買い物をする、当時流行の「銀ぶら」を取り入れたのは、東京銀座をよく知る松井のアイディアではなかろうか。その繁盛ぶりは「夜店風景／岡崎」の記事になった（写真C）。

「矢作川支流菅生川からの南風が一直線に吹き上がってくる。五万石市民はここに涼を求め夜のジャズを追って集まるのだ。色とりどりの浴衣姿涼しく…」と。

当時岡崎市は中心部だけでも、東康生、西康生、連尺町、本町、伝馬町、籠田町、能見町、松本町などにそれぞれ商店街があり、七月にはさらに北の伊賀町に公設伊賀市場もオープンしている。

二年前の九月に起こった満州事変は、この年の五月に休戦協定がようやく締結された。平和と安定あっての商売繁盛である。

A
音樂と舞踊大會
の三大家と
家元好浴衣・リズム浴衣 何れか
一反御買上の御方様へ入場券一枚差上げます
花形舞踊家の出演
場所 岡崎市 岡崎劇場
主催「大千賀呉服店」
B
納涼
夜間納涼大賣出し
七月一日ヨリ十五日マデ
（点燈）
の御散策は華やかな岡崎銀座東康生町へ！
おたのしみ宝袋
にて金拾銭お買上毎に獨特クーポン券二枚呈上
を以てよりどり興味たつぷりな宝袋一個宛進呈いたします
東康生町商榮會
C
夜店風景

47　昭和八年　第一回岡崎商工祭

昭和八（一九三三）年十月二十一日から二十三日までの三日間、岡崎商工会議所主催の「第一回岡崎商工祭」が催された。松井弘は、スクラップ帳に「西三の秋を集め明日から幕開き　数日に亙る豪華な餘興」の記事を貼り、その脇に「岡崎の商工祭催さる　自分の書いた筋書きの実施だ」と記している。岡崎市と商工会議所との協力態勢で始まった商工祭に、松井も深く関わっていたようだ。新聞は連日その様子を伝えた。

第一日目（二十一日）は午前に岡崎公園グラウンドで実業界物故先覚者を合祀する式典がおこなわれた。「物故先覚者」とは第一期商榮會議所會頭・今井磯一郎はじめ二十二名。式典の後「全市小学校児童二千余名が参加し祝商工祭の小旗を手にし、商工祝福の大角行灯三個を先頭に…（略）…夜は大提灯行列を行ひ全市に亘って練り歩き…三河電鉄の花電車、花バスは市中を縦横に走り…」と記事は伝える。

第二日目（二十二日）は「四検番の娘子軍は午前十一時もう電車通りへ現われて乱舞してゐる。娼妓連中が郭外へ踊り出す一方女給群は小唄にぎやかに装飾自動車に分乗して三万の風船を撒布しつつ大行進を始めた」。四検番の娘子とは東遊廓はじめ市内四カ所に籍を置く娼妓のこと、カフエーの女給とともに行列の「華」であった。午後には「主催會議所の大岡崎城模型、八丁味噌の大樽飾り、東部商工會の恵比須大黒さんの大人形を始め珍趣向の二十数体の広告自動車大行列…」。その他に魚市場の大蛸を中心にした魚群の行列、城と五万石船の仮装、時代を反映したタンク（戦車）の作り物などが目を引いたという。「行列の次第」によれば、この行列は、午後一時半の花火を合図に康生南を出発し、北は井田町、西は八帖町、東は中町の範囲を練り歩いた。

第三日目（二十三日）は「郡部から押し寄せた人波で目ぬき通りは身動きも出来ず…（略）…前夜ほとんど徹夜踊りまはつた」。「文字通り底抜けの騒ぎ」だったと記事は伝える。仮装行列は大好評で、どの新聞も「珍趣向」と褒め讃えた。名古屋、豊橋、西尾から視察者が訪れたほどであった。こうして始まった岡崎商工祭は同十七年まで続き、戦後も三十年に復興した。

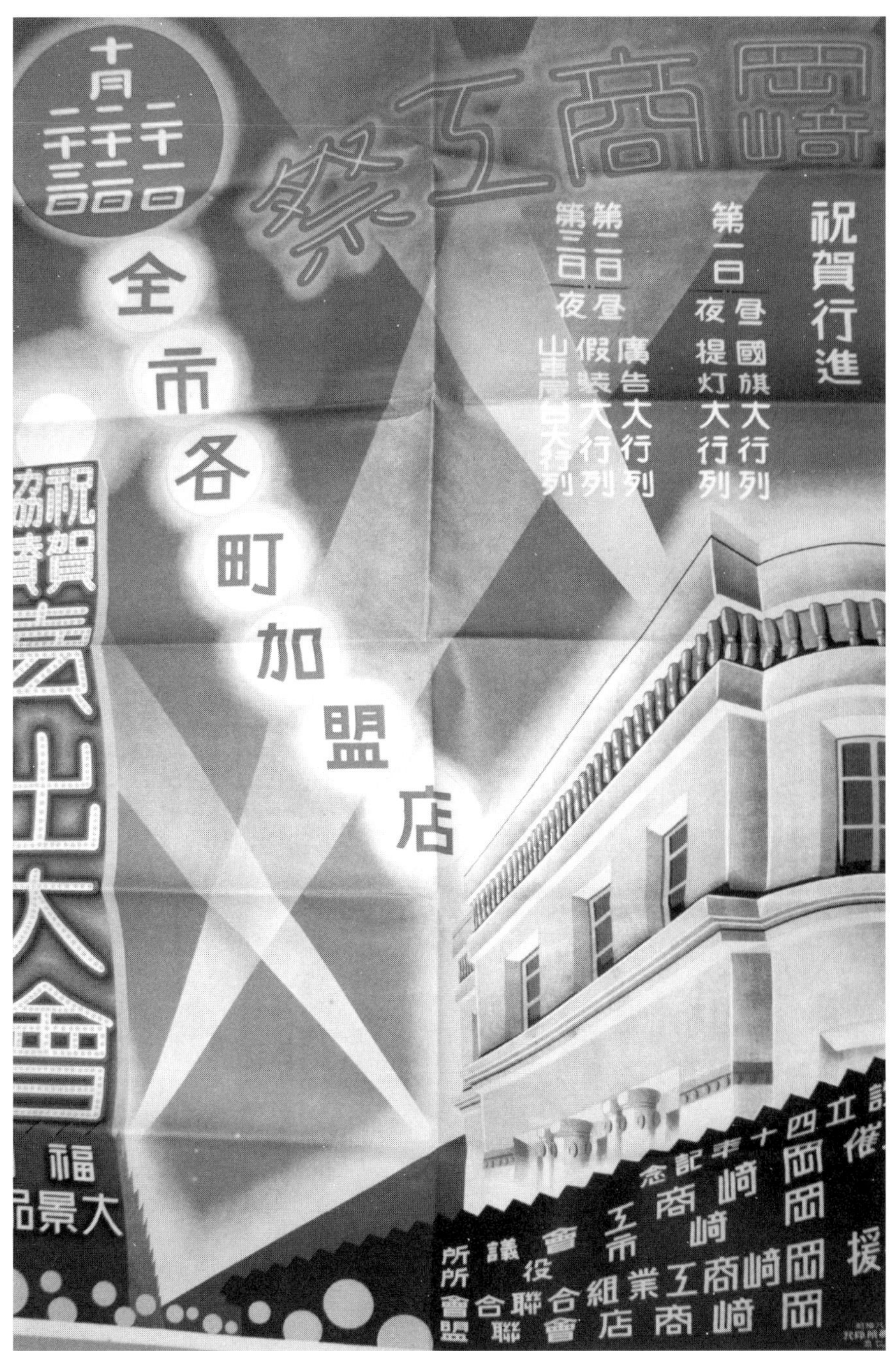

岡崎商工祭
十月二十一日 二十二日 二十三日
祝賀行進
第一日 昼 國旗大行列
夜 提灯大行列
第二日 昼 廣告大行列
夜 假裝大行列
全市各町加盟店
祝賀協賛
賣出大會
設立四十年記念
催 岡崎商工會議所
岡崎市役所
援 岡崎商工業組合聯合會
岡崎商店會聯盟

48 昭和八年　日本ゼネバ湖？

大正から昭和初期の新風俗の一つに「観光」がある。日本で国立公園が制定されるのは昭和九（一九三四）年。その選定条件の一つを「我国を代表する自然の大風景地である」としている。かつて旅行と言えば名所巡りと寺社参詣であったが、この時代に自然の風景そのものを楽しもうとする「新しいスタイルの観光」が登場してきたのである。

松井弘のスクラップ帳（昭和七、八年と推定）に「新興遊覧地―日本ゼネバ湖（入鹿池）船遊」のチラシ（写真A）を見つけた。ゼネバ湖？？さらに「割引切符／御中食、貸別荘料、往復電車賃、土産付／日本ゼネバ湖船遊券付　金壹圓五拾銭也／松坂屋一階萬（よろず）案内所」と。

「ゼネバ（湖）」とは「ジュネーヴ（湖）」のことで、「ゼネバ」と聞こえたらしい。すなわちレマン湖のことである。昭和初期、犬山の入鹿池は「日本のレマン湖」だったということになる。湖畔には料理旅館「名龍閣」、カフエー、演芸場、貸別荘、遊園地等々が設置された。さらに遊覧船で湖を巡り自然を満喫する。これこそ時代が求める「新しい観光」であった。

犬山市には「ゼネバ湖」以前から「日本ライン」という有名な観光地がある。岐阜県美濃加茂市から犬山市間の木曽川の風景がヨーロッパのライン川のそれと似ていることから、大正二（一九一三）年岡崎出身の志賀重昂が命名したという。それ以前にも英国人技師ゴーランドが命名した「日本アルプス」がある。当時の日本人は自然の風景を外国の景勝地に重ねながら、新しい観光の価値を発見していったのだろう。

松井の同八年の帳に「岡崎旅行會」の入会案内（写真B）が貼ってある。広く会員を募り、毎月積立てて団体旅行をするというものである。愛知電鉄なども盛んに旅行会を企画していたが、この会はひと味違う。会長に商工会議所会頭の千賀千太郎、副会長に国鉄駅駅長・兼子勇、顧問には商工会の重鎮・深田三太夫が名を連ねるなど、権威を感じさせるものだった。会則第三条に「本會ハ旅行趣味ノ普及並ニ交通思想ノ涵養（かんよう）ニ務メ併セテ會員相互ノ親睦ヲ計ルヲ以テ目的トス」とある。さて旅行好きの松井だが、入会したのだろうか。

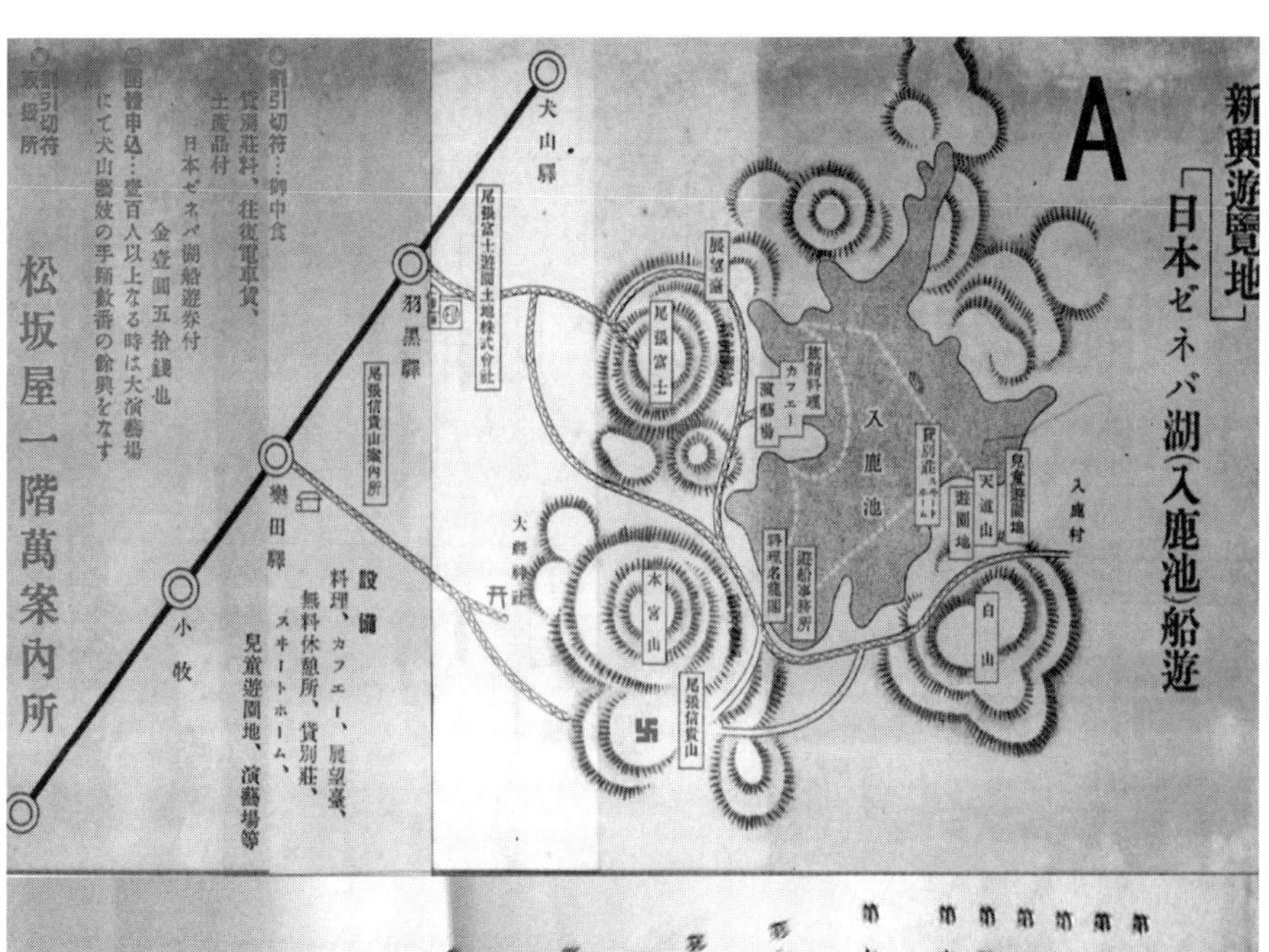

B

岡崎旅行會會則

第一條 本會ハ之ヲ岡崎旅行會ト稱ス
第二條 本會事務所ハ之ヲ岡崎驛ニ置ク
第三條 本會ハ旅行趣味ノ普及並ニ交通思想ノ涵養ニ努メ併セテ會員相互ノ親睦ヲ計ルヲ以テ目的ト
第四條 本會ハ前條ノ趣旨ニ賛同シ入會ノ申込ヲ為シタル者（老若男女ヲ問ハズ）ヲ以テ之ヲ組織ス
第五條 本會ニ 會長一名、副會長一名、顧問若干名、幹事若干名及會計係二名ヲ置ク
第六條 會長ニハ本會ノ趣旨ヲ理解シ本會指導ノ任ニ當ルコトヲ承諾セル適任者ヲ推薦ス
會長ハ會務ヲ總理ス
第七條 副會長ハ岡崎驛長ヲ以テ之ニ充ツ
幹事ハ何時ニテモ會計帳簿類ノ查閲ヲ求ムルコトヲ得

第十六條 本會々員ニ非ズシテ本會主催ノ團体旅行ニ參加セムトスル者アルトキハ實費ヲ徴シ臨時會員ト
シテ之ニ參加セシムルコトヲ得
第十七條 自己ノ都合ニ依リ本會ヲ脱退セムトスル者ハ其ノ旨會長ニ届出ヅルモノトス
前項ニ依リ脱退シタル者ニ對シテハ既納ノ掛金（利子ヲ附セズ）ハ之ヲ拂戻スモ入會金ハ此ノ
限ニ在ラズ
第十八條 本會ノ名譽信用ヲ毀損シ其ノ他本會ニ對シ不都合ノ所為アリタル者ハ之ヲ除名スルコトアルベ
シ
第十九條 [illegible]
前條第二項ノ規定ハ前項ノ場合ニ之ヲ準用ス
第二十條 本會則ノ變更ハ役員會ニ諮問シ會長之ヲ決ス
第二十一條 本會則ハ昭和八年一月一日ヨリ之ヲ施行ス

會長 千賀千太郎
副會長 兼子勇
顧問（イロハ順） 稲葉恒助
堀内宗治
高石辨治
深田三太夫

49　昭和九年　西尾八王子貝塚

松井弘の昭和九（一九三四）年のスクラップ帳に、奇妙な形をした石碑の写真（写真A）が貼ってある。下端に「愛知縣西尾町大字上町字八王子貝塚　記念碑建設者稲垣豆人」と。岡崎趣味会の盟友・稲垣豆人からの年賀状である。八王子貝塚は現西尾市上町の矢作川左岸にある縄文時代後期の貝塚。なぜ稲垣はこの記念碑を年賀状にしたのか…？

大正九（一九二〇）年の帳に八王子貝塚の記事（写真B）があった。「貝塚発掘　意外の品現はる　三河幡豆郡西尾町に在る貝塚は今迄何等調査を行つたことはなかつたが先頃岡崎市趣味會の者が之を発掘し意外の珍品現はれ…」という。貝塚を発掘した「岡崎市趣味會の者」とは、池上年と大藤鎮太郎である。池上は当時美術教師で考古学者としても知られていた。大藤は岡崎一の物知りと言われ、当時六地蔵町で古本屋を営んでいた。松井の考古学好きに大きな影響を与えた二人である。

記事にある「意外な珍品」が何であるのか書かれていない。しかし、この珍品こそ当地が大和民族とアイヌ族との接触地点とする根拠になるらしい。さらに「池上岡崎女学校教諭は九州帝國大学に送付し考古学雑誌で發表することとなった」という。また「東京帝國大学及京都帝國大学よりも実施踏査に来るらしい」とも。かくして八王子貝塚は全国から注目されることとなった。

この石碑を見に行った。「明治卅四年二月廿日　犬塚又兵衛掘　同年四月十九日地主稲垣武八八得タル土器ヲ東京帝國大學ニ寄附ス」から「昭和七年三月愛知県史蹟に指定」に至るまでの経緯が刻まれている。もちろん「大正九年四月五日ヨリ数回ニ渡リテ池上年　大藤鎮太郎發掘ス」も。石碑の両側には「奉納金石神社　昭和八年十月　地主稲垣安郎」と刻んである。安郎は豆人の本名。貝塚（現茶畑）の所有者は稲垣豆人で、発掘を記念してこの石碑を建てたということになる。また石碑の製作者は池上年とある。

もう一枚奇妙な絵葉書（写真C）がある。「神代以前之古代人石臼使用ノ圖」とあり、縄文時代の想像図を額にして、地元の金石神社に奉納したものである。こちらも「畫考池上年」。趣味も道楽も学問もごった交ぜの良き時代であった。

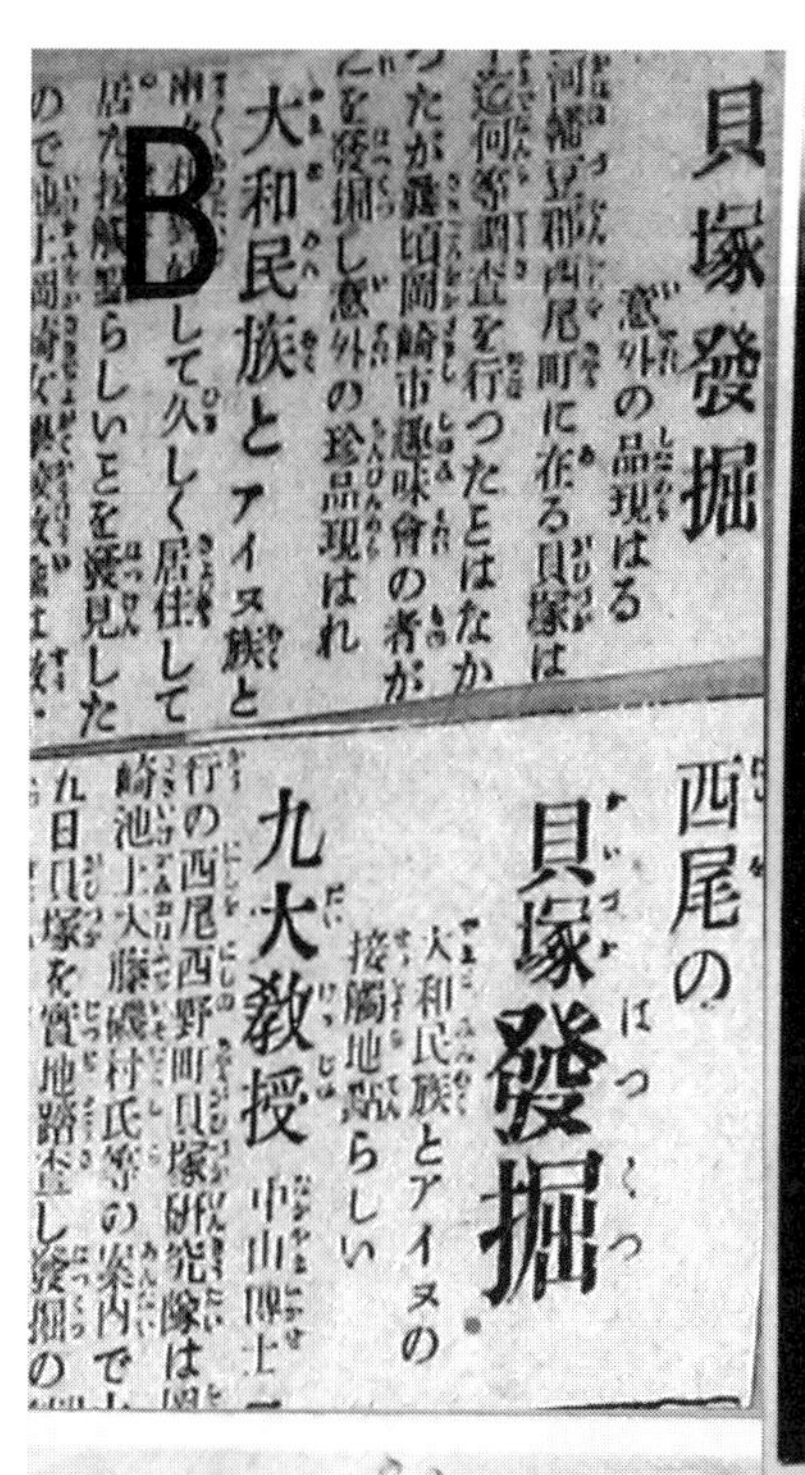

貝塚發掘
意外の品現はる
河幡豆郡西尾町に在る貝塚は
近頃何等調査を行つたとはなか
つたが最近岡崎市趣味會の者が
これを發掘し意外の珍品現はれ
大和民族とアイヌ族と
して久しく居住して
居た接觸點らしいとを發見した

西尾の
貝塚發掘
大和民族とアイヌの
接觸地點らしい
九大教授 中山博士
行の西尾西野町貝塚研究隊は
崎池上大藤磯村氏等の案内で
九日貝塚を實地踏査し發掘の

畫　考古學者　池上年先生
額製作　岡崎　小原組
昭和八年六月廿二日　寄進者　稻垣豆人
竪三尺八寸　横四尺八寸

50　昭和九年　伝馬町の大火

松井弘の昭和九（一九三四）年のスクラップ帳に「十六戸を焼く／今暁岡崎市の大火」との記事（写真B）が貼ってある。「（三月）八日午前三時五十分頃岡崎市傳馬町百八十番地カフエー桂子の家主大西まつよ方から出火　旱天続きのこととて忽ちにして同家を全焼見る見る裡に火焔は四方に燃え広がり…（略）…全半焼十六戸に及んで同五時四十分頃鎮火した　損害は八萬円」と。火元であるカフエー桂子の家は前年に開店したばかりであった（写真A）。

記事によれば、伝馬町仕出業竹内岩吉始め八軒を全焼し、隣町の祐金町酒屋小野森三郎方まで及んだ。火元を含め全焼九軒、半焼七軒であった。さらに「二階から悲鳴　コックや女給「助けてくれ」罹災者たちの狼狽ぶり」「市のガソリンが出た時は火の手は拡かってゐた　粉雪降る中にふるへた罹災者群」と大火の様子を書く。文中の「ガソリン」とはガソリン発動機式のポンプである。「焼失個数多きは明治元年以来」の記事に、松井は「岡崎では未曾有の大火」と書き添えた。

さて大火の原因だが、記事は「火元の桂子の家で女将のますよ（三六）とコックの秋田県生まれ加賀光三（二六）との激しい口論をなし　光三がまさよに火鉢を投げつけた事実があり…」と言う。その後腹を立てた光三の放火か、火鉢の残り火の不始末か、岡崎署で取り調べがおこなわれたとある。

大火の記事と一緒に「近火御見舞御礼」と書いた葉書が貼ってある。「今暁向側火災に際しては早速御馳付消火に御盡力被下難有乍略儀寸楮を以て御礼申上候／三月八日　岡崎市傳馬町／十銭均一丸松百貨店　松井脩一」。差出人の松井脩一は松井弘の実弟で、伝馬町で小売業を営んでいた。他に、大黒屋、おくせ呉服店、永田屋牛肉本店からの「御見舞御礼」も残っている。当時、被災などの情報を伝えるのは新聞くらいで、こうした挨拶状を出して安否を知らせたり、火事見舞いへのお礼をしたようだ。

さて火元である桂子の家からも葉書（写真C）が届いていた。「今暁出火の際は早速御馳付…（略）…取込中略儀乍ら紙片を以て深謝仕候　敬白　三月八日　岡崎市傳馬町　桂子の家」と。

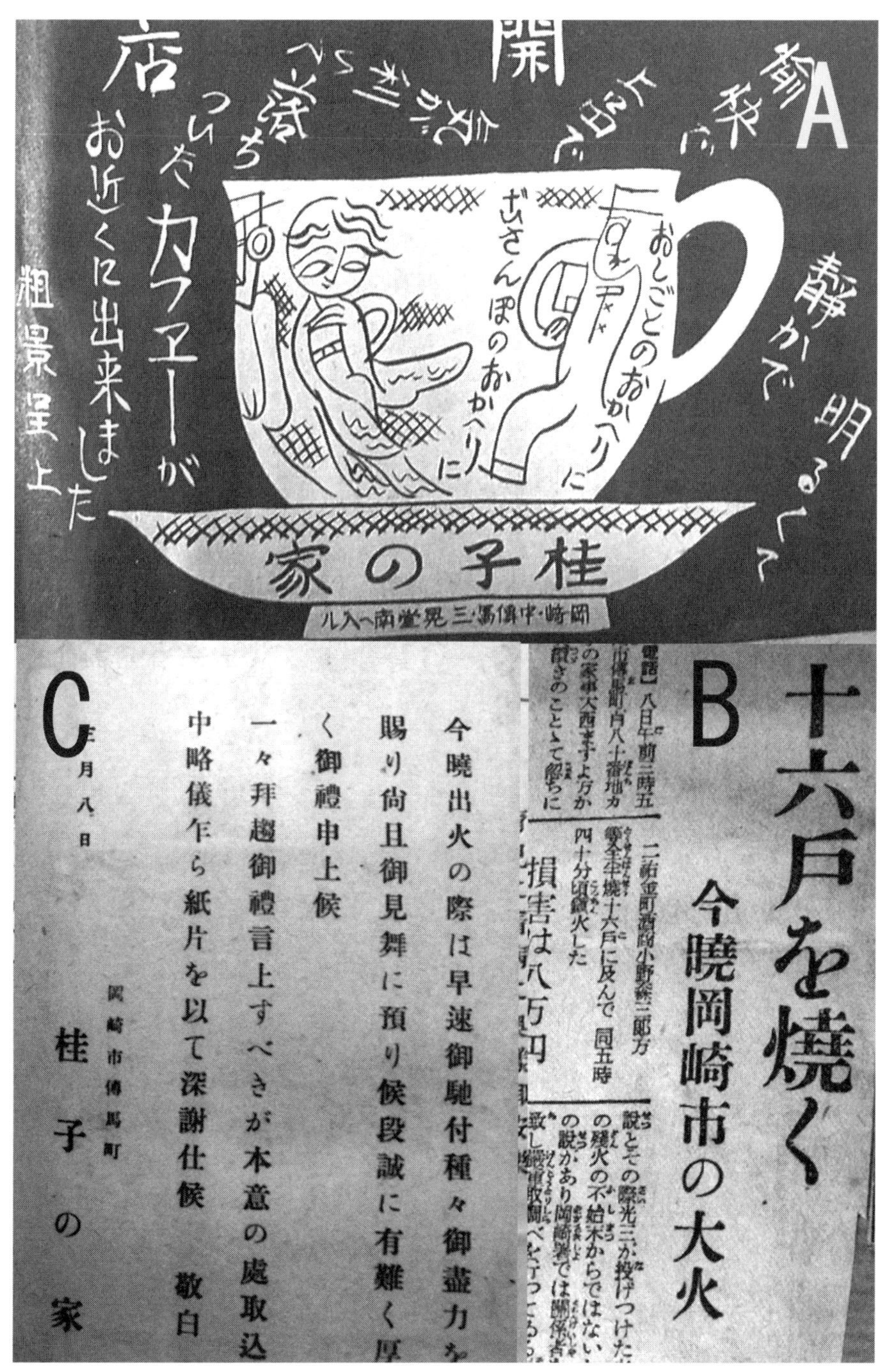

B

十六戸を燒く
今曉岡崎市の大火

【岡崎電話】八日午前三時五…市傳馬町百八十番地カ…の家事大西ますより方か…熾きのことゝて忽ちに…二軒、金町酒商小野錦三郎方…全半燒十六戸に及んで 同五時四十分頃鎮火した

損害は八万円

…說とその際光三が投げつけた…の煙火の不始末からではない…の說があり岡崎署では關係者…致し嚴重取調べを了つてゐる…

C

今曉出火の際は早速御馳付種々御盡力を賜り尚且御見舞に預り候段誠に有難く厚く御禮申上候

一々拜趨御禮言上すべきが本意の處取込中略儀乍ら紙片を以て深謝仕候　敬白

月八日

岡崎市傳馬町

桂子の家

51 昭和九年　建武中興と日の丸

松井弘の昭和九（一九三四）年のスクラップ帳に、「建武中興」を扱った新聞記事が多く残る。後醍醐天皇が武家から政権を奪回し、天皇親政を中興したのが建武元（一三三四）年。昭和九年はその六百年記念の年となる。

最初の記事は、人気評論家・徳富蘇峰が書いた「建武中興資料の展覧」。帝國博物館（現国立博物館）で後醍醐天皇の宸翰始め、北畠親房、楠正成、新田義貞の文書などが展示されたと書いている。蘇峰は「…吉田松陰たらざるも「斯らん時に我れ生まればや」の感を起こさずして已む能わざるものがある」と、吉田松陰よろしく後醍醐天皇を支えた南朝の忠臣たちを讃えた。

地元の南朝忠臣の伝承も取り上げられた。後醍醐天皇側近である藤原藤房の墓が幡豆郡一色町（現西尾市）養林寺境内で発見され、一色遺蹟保存會が「建武中興六百年祭」をおこなったと地元紙が報じた。

またこのブームに大阪府の「建武中興六百年スタンプ」も話題になった。記事に「建武中興六百年祭に因み大阪府下で（三月）十三日より使用」（写真A）とある。「千早城の攻防」「楠公父子の別れ」「四条畷」「大楠公学問所」の四つの故事をデザインしたものであった。

味の素本舗は「建國祭料理献立」のチラシ（写真B）を出した。建國祭（二月十一日 現在建国記念の日）に食べる特別メニューである。「膾、煮染、雑煮、鉢、建國おでん、建國飯」とある。建國飯とは…？「叢雲飯、勾玉豆、御鏡くわい」の混ぜごはんで、醤油を少し垂らし、くわいの輪切りを鏡に見立て飯に乗せるのだそうだ。まさに「三種の神器」の天叢雲の剣、八尺瓊の勾玉、八咫の鏡に見立てたものだった。

「日の丸」にも市民の関心が集まった。「けふ！『日の丸』デー 童謡日の丸の旗」との記事（写真C）があった。全国募集で一等に選ばれた日の丸の歌は、「けふは佳い日だ日の丸の／旗をみんなでたてませう／街の電車も自動車も／みんな日の丸たてませう」というもの。筆者が知る「白地に赤く…」とはまた別の童謡であるようだ。短歌を趣味とする松井は、「日の丸の旗仲々面白い」と帳に記している。

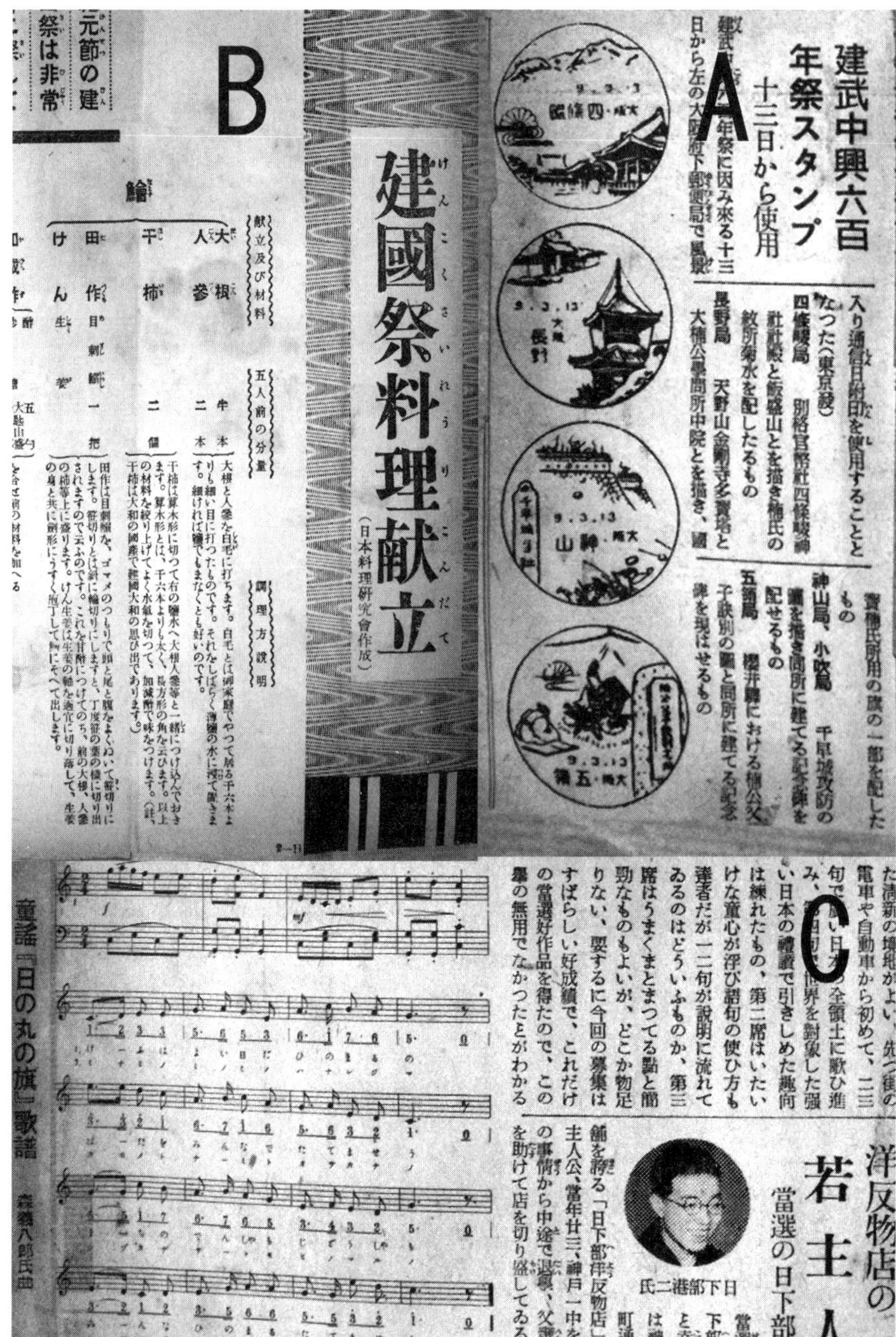

A

建武中興六百年祭スタンプ

十三日から使用

……年祭に因み來る十三日から左の大阪府下郵便局で風景入り通信日附印を使用することとなつた（東京發）

四條畷局　別格官幣社四條畷神社社殿と飯盛山とを描き楠氏の紋所菊水を配したるもの

長野局　天野山金剛寺多寶塔と大楠公學問所中院とを描き、……實楠氏所用の旗の一部を配したもの

神山局、小吹局　千早城攻防の圖を描き同所に建てる記念碑を配せるもの

五箇局　櫻井驛における楠公父子訣別の圖と同所に建てる記念碑を現はせるもの

B

元節の建
祭は非常

建國祭料理献立

（日本料理研究會作成）

献立及び材料

膾
- 大根
- 人参
- 干柿
- 田作（目刺鰮）
- けん生姜

五人前の分量

- 牛本
- 二本
- 二個
- 一把

調理方説明

大根と人參を白毛に打ちます。白毛とは御家庭でやつて居る千六本よりも細い目に打つたものです。それをしばらく薄鹽の水に浸して置きます。細ければ鹽でもまなくとも好いのです。

干柿は算木形に切つて右の鹽水へ大根人參等と一緒につけ込んでおきます。算木形とは、千六本よりも太く、長方形の角を云ひます。以上の材料を絞り上げてよく水氣を切つて、加減酢で味をつけます。（註、干柿は大和の國産で紀國大和の思ひ出であります。）

田作は目刺鰮を、ゴマメのつもりで頭と尾と腹をよくぬいて笹切りにします。笹切りとは斜に輪切りにしますと、丁度笹の葉の様に切り出されますので云ふのです。これを甘酢につけてのち、前の大根、人參の柿等上に盛ります。けん生姜は生姜の軸を適宜に切り落して、生姜の身と共に劍形にうすく庖丁して膾にそへて出します。

童謠「日の丸の旗」歌譜

森義八郎氏曲

C

た清新の境地がよい、先づ……電車や自動車から初めて、……全領土に歌ひ進み、……世界を對象した强い日本の體讃で引きしめた趣向は練れたもの、第二席はいたいけな童心が浮び語句の使ひ方も達者だが一二句が說明に流れてゐるのはどういふものか、第三席はうまくまとまつてる點と簡勁なものもよいが、どこか物足りない、要するに今回の募集はすばらしい好成績で、これだけの當選好作品を得たので、この擧の無用でなかつたとがわかる

洋反物店の若主人

當選の日下部氏

日下部港二氏

當選の日下部港二と幸三氏は神戸元町通で老舗を誇る「日下部洋反物店」の若主人公、當年廿三、神戸一中を家庭の事情から中途で退學、父幾松氏を助けて店を切り盛してゐる、當

52 昭和九年 岡崎店飾競技会

昭和九（一九三四）年、岡崎市制記念日である七月一日から五日にかけて、岡崎市と岡崎商工会議所共催の「第一回店頭装飾競技會」がおこなわれた。地元新聞の記事によれば、愛知県商品陳列所長を委員長とし、岡崎商工会議所、同市勧業課、名古屋広告協会、中電、岡崎師範学校、市立岡崎商業高校から審査委員を出して厳選な選考がおこなわれた。審査項目は、一照明、二ショーウィンドーの飾り付け、三店内装飾、四外観一般の四部門であった。この店飾競技会へは市内の八十五店舗が参加した。

みどりや主人・松井弘はスクラップ帳に「岡崎市の店飾　昨五日本審査結了　本日褒賞授與さる」の記事（写真A）を貼り、「みどりやも参加している。審査の結果や如何」と記した。

果たしてその結果は、「岡崎市制記念第一回の店頭装飾競技大會　六日午後二時から商工會議所で褒賞授與式を挙行　優等　田村屋化粧品店（籠田町）／一等　高橋洋品店（本町）／二等　みどりや玩具店（康生町）山澤屋呉服店（連尺町）／三等　丸庄呉服店（連尺町）旭軒（康生町）深谷蓄音器店（同）／三河屋洋服店（本町）三徳屋聡本舗／照明賞一等　高橋洋品店（本町）」であった。「（みどりやは）参加八十五店中第三位、照明は六位であった」と松井は記している。帳に「第貳等」の賞状（写真B）が残っていた。「第貳等」を三位と記したのは、優等を含めてのことか。

この年は康生町、連尺町で舗装工事が始まり、翌年には本町は「日本一ネオン街」を自称するほどの新しい街づくりが進んでいた。「産業都市岡崎」を目指す官民一体の取り組みは順風満帆といったところ。

ところが、こんな記事（写真C）が。「岡崎　夏の夜景色　夜風に誘はれ屋根裏から光を慕ってさまよへど」の見出しに「…桃色街はある。シカシ之を除いて岡崎市には夜のソゾロ歩きに適した地帯―盛り場といったものがない」と。筆者は昭和三十年代の新聞記事でも、同じように岡崎には盛り場がないと読んだことがある。

松井も「一九三四年夏の岡崎は先ず都会とは云えない位の淋しい岡崎だ」と帳に記している。どうも岡崎は戦前から「夜景色」が苦手だったようである。

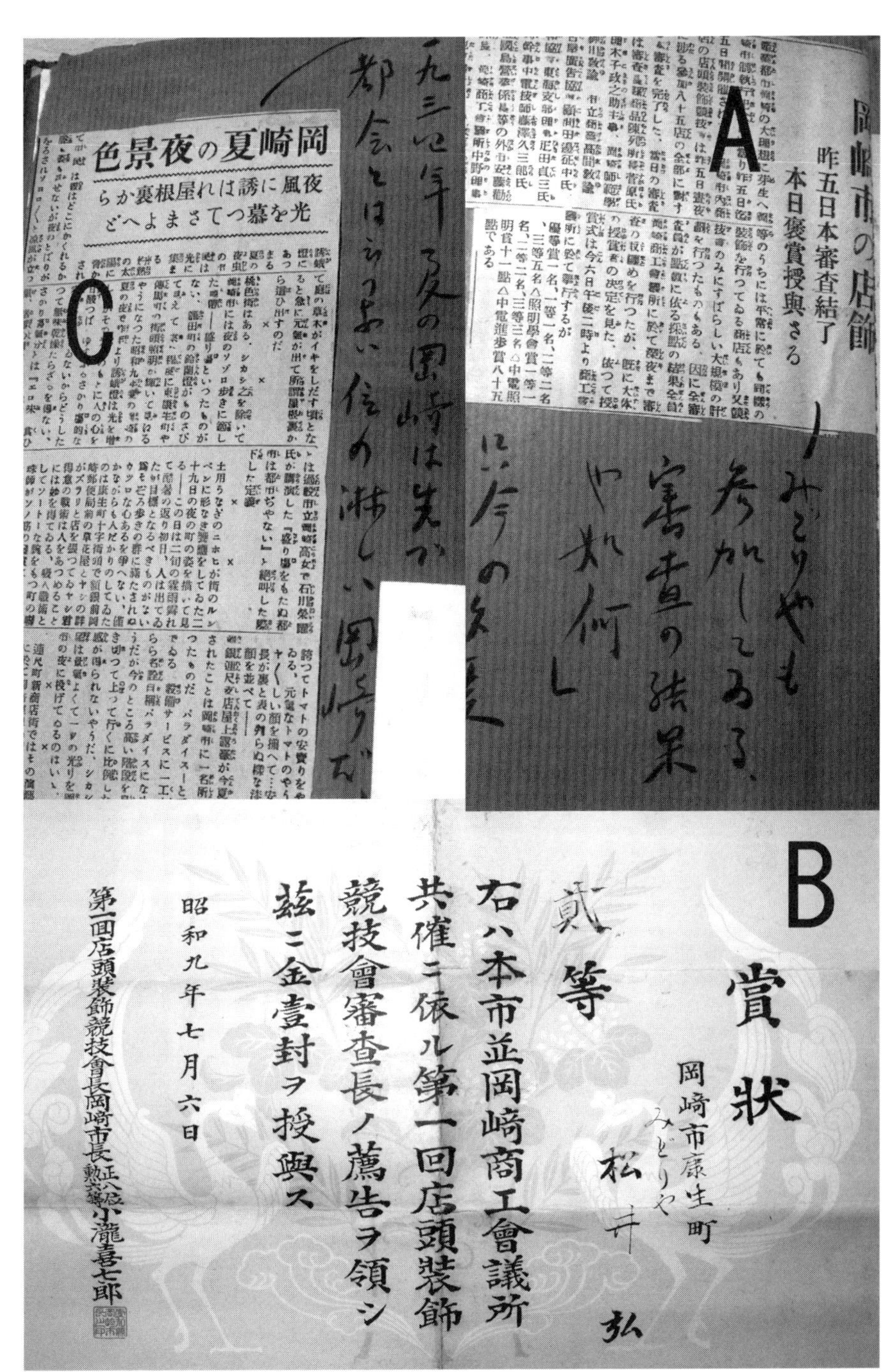
岡崎市の店飾
昨五日本審査結了
本日褒賞授與さる
A
岡崎夏の夜景色
夜風に誘はれ屋根裏から
光を慕つてさまよへど
C
一九三四年夏の岡崎は先が
都会とはほど遠い、信め淋しい岡崎だ
みどりやも参加してゐる
審査の結果
やれ々何し
只今の名?
B
賞狀
岡崎市康生町
みどりや
松井弘
貳等
右ハ本市並岡崎商工會議所共催ニ依ル第一回店頭裝飾競技會審査長ノ薦告ヲ領シ茲ニ金壹封ヲ授與ス
昭和九年七月六日
第一回店頭裝飾競技會長岡崎市長正八位勲六等小瀧喜七郎

53 昭和九年　皇太子誕生とマスク

昭和八（一九三三）年十二月二十三日、皇太子（現 上皇）が誕生された。みどりや主人・松井弘のスクラップ帳に、御誕生を報じる二十四日付の記事が残っている。「瑞気全市をおふひ　萬歳の聲随所に挙がるこの日の岡崎市」と。帳には「皇太子御降誕奉祝歌」披露の記事（写真A）もあり、当時の奉祝ムードが伝わってくる。巷間でも「奉祝皇太子殿下御降誕　三日間　女給若手揃大サービス　岡崎伝馬町　寳亭」と便乗した。

翌九年、この奉祝ブームに乗って雑誌『主婦の友』新年号の付録は、皇室関係の絵を複製した印刷物であった。（一）明治天皇の御尊像（二）皇室の御繁栄（三）伊勢神宮御神殿（四）明治神宮などの十二枚揃いであった。一般市民が、我が家に皇室関係の絵や写真を飾るようになるのは、この頃からかもしれない。初詣も、西の桃山御陵参拝（名古屋運輸事務局）、東は多摩御陵参拝（大名古屋旅行局主催）といった具合であった。

この冬は寒く、風邪が大流行した。新聞によれば「このごろ至るところ感冒の大流行で、一家枕を並べて病床に臥すといったやうな家庭もあり…」という状態であったらしい。「外出にはマスク、帰ったら含嗽」と市民への注意をうながしている。

松井も「一月中旬寒さ甚だし　自分も出入にマスクを用ひてゐる」と帳に記している。一月二十三日には岡崎市から「感冒予防注意事項」のチラシも配られた。マスクとうがいを勧め、うがい液の作り方を丁寧に説明している。昭和九年の街はマスクの人々が行き交っていたようだ。その様子を描いた四コマ漫画（写真B）が残っていた。意外にも当時のマスクは黒色が主流だったようだ。

この年に、岡田撫琴の婦人が亡くなった。岡田は近代岡崎を代表する文人であり、新聞経営なども手がけた人である。さて新聞には「風邪から肺炎／撫琴氏夫人逝く／十日余病んで亡くなった…（略）…風邪が肺炎に変じて亡く成られたさうだ…（略）…五十三歳で亡くなった。他身でさへ残念に思ふ」とある。夫人をよく知る記者が書いたのか、無念さが伝わってくる。松井も交友があり、「撫琴婦人は自分もよく知ってゐる。逝去された」と記事の上に記している（写真C）。

A

皇太子御降誕奉祝歌

穂積虚平

水仙の花は匂ひて、
師走月、穹は晴れたり、
大内山、瑞雲靉き、
あゝ、日の本の天嗣降誕。

祝げ、祝へ、今日の佳き日を、
噴き上ぐる歡呼の聲、
歡呼の聲、穹にどよもし、
照り映ゆる日の大御旗。

同胞よ、頌へまつらん、
日の本の皇子降誕、
ゆるぎなき國の礎、
ゆるぎなし、大秋津洲。

水仙の花は匂ひて、
師走月、穹は晴れたり、
大内山、瑞雲靉き、
あゝ、日の本の天嗣降誕。

B

C

撫琴氏夫人は自分もよく知つてゐる、逝去された、此の記事は小幡君の書いたもの、

風邪から肺炎

撫琴氏夫人逝く

記者は死亡廣告は土地の新聞の特色の一つである、又其の廣告を見て非常に感ずる事を書いたが、一月廿四日の岡崎の新聞を見て、記者は頗る非常に愕いた、それは岡田撫琴氏の夫人の死亡廣告が載つて居たからだ、大抵の死亡廣告、否悉くの死亡廣告と云つて宜からう、『病氣の處藥石効無く』とか又『何日の何時何十分に死亡した』とか書いてあるものだが、岡田氏のは『荊妻てる儀死去仕り候條此段謹告仕候』としか書いてない、病氣故の死亡ではないかと思ふと餘計に愕かざるを得ない、記者はわざわざ友人の宅まで聞きに行つたものだ、十日餘病んで亡くなつたと聞き、愕きの幾分は去つた、風邪が肺炎に變じて亡く成られなさうだが、同夫人は實に感じのよい人であつた、記者は同氏宅で數回酒を呼れたが、夫人に對した氣持は實

容貌も宜しい、そ
間では斯う言つて居
琴氏は外で酒を飲ん
揚げたりするが、岡
よりも、宅の細君の
いではないか、何故
に飲まないだらう』
亡くなつた、五十三
た、他身でさへ殘念
夫の撫琴氏としては
落ちたであらう、殊
さんの悲嘆は想ひ遣
隆平氏には子がある
て逝いたのは、せめ
次男得三氏には未だ
細君が出來てからの
さて其の夫人を斃し
の、原因は風邪だ、
か馬鹿に成らない、
脊髓に入り、脊髓
中に小兒を跛にする
本紙に書いた、肺
をも大人をも斃す
タル性肺炎と、コ
があつて、カタル性

54　昭和十年　岡崎の道祖神が奈良で見つかる

松井弘の昭和十（一九三五）年のスクラップ帳に不思議な記事（写真A）がある。「姿晦（くらま）した道祖神　意外、奈良の博物館に／一ヶ月ぶりで所在が判明した／考古學研究の九十九氏が断りなくソッと借りて行き」というもの。記事によれば、見出しの道祖神とは「性器崇拝時代の典型的遺物として考古學者間に准國（じゅんこく）寶（ほう）として珍重されてゐた市外常盤村大字瀧所在の名刹萬松寺に祀られてゐた」という。その岡崎の萬松寺の道祖神が八月二十一日に突然消えた。行方不明となっていたのが奈良県の東洋民俗博物館で見つかった、というものである。松井の趣味の盟友である稲垣豆人の談によれば、東洋民俗博物館館長の九十九豊勝が無断で借りていったとのことであった。

不思議なのは、九十九豊勝がなぜ萬松寺の道祖神のことを知ったのか？　九十九はかつてアメリカの文化人類学者スタール博士の通訳兼助手をしていた。スタールと来岡した折、松井たち岡崎趣味会の人々と交流する中で道祖神の存在を知ったのだろう。

この記事より遡ること十四年前、大正十（一九二一）年の松井の帳に「尾河性的神踏査研究旅行」と書いたチラシ（写真B）があった。郷土史家として有名な田中緑紅が主宰する京都の郷土趣味会主催の「三河地方、尾張地方の性的神のみの踏査研究旅行」であった。三月五日夜に京都を出発し、「目的　萬松寺（常盤村）、足助、越戸、御舟、猿投、熱田方面」を訪ねるものである。チラシと共に新聞記事も貼ってある。当時新聞記者を兼務していた松井が同行取材したものと思われる。

「一行五名は六日午前六時京都から岡崎に来た。一行は田中緑紅氏を主としたもので早速稲垣豆人氏の案内で額田郡常盤村萬松寺内の道祖神を見に赴（おもむ）いた…」と。その後、自動車で足助町に至り、小祠に積まれた「怪し気な木製の異形の物」、「庚申堂境内の大きな石柱」、「越戸のいそ神」を見学したとある。「トランクの内に木石瓦製の異様な逸物がウンと入ってゐる」人もあったようだ。

写真Cが一時行方不明になった萬松寺の道祖神である。確かに陽物をかたどったかのようにも見える。その後岡崎に戻され、現在も萬松寺境内の小祠で大切に祀られている。

C

A

姿晦した道祖神

意外、奈良の博物館に

一ケ月ぶりで所在が判明した

考古學研究の九十九氏が

斷りなくソツと借りて行き

性器崇拜時代の典型的遺物として考古學者間に準國寶として珍重されてゐた市外常盤村大字常盤所在の名刹萬松寺に祀られてゐた道祖神は當時所報の如く去月二十一日突如紛失し行方不明となつたが同道祖神は性或ひはオコリの神様としてソノ願いやちちこなる……ゐたので或ひは……

のを見し旨來信あり稲垣氏は事の奇怪に驚き更に確認して貰ひたいと言ひ送つたところへ二十一日當の東洋民俗博物館長九十九氏より稲垣氏に書信があつた、九十九氏はこの道祖神の學的價値の高いことはかねてより文獻によつて詳知してゐるので去月二十日來岡し稲垣氏方を訪れて種々考古談を交したる末萬松寺に赴いたものであるが同寺に着いた時にはもはや日沒

B

尾河性的神踏査研究旅行

性殖器を崇拝しそれを神として祀り金勢大明神と名付け道祖神として崇拝された事は可成有名な話で今尚ほ處々に其遺跡を残すのみか盛んに信仰されてゐる処も少くない。けれども、この方面の小祠は々に廃止されて或は全滅されてしまうのではないかと懸念さるゝ、土俗學上民間信仰上又迷信と…ふくふらない先に調査しておかねばならないもの、である。

本社は先きに東海道土俗研究旅行を計畫し既に伊勢亀山迄進み再び四月より続行の豫定である。目的の多少違うため三河地方、尾張地方の性的神みの踏査研究旅行を催す事にした。

三月五日夜十二時三十五分京都駅発車

同行希望の方は十二時迄に駅へ集合の事

万松寺（常盤村）足助、越戸、[illegible]舟、猿投、熱田方面

六日朝岡崎着すぐと常盤村を始め足助又は挙母に一泊　七日刈谷又は名古屋に一泊

八日夜或は九日帰京、調査の都合上決定不出来

総て自辨の事

本社より田中緑紅氏同行

[illegible]は本社へ来合ありたし。

京都市[illegible]町三条南

郷土趣味社

電話中九七三番

主催

55 昭和十年　東照公遺訓碑と岡崎

昭和九（一九三四）年の「建武中興六百年」に始まる「南朝忠臣ブーム」は、意外にも観光に集約されていったように見える。松井弘の同十年のスクラップ帳に『大楠公』景気に売れるお土産品　抜目のない由縁の地」との記事（写真Ａ）が貼ってあった。大楠公、即ち南朝の忠臣・楠正成グッズが売れているというもの。「菊水煎餅」「楠公団子」のほか、「軍略藁人形」まで売られたという。楠正成が千早城の戦いで使った「藁人形作戦」に因むものらしい。

世間は不況から脱しつつあり、各地で産業や観光をテーマにした博覧会がおこなわれた。岡崎市でも、「國防と産業／日光の博覧會」（写真Ｂ）が同年の三、四月に開催された。会場の岡崎公園には「國防館、産業館、日光模型館、千人行列館、歴史館、演藝館」が建ち、客を呼んだ。展示物のメインは日光模型館の「日光東照宮真景十分の一模型四十一景」。日光東照宮をテーマとしたのは、岡崎が徳川家康の生誕地であることを全国に知らしめようとしたのだと考えられる。

同年の帳に「家康公の遺訓碑／石膏細工の原型出来」の記事もある。「小瀧岡崎市長は家康公の生地岡崎市に名遺訓として天下に宣伝される家康公の遺訓碑が、ないのは甚だ遺憾である…（略）…建設費を拠出する一方加藤賢治郎氏から二千円の寄付を求めて…」と。加藤は岡崎銀行（後に東海銀行に合併）頭取、商工会議所会頭を勤めた経済人。遺訓碑の原型を作ったのは岡崎石工藝術研究所所長の池上年である。亀を台座にした、この珍しい形の碑は翌年の春に完成し、現在も岡崎城天守閣前に立っている。

岡崎が「家康公生誕地」であるとの自覚と宣伝は、公園内の石碑では同八年から見られる。「東照公産湯井の碑」は「柴田顕正撰／岡田撫琴書／池上年案」で、岡崎の「火防團」が八年四月に建立した。続いて「えな塚」の修築が十一年。その世話方は松井の趣味会の盟友・稲垣安郎（豆人）である。

戦前の「家康公生誕地」ブームを推進していたのは、岡崎趣味会の人々であったようだ。その稲垣から届いた、岡崎の観光スタンプ全種類を押した葉書（写真Ｃ）が松井の帳に残っている。

A
『大楠公』景氣に
賣れるお土産品
煎餅＝だんご＝軍略藁人形
拔目のない由縁の地
陣笠を
B
春の岡崎公園
國防と産業
日光の博覧會
★國防館
◇産業館
○日光模型館
千人行列館
●歴史館
演藝館
入場料
主催 岡崎朝報社
後援
C
五万石
岡崎驛
昭和10.4.28

56 昭和十年　音頭と文化

松井弘の昭和十（一九三五）年のスクラップ帳に「プロペラ音頭／熊野川飛行艇株式会社／瀞峡」のパンフレット（写真A）が貼ってある。脇に「新宮千穂館に宿泊す」とあり、松井は吉野・熊野旅行へ出かけたようだ。名勝「瀞峡」巡りは、今はジェット船だが、当時は「飛行艇（プロペラ船）」だったようだ。船上の後方に備え付けた大きな飛行機用のプロペラを回して進むのである。その斬新さは話題となり、遂に「プロペラ音頭」まで生み出した。

その歌詞は、「ハアー瀞へ行く舟　ナー／瀞へ行く舟 プロペラ船はヨブントトナ／おらが自慢の ナントトナントショ／おらが自慢の 文化船／ハアサプロペラ／ブントブントトナ」。

歌詞はこんな調子で六番まであった。

この頃、日本中で「〇〇音頭」が大流行。新しい歌謡曲の多くは「音頭」と名づけられ、レコードとして巷に広まった。有名なのは、西條八十作詞・中山晋平作曲の「東京音頭」である。七年に東京日比谷公園の盆踊りで始まったとされる。今でも盆踊り曲の定番であり、ヤクルトスワローズやFC東京の応援歌としても親しまれている。

松井の九年の帳に「非常時　国民音頭」というチラシ（写真B）を見つけた。販売元はリーガル・レコード（コロムビアの大衆盤）であった。

「昔しや黒船 今爆撃機／ちよいと非常時 油断はならぬ／ヨイ〳〵／手と手握つて 心を合しや／ホンニホンニネ／心うれしい 日本晴／オヤサツテモ〳〵 サラリトネ」という歌。同年には「さくら音頭」、「選挙粛清音頭」なんていう音頭まで発表された。

「岡崎音頭」も松井の帳に残っていた。歌詞は「東照公／城跡上がれば／桜の花が／アーヨイコノサンセ／いさぎよいぞえ／散りかかる／ションガイナ／ヤレコメ／…（略）…／岡崎公園／春がすみ／とまる愛電桜がり」というものである。

冒頭のプロペラ船は「文化船」だったが、「文化饅頭」もあった。大判焼きのような菓子で、名古屋駅構内で売っていたらしい。そのチラシ（写真C）が帳に残っている。蒸すのではなく西洋風に焼いたところが「文化」だったのか…？・「音頭」も「文化」も、新しもの好きな人々を大いに楽しませてくれた。

名古屋驛構内賣店
共済會

國立公園熊野協會撰定
前川眞澄作詩
中山晋平先生作曲

A　プロペラ音頭

ハアー瀞へ行く舟ナー　プロペラ船(ブネ)はヨ　ブントナ
瀞へ行く舟　ナントナントショ
おらが自慢の
おらが自慢の　文化船
ハアサプロペラ　ブントブントナ
ハアサプロペラ　ブントブントナ

ハアー九里の瀬の瀬をナー　モダンの船でヨ　ブント
九里の瀬の瀬を　ナントナントショ
行けば瀞峡の

塚本篤夫作詩・近藤十九二作曲並編曲

流行唄

非常時国民音頭

唄　市三・寶塚會館オーケストラ伴奏

B

昔しや黒船　今爆撃機
ちよいと非常時　油断はならぬ
ヨイ〳〵
手と手握つて　心を合しや
ホンニ　ホンニネ
心うれしい　日本晴
オヤサツテモ〳〵　サラリトネ

何のシベリヤ　あの太平洋
ちよいと非常時　油断はならぬ
ヨイ〳〵
手と手握つて　心を合しや
ホンニ　ホンニネ
朝日輝く　日の御旗
オヤサツテモ〳〵　サラリトネ

大和魂　伊達には持たぬ
ちよいと非常時　油断はならぬ
ヨイ〳〵
手と手握つて　心を合しや
ホンニ　ホンニネ
向ふところに　敵はない
オヤサツテモ〳〵　サラリトネ

國の財布の　紐ひきしめて
ちよいと非常時　油断はならぬ
ヨイ〳〵
手と手握つて　心を合はしや
ホンニ　ホンニネ

レコード番號
六六三一三

コロムビア大衆盤一枚八十錢

リーガルレコー

57 昭和十一年　二・二六事件起こる

松井弘の昭和十一（一九三六）年のスクラップ帳に、「二・二六事件」の号外（写真A）が残っている。

2／26付「首相ら重臣三名即死す〈廿六日午後八時十五分陸軍省發表〉」。

2／27付「昨暁突如青年将校ら重臣を一斉襲撃」。

松井は三月一日付までの号外を帳に貼り、そのときの感想を二ページにわたって書き残している。なぜかその一部は切り取られている（写真B）。文中の「〇〇」はそのためである。

手記によれば、この日の「（ラジオの）ヒルの演芸中止」でおかしいと思っていた矢先、羽根町の親戚から電話で「東京で軍人が大挙して〇〇」と聞く。その後、「杉浦君が来て大変だねと云って〇〇〇〇殺された事　軍隊が三ケ中隊も出た事〇〇〇…」。しかし「別に号外は出てゐなかった」ので、半信半疑のところ「夜ラジオが第一日の報をした。それでほんとうだと知った」という。

噂は流れていたようだが、市民がこの事件の勃発を知るのはその日の夜遅くであった。

松井は「事件」のことをこう記している。「どうなるかとも不安であった。革命が突発してクーデターが行はれ其の首領がとると云ふ様な外国のいまはしい事件も思はれた。日本にはまさかそんな事はあるまいと思ってゐるのに其れのまあ卵の様なものが起ったと思った」と。

「二十七日、二十八日、娯楽的な放送は中止。第一放送を第二に切替えてすごした。帝都には不安の空気が漲ってゐる。二十九日はラジオは臨時ニュースのみである。ラジオつけ放しにして〇〇〇…（略）…〇〇帰順ときいてホッとした」。

号外は、2／28付「勅命にすら抗せり　遂に武力解決に決す」。

2／29付「説得。手段盡もやむなく強硬手段」と伝えていただけに、松井の「（兵士が）帰順ときいてホッとした」には重みがある。

小説家・永井荷風は現場周辺の様子を「虎の門あたりの商店平日は夜十時前に戸を閉すに今宵は人出賑なるため皆燈火を点じたれば金毘羅の縁日の如し」と、二十七日の夜に野次馬が多かったことなどを彼の日記『断腸亭日乗』に記している。

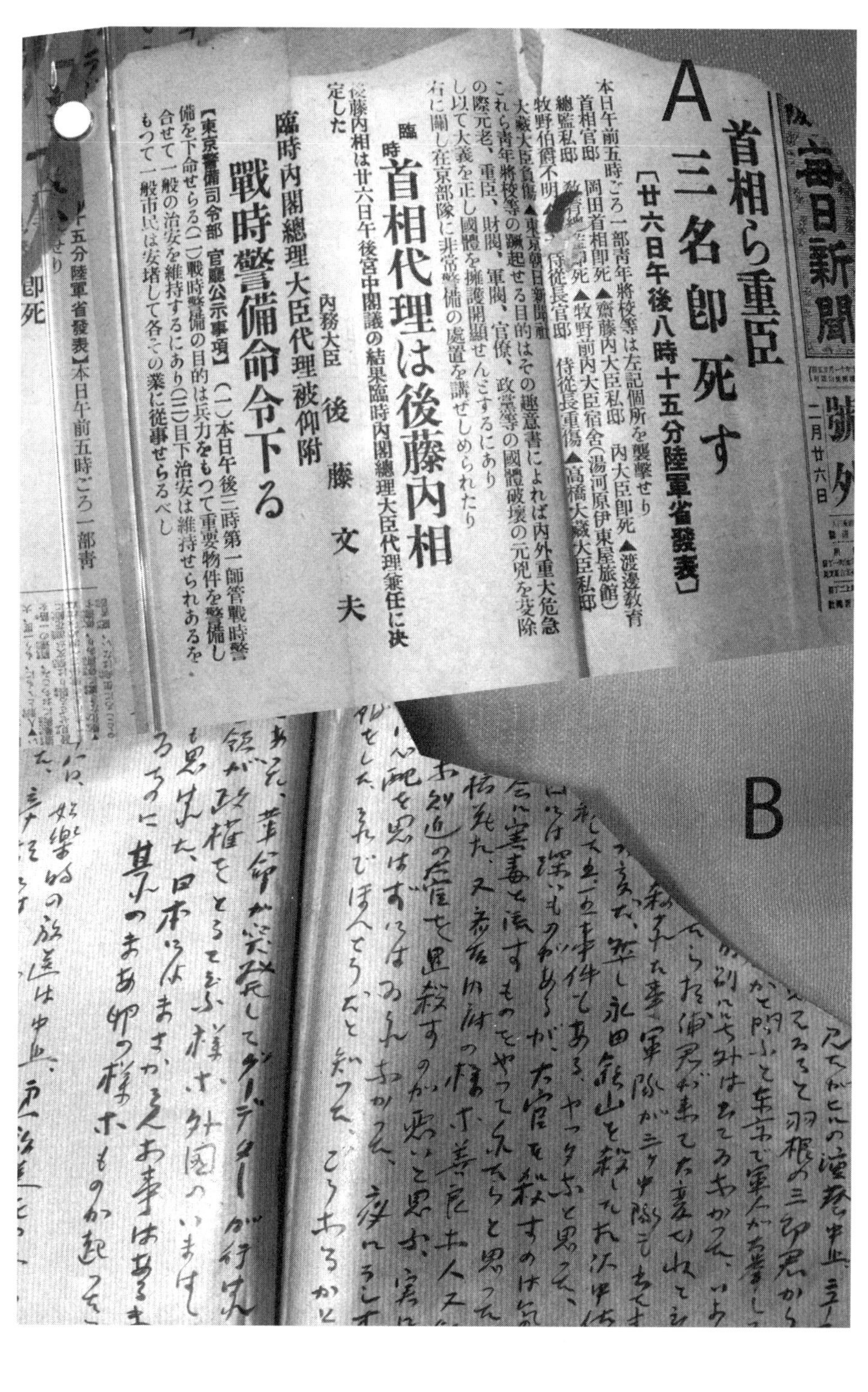

A

毎日新聞　號外　二月廿六日

首相ら重臣三名即死す

〔廿六日午後八時十五分陸軍省發表〕

本日午前五時ごろ一部青年將校等は左記個所を襲撃せり

首相官邸　岡田首相即死　▲齋藤内大臣私邸　内大臣即死　▲渡邊教育總監私邸　教育總監即死　▲牧野前内大臣宿舍（湯河原伊東屋旅館）　牧野伯爵不明　▲侍從長官邸　侍從長重傷　▲高橋大藏大臣私邸　大藏大臣負傷　▲東京朝日新聞社

これら青年將校等の蹶起せる目的はその趣意書によれば内外重大危急の際元老、重臣、財閥、軍閥、官僚、政黨等の國體破壞の元兇を芟除し以て大義を正し國體を擁護開顯せんとするにあり

右に關し在京部隊に非常警備の處置を講ぜしめられたり

臨時首相代理は後藤内相

後藤内相は廿六日午後宮中閣議の結果臨時内閣總理大臣代理兼任に決定した

臨時内閣總理大臣代理被仰附

内務大臣　後藤文夫

戰時警備命令下る

【東京警備司令部　官廳公示事項】（一）本日午後三時第一師管戰時警備を下命せらる（二）戰時警備の目的は兵力をもつて重要物件を警備し合せて一般の治安を維持するにあり（三）目下治安は維持せられあるをもつて一般市民は安堵して各その業に從事せらるべし

…十五分陸軍省發表】本日午前五時ごろ一部青…

…即死

B

58　昭和十一年　職業野球始まる

松井弘の昭和十（一九三五）年のスクラップ帳に、「第三回東海地区中等學校野球大會　岡崎中學優勝」の記事（写真A）を見つけた。「凱旋湧く／岡中優勝の日／1A―0強豪享栄をほふりて／全東海中等校球界を制圧／ファン熱狂し祝杯もたからかに／昨（八月）二十七日の鳴海球場はさながら岡中ファンのるつぼと化した、この日岡崎地方より応援軍無慮一万と謂はれ／この一戦こそと物凄いまでの三段調応援に一球一打のかぎりをつくし遂（ついに）は我岡崎中學チームは優勝したのである」と。松井も鳴海球場へ駆け付けた。大会入場券と自身が点けたスコアー表（写真B）が一緒に残っている。

翌十一年の二月九日には、その鳴海球場で日本初のプロ野球（当時は職業野球）の公式戦試合がおこなわれた。東京巨人軍（現巨人）対名古屋金鯱軍（現中日）で、10対3で名古屋が勝利した。「二・二六事件」の十七日前のことであった。

未曽有な「事件」があり、職業野球が開幕できるのかファンでなくともやきもきしたに違いない。四月になって待ちに待った職業野球の春のリーグ戦の日程が遂に発表された。「名古屋軍と金鯱軍七月鳴海原頭に見ゆ／職業野球／争覇戦の番組決まる」とのパンフレット（新愛知新聞社内野球協会事務局発行）が松井の帳に貼ってあった。参加チームは、大東京軍、東京セネタース、東京巨人軍、大阪タイガース、名古屋軍、金鯱軍、阪急軍の七チーム。五月に東京、名古屋、大阪でトーナメント戦、七月からは、甲子園、大宮、鳴海、宝塚、横浜の五球場でリーグ戦がおこなわれる予定という。

このパンフレットの表紙には「名古屋軍応援歌」が印刷されていた（写真C）。応援歌は、「1投げよ剛速／打てよ堅棒／いざ勝てよ／われらの名古屋軍／2飛ぶや青空／球は高し／走れホームへ／われらが名古屋軍」と「1打てよ打て打て本塁打／輝くけふの栄冠を／目ざして打てよ／名古屋軍／2走れ走れよ／わがランナー／輝くけふの栄冠を／目ざして走れ／名古屋軍」の二曲である。

松井のことだから観戦に出かけたのではないか…、案の定、鳴海球場の入場券が帳に貼ってあった。大好きな野球を球場で観戦できる「平和」を、松井は改めて感じたに違いない。

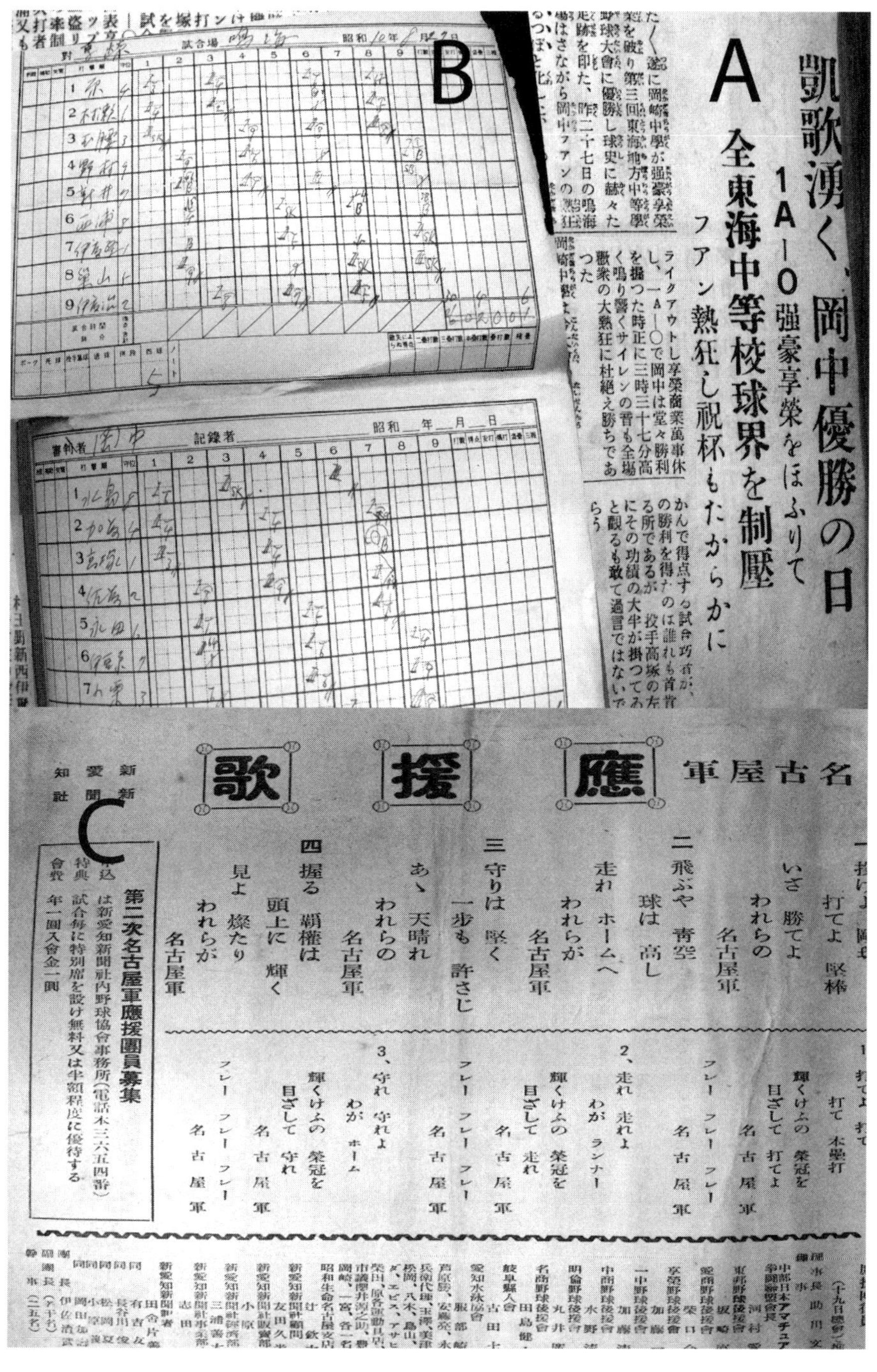

A

凱歌湧く、岡中優勝の日

1A—0強豪享榮をほふりて

全東海中等校球界を制壓

ファン熱狂し祝杯もたからかに

たく遂に岡崎中學が強豪享榮を破り第三回東海地方中等野球大會に優勝し球史に赫々たる足跡を印た、昨二十七日の鳴海球場はさながら岡中ファンの熱狂…

…ライクアウトし享榮商業萬事休し、一A—〇で岡中は堂々勝利を握つた時正に三時三十七分高く鳴り響くサイレンの音も全場歡樂の大熱狂に杜絶え勝ちであつた

岡崎中學…

かんで得点する試合巧者が、の勝利を得たのは誰れも首肯る所であるが投手高塚の左にその功績の大半が掛つてみと観るも敢て過言ではないであらう

B

試合場 鳴海　昭和10年8月27日

C

名古屋軍應援歌

新愛知新聞社

一
…打てよ 堅棒
いざ 勝てよ
われらの
名古屋軍

二
飛ぶや 青空
球は 高し
走れ ホームへ
われらが
名古屋軍

三
守りは 堅く
一歩も 許さじ
あゝ 天晴れ
われらの
名古屋軍

四
握る 覇権は
頭上に 輝く
見よ 燦たり
われらが
名古屋軍

1、…打て 本壘打
輝くけふの 榮冠を
目ざして 打てよ
名古屋軍
フレー フレー フレー
名古屋軍

2、走れ 走れよ
わが ランナー
輝くけふの 榮冠を
目ざして 走れ
名古屋軍
フレー フレー フレー
名古屋軍

3、守れ 守れよ
わが ホーム
輝くけふの 榮冠を
目ざして 守れ
名古屋軍
フレー フレー フレー
名古屋軍

第二次名古屋軍應援團員募集

申込 は新愛知新聞社内野球協會事務所(電話本三六五四番)
特典 試合毎に特別席を設け無料又は半額程度に優待する
會費 年一圓入會金一圓

59　昭和十一年　浄瑠璃姫フェスティバル

昭和十一（一九三六）年の春、全国の眼が岡崎市へ集まった。松井弘のスクラップ帳にその記事（写真A）がある。「浄瑠璃姫の墓改修／津太夫も一肌／一門を引具し岡崎で出演／入場料全部を提供」の見出しに、「古典藝術義太夫界の最高峰を行く文楽座の紋下が前例のない劇場で無報酬の出演をなし入場料の全額寄付を申出たといふ近来珍らしい藝界ニュース」というものである。

文楽座は大阪にあった人形浄瑠璃の劇場で、古典芸能の殿堂。そのスーパースターである竹本津太夫一門が、一地方都市にすぎない岡崎で公演し、その入場料の全てを寄付するというのだから世間は驚いた。記事によると、岡崎市で「浄瑠璃伝説上重要な地位を占めている浄瑠璃姫の墓が發見された」ことがきっかけらしい。

姫の墓（写真B）の発見は大正期の国道一号線拡張工事の時である。浄瑠璃姫の墓かどうかは別にして古い様式のものであったようだ。発掘調査の指導は池上年（当時岡崎商業学校教師、後に石造美術研究所所長）と石田茂作（当時岡崎師範学校教師、後に奈良国立博物館館長）。墓の保存運動は稲垣豆人（当時岡崎瓦斯勤務）が中心となったことは、以前にも書いた（本書32話）。池上も石田も稲垣も、松井たち岡崎趣味会の仲間である。

岡崎趣味会が中心となった浄瑠璃姫墓の保存運動は全国に注目され、夢の津太夫公演となった。岡崎市も動いた。記事は「姫の六百七十年忌／五月三日がその忌日／岡崎市では遠忌祭を執行する計画をたて」と、さらに「…一方市当局でも全市をあげてこの發見を記念するため来月一日から七日間諸種の催しを行ひ、右姫の霊を慰めることになってゐる」という。遠忌祭の計画とは、文楽座の出演、東海六都市素人太夫競演の浄瑠璃大会、浄瑠璃姫の遺品展覧会、研究者愛好家を集めた姫を語る夕の開催であった。まさに浄瑠璃姫フェスティバルである。

さて、竹本津太夫の公演は四月二十五日に岡崎劇場でおこなわれた。「浄瑠璃姫遺跡玉垣献納／竹本津太夫　鶴澤綱造一行／當ル四月廿五日岡崎劇場／座談会二十四日岡崎公園巽閣／主催浄曲十二日會」との新聞広告（写真C）が帳に貼ってあった。このとき献納された玉垣は現在も残る。

A

浄瑠璃姫の墓改修
津太夫も一肌
一門を引具し岡崎で出演
入場料全部を提供

古典藝術義太夫界の最高峰を行く文樂座の紋下が助演のない劇場で無報酬の出演をなし入場料の全額を申出たといふ近來珍らしい藝界ニ

寄附

ース――岡崎市でこのほど偶然も浄瑠璃傳説上重要な地位を占めてゐる浄瑠璃姫――有名な小野お通がその姫の事蹟を十二段に分けて語つたのが、すなはち現在の浄瑠璃の誕生であるといふ――の墓が發見され、關係者を驚かせる一方市當局でも全市をあげてこの

發見

を記念するため來月一日から七日間諸種の催しを行ひ、右姫の靈を慰めることになつてゐる

これを聞きこんだのが現存する浄瑠璃界でも最古の歴史をほこる義太夫界の至寶竹本津太夫、その發見や催しを我事のやうによろこび數日前十二日から興行中の神戸松竹劇場を打揚げ後、相三味線の綱造その他一門を率ゐてこの二十五日岡崎劇場へ出演、その入場料をあげて全部同市當局が計畫してゐる浄瑠璃姫の墓の改修費、慰靈費などに充つることを菅野同市長宛に申送つたのであつた

同市長も大喜びで早速鄭重な禮状を十二日寄越したので津太夫も子供のやうに今から

出演

の日を指折り數へて待つてゐる有様である、神戸松竹劇場で津太夫師は右につき

竹本津太夫さん

「私はなんでも浄瑠璃に由縁のある人のお墓へお詣りするのが樂しみですが特に今度はわれ／＼にとつてもほかならぬ方ですのでこんなことを思ひ立つた次第です、何も褒めていたゞくほどでもごはりません」と謙遜して語つてゐた（神戸）

岡崎市で記念催し
姫の六百七十年忌

奥州への旅を急ぐ慌々しくも逞ましい美少年牛若丸と一夜の契りを

C

浄瑠璃姫遺跡玉垣献納

大阪文樂座付浄瑠璃

竹本津太夫一行
鶴澤綱造

◇會員券金壹圓（市内各所にて發賣）

當ル四月廿五日午后四時開演　岡崎劇場

竹本津太夫師を迎え

浄瑠璃姫を偲ぶ座談會

會費　金二十錢

會員券發賣所　康生みどりや　魚町青木棟二

日時　二十四日午后六時

會場　岡崎公園巽閣

主催　浄曲十二日會

60　昭和十一年　モダン岡崎へ

松井弘の昭和十一（一九三六）年のスクラップ帳に「墓地を貫いて延びる心臓路線　躍進岡崎の建設風景」との見出し記事（写真A）が貼ってある。名鉄東岡崎駅前の明代橋から北へ延びる「モダン通り」の工事の様子である。記事は「近代文化のメスは寺院の墓地をきり拓き／たちまちにして舗道を完成してゆく―岡崎市都市計画明代橋線はメイン街を貫く心臓路線として竣工を待望されているが…（略）…明春三月には岡崎市随一のベーヴメントが颯爽（さっそう）と出現することゝなった」という。その最も難工事が善立寺（祐金町）の墓地の整理であったらしい。

「モダン通り」の語源を、『うめぞの風土記』は舗装道路と柳の街路樹であるとしている。記事にも「舗道」や「随一のベーヴメント（ペーブメント、石やレンガで舗装した道）」とあり、舗装道路＝「モダン」は間違いないだろう。また明代橋もそのデザインがモダンだと当時の記事にある。

本町通では、同年十二月に高橋洋品店の新館が開店した（写真B）。「偉容堂々として　けふ華やかにタカハシ新館店開き　岡崎商店街に一刺激」の記事が残る。「建築美の乏しい岡崎市においては…（略）…豪壮なる三階建市内随一の高層建築の出現で、漸く市民の翹望（ぎょうぼう）達せられた」という。翹望（ぎょうぼう）とは待望のこと。店内には喫茶店や食堂を設け、開店セールの期間には東京マネキン嬢十数名の実演もあった。遂に岡崎にデパートが出現したのである。松井は「高橋氏のお店堂々と成る　岡崎一　続くものなし」と帳に記している。

モダン・岡崎の三つ目は「観光都市岡崎」作りである。この年の春公園に「東照公遺訓碑」が完成し、家康公生誕地として「観光都市岡崎」を全国に売り出そうとしていた。松井の帳に、商工会議所と観光協会の「岡崎の観光施設計画」の記事が残っている。「天守閣を再建　家康公銅像、博物館も建つ」というもの。来春名古屋市で開催予定の「汎太平洋平和博覧会」を訪れる客も呼び込もうというほどの勢いだった。昭和十二年の岡崎の観光ポスターは「史都岡崎へ」（写真C）。しかし、この計画は戦時体制に傾いてゆく時世では難しく、その実現は戦後に持ち越されることになる。

A

墓地を貫いて延びる心臓路線

躍進岡崎の建設風景

近代文化のメスは寺院の墓地をきり拓きたちまちにして鋪道を完成してゆく―岡崎市都市計畫明代橋線はメイン街を貫く心臓路線として竣工を待望されてゐるが新國道と傳馬町間（延長二百四十三米、幅員十九米）は善立寺墓地が同路線工事にひつかゝり難工事として注目されてゐたが今回やうやく六本の老松も伐り倒し墓地整理も殆ど終了をみたので明春三月には岡崎市随一のペーヴメントが颯爽と出現することゝなつた＝寫眞は善立寺切りぬき工事で躍進都の一断面風景で

B

期間中御買上げのお方様に記念品贈呈

新舘落成記念 福引大賣出し

十二月一日ヨリ七日迄 七日間

記念品呈上

躍進！躍進！大躍進!!!

新装成る!!

記念大福引大景品

洋品百貨 タカハシ

岡崎本町

C

〃春は岡崎へ〃姉妹篇

岡崎市ならびに岡崎観光協會では先に本紙……「春は岡崎へ」の姉妹篇として櫻の岡崎とならび……岡崎の宣傳ポスターを力作中のところ六日出來上つたが同ポスターは……〃史都岡崎へ〃の標語を掲げたもので家康公誕生の古都宣傳には理想的な出來栄え……絶讃を浴びてゐる＝寫眞がそれ

61 昭和十二年　素人写真の時代

松井弘の昭和十二（一九三七）年新春のスクラップ帳には、例年通りずらりと年賀状が貼ってある。なかに家族をドキュメンタリー風に撮影したもの（写真A）があり、そのレベルの高さに感心した。この年、松井に届いた年賀状百六枚のうち実に十一枚が写真を印刷したものであった。一割強が写真年賀状とは…、この頃いかに素人写真が流行していたかを物語っている。

写真流行の背景には「グラフ誌」の影響があるのだろう。八年の『アサヒグラフ』創刊を皮切りに、『満洲グラフ』『NIPPON』『寫眞週報』などが相次いで発刊された。有名な『LIFE』の創刊もこの頃であった。しかし一般の人々には、宣伝のために配布されるPR誌の方がより身近であり、影響も大きかったと思われる。松井の帳に『マツサカヤ』（松坂屋、写真B）や『名鉄グラフ』（国鐵名古屋鐵道局）が何冊も残されている。前者は四年の創刊で『アサヒグラフ』よりも早い。写真を媒体にして、人々の「見たい」「買いたい」「行きたい」という欲望を高めた。

大正期には素人の写真クラブも登場していたようだ。松井の大正十（一九二一）年の帳に「岡崎地方では趣味寫眞が流行　カメラクラブが幾つも出来て　各自天狗の鼻くらべ」との記事が残っていた。記事には、趣味写真は大正九年頃から盛んになり、岡崎カメラ倶楽部（伝馬町）、龍城カメラ会（康生町）のほか、二中、商業学校の生徒間や小学校職員に素人グループができていたとある。

昭和十二年の春、岡崎公園で撮影会がおこなわれた。「早春の岡崎公園を撮す會」のチラシ（写真C）に「とき三月十四日（日曜）／ところ岡崎公園　受付 岡崎公園巽閣横賣店／モデル 美人数名（名古屋より）／主催 岡崎寫眞材料商組合」とある。岡崎での大規模な撮影会はこれが最初であろう。それに合わせたのか、岡崎公園内の岡崎市立図書館では「大阪丹平寫眞クラブ作品展」が開催された。この写真クラブは全国的にも有名で、チラシに「本邦寫壇の最先端をゆく最も前衛的な寫眞團体として汎く寫眞人の間に知られてをります」と。この年、岡崎の春は「花より写真」であった。

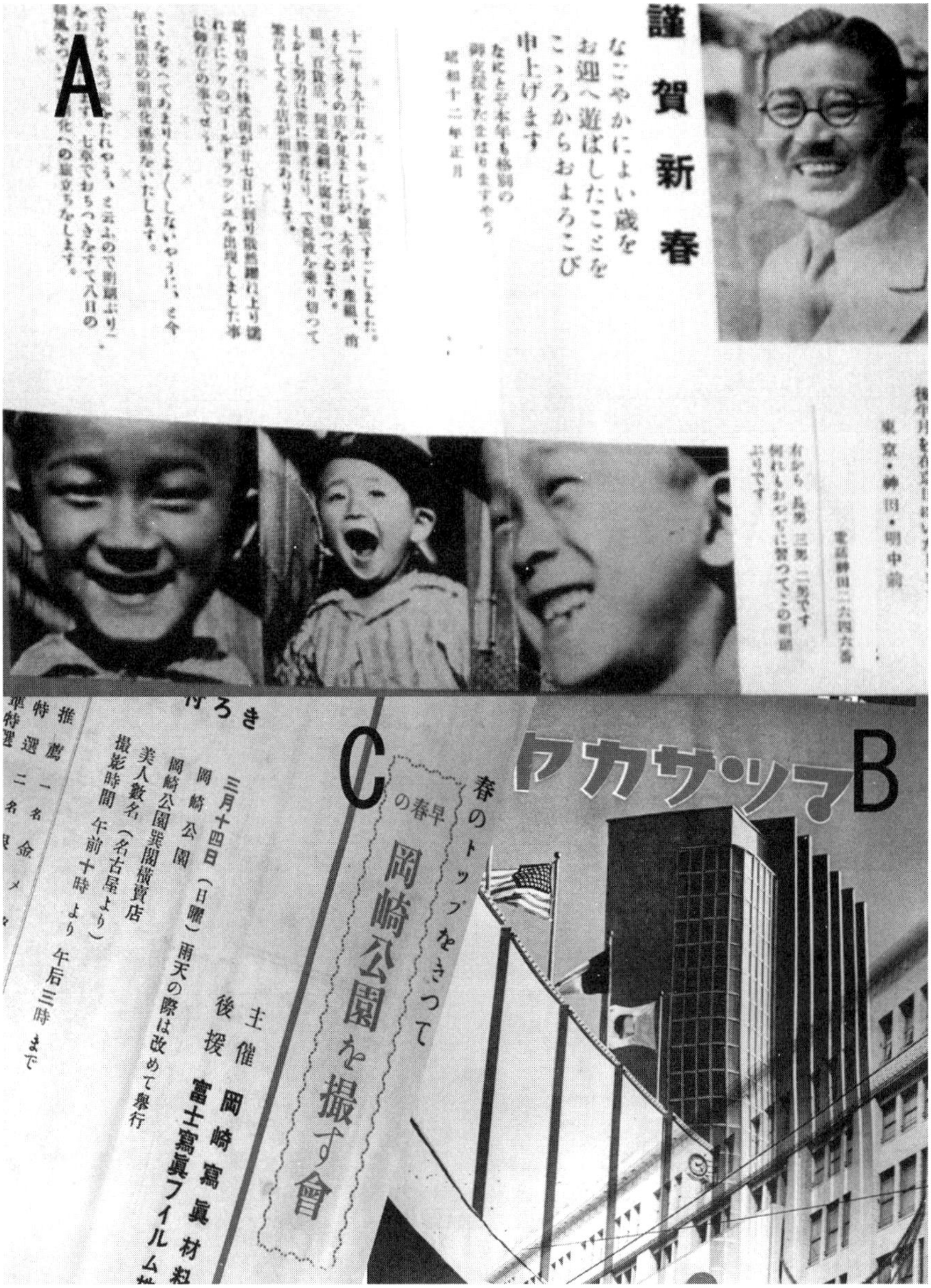

A

謹賀新春

なごやかによい歳をお迎へ遊ばしたことをこゝろからおよろこび申上げます

なにとぞ本年も格別の御支援をたまはりますやう

昭和十二年正月

東京・神田・明中前

電話神田二六四六番

右から 長男 三男 二男です 何れもおやぢに習つてこの朝顔ぶりです

C

春のトップをきつて

早春の

岡崎公園を撮す會

三月十四日（日曜）雨天の際は改めて擧行

岡崎公園

岡崎公園巽閣横賣店

美人數名（名古屋より）

撮影時間 午前十時より 午后三時まで

主催 岡崎寫眞材料

後援 富士寫眞フイルム

推薦 一名

特選 二名

B

マツザカヤ

62 昭和十二年 郷土玩具復興

松井弘の昭和十二（一九三七）年のスクラップ帳に、「破魔矢神馬など土俗玩具を復興／趣味の同人中心となり／八十年振に世に出す」との記事（写真A）があった。「土俗玩具」とは郷土玩具のこと。岡崎地方にも郷土玩具があったのだろうか？

「郷土玩具の復興…（略）…往時制作されたる土俗的なものはいまや全く跡を絶つに至ったのを遺憾とし…（略）…岡崎趣味泉社の同人連は之が復興を志し今春四月ごろから一斉に製作全國の玩具界に乗り出すこととなり目下土俗趣味の大家稲垣豆人氏を顧問格として研究をつづけてゐる」という。この頃郷土玩具の全国的な流行があり、デパートでもしばしば展示会がおこなわれた。

松井の仲間である岡崎趣味会が中心になって復興させようとしたのは、矢作町の「竹細工」羽根町の「練物細工」に加え新たに「破魔矢神馬」「五色馬」岩津町の「犬張子」であった。もちろん「観光土産」を視野に入れてのことである。

そんな矢先に「大発見」があった。矢作町光明寺の「祈願天神」である。記事に「寳物庫の櫃底から古色蒼然たる高さ三寸余りの天神さまの木像が転がり出た。同像には享保十二年の銘あり〝祈願天神〟といって参拝者が神社から戴いてゐたものらしく」とある。さらにこの像は徳川家始祖の松平親氏自作とも伝えられる。さっそく松井の仲間・鈴木文吉がこれを模して郷土玩具として世に出したいとの運動を始めた（写真B）。

それに併せて徳川天満宮顕彰会が発足した。松井の帳にその「会則」と「趣意書」が残る。顕彰会の会長は原田常三郎、会計徳倉太郎吉。同時に光明寺の文化財調査もおこなわれた。その指導に当たったのは岡崎市立図書館長・柴田顕正。記事には「開かずの扉まで悉く開いて調査」とある。その結果、徳川天神、砥石観音、裸体地蔵、千手観音が発見されたという。砥石観音とは坂上田村麿が東征の折、この地で矢を研ぐとその矢の根石に観音様が現われ、その姿を砥石に刻んだものとされる。松井の帳に残っている拓本（写真C）がそれではないだろうか。

徳川天満宮祈願天神は岡崎の郷土玩具として、みどりやでも販売された。松井は「みどりやにて売ることにした。弗々売れる」と記している。

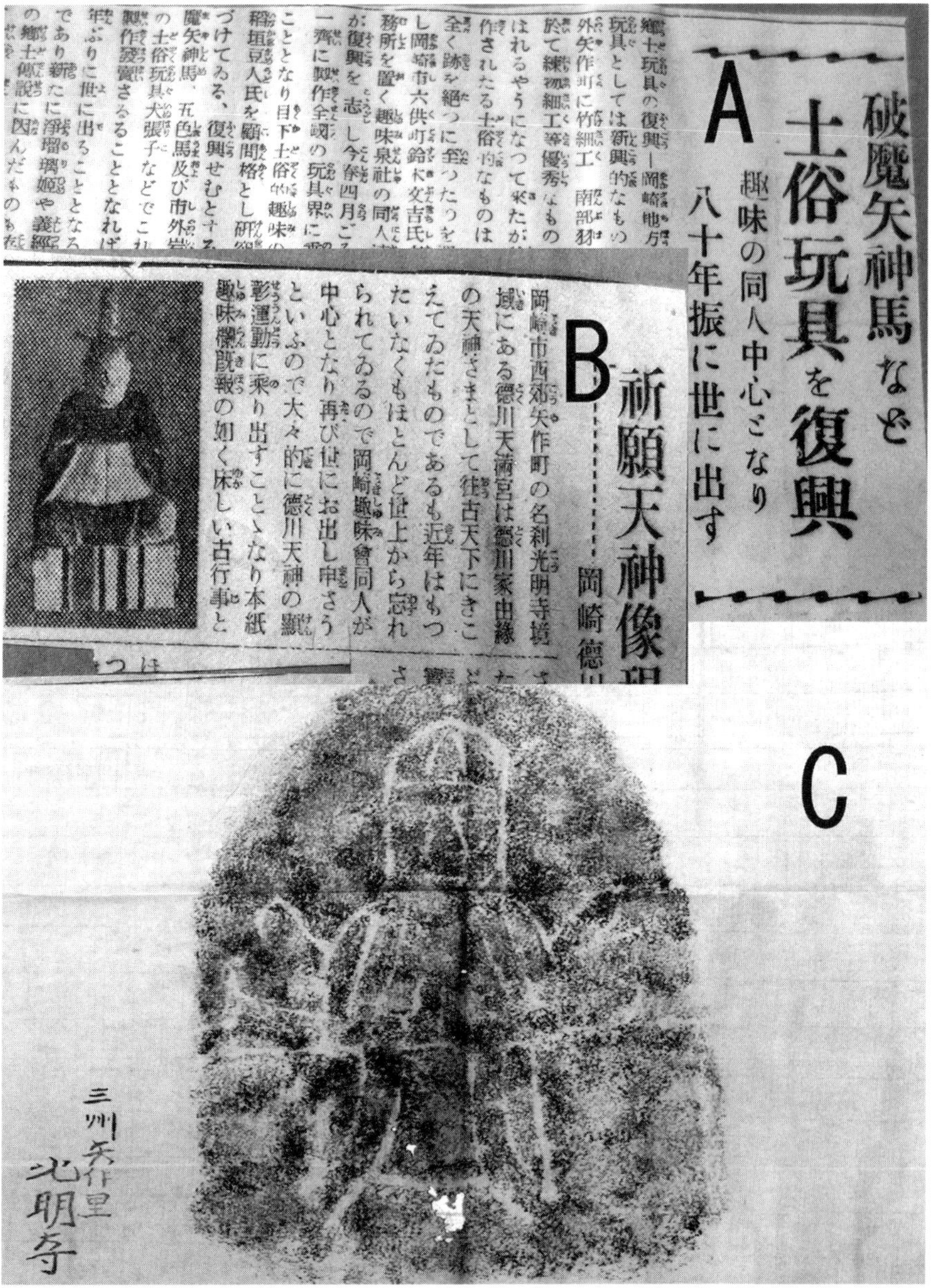

A

破魔矢神馬など 土俗玩具を復興

趣味の同人中心となり 八十年振に世に出す

郷土玩具の復興―岡崎地方の玩具としては新興的なもの外矢作町に竹細工 南部に於て練物細工等優秀なもの作されたる土俗的なものははれるやうになつて來たが全く跡を絶つに至つたのをし岡崎市六供町鈴木交吉氏務所を置く趣味泉社の同人が復興を志し今春四月ごろ一齊に製作全國の玩具界にこととなり目下土俗的趣味の稲垣豆人氏を顧問格とし研究づけてゐる、復興せむとする魔矢神馬、五色馬及び市外の土俗玩具犬張子などでこれ製作發賣さるることとなれば年ぶりに世に出ることとなるであり新たに淨瑠璃姫や義經の郷土傳説に因んだもの

B

祈願天神像現

岡崎德川

岡崎市西郊矢作町の名刹光明寺境域にある德川天満宮は德川家由縁の天神さまとして往古天下にきこえてゐたものであるも近年はもつたいなくもほとんど世上から忘れられてゐるので岡崎趣味會同人が中心となり再び世にお出し申さうといふので大々的に德川天神の顯彰運動に乗り出すこととなり本紙趣味欄既報の如く床しい古行事と

C

63 昭和十二年　神風號の世界記録

　松井弘の昭和十二（一九三七）年のスクラップ帳に「亞欧連絡記録大飛行／翔破の経路の地図」と題した記事（写真A）が貼ってある。「東京（四月）六日前二時十二分四秒發　台北　ハノイ　ヴィヤンチァン　カルカッタ／七日　カラチ　バスラ　バクダッド　アテネ　パリ　ロンドンに九日後十時三十四分着／十日前零時卅分着」と記されている。朝日新聞社の「神風號」という飛行機が、日本―ロンドン間を94時間17分56秒の世界記録（最短時間）で連絡飛行したというものである。神風號は三菱重工業名古屋航空機製作所と中島飛行機製作所製の純国産機。操縦士、機関士も日本人のみ。世界中に日本の航空技術の高さを示す快挙であった。

「狭霧ながるる倫敦の／夕の空にこだまして／歓呼のうちに舞い下りし／その雄翼を想ふかな蒼穹の金字塔」。西條八十作「蒼穹の金字塔」である。松井も嬉しかったに違いない。「神風世界記録を樹立す」と記している。

　松井は飛行機に関する記事もたくさん残している。昭和四年ツェッペリン号霞ヶ浦飛来。七年の東京―大阪間での定期旅客輸送飛行の開始などなど。その中に「銀翼を連ねて飛来／なつかしの岡崎市上空を悠々郷土訪問す／県立岡中出身の二人の若きパイロットが翼を連ねて晴の郷土訪問飛行をなす」というローカルな記事があった（写真B）。昭和九年のもの。清水清一郎と成田稔という二人の青年が二等操縦士試験にパスし、アプロ機（複葉機）で岡崎上空に旋回飛行を見せたという。記事によれば清水は康生町の米穀店の生まれで、松井は「清水の坊ちゃんはよく知っている」と記している。松井の甥っ子・松井謙も十一年に浜松高等工業学校の航空機科に入学し、卒業後パイロットになっている。日本にも飛行機の時代が来ていた。

　この年、日本アルプスを飛ぶ飛行機を図案にした寄付金付き切手が売り出された。松井は愛国婦人会と「航空バッヂ」を販売した。「一人で数台買込む　航空バッヂ大人気」との記事（写真C）が残っている。その売り上げは軍用機の献納金となった。

　人々の大空への夢とロマンは、いつの間にか「軍用機献納運動」へと変わっていった。

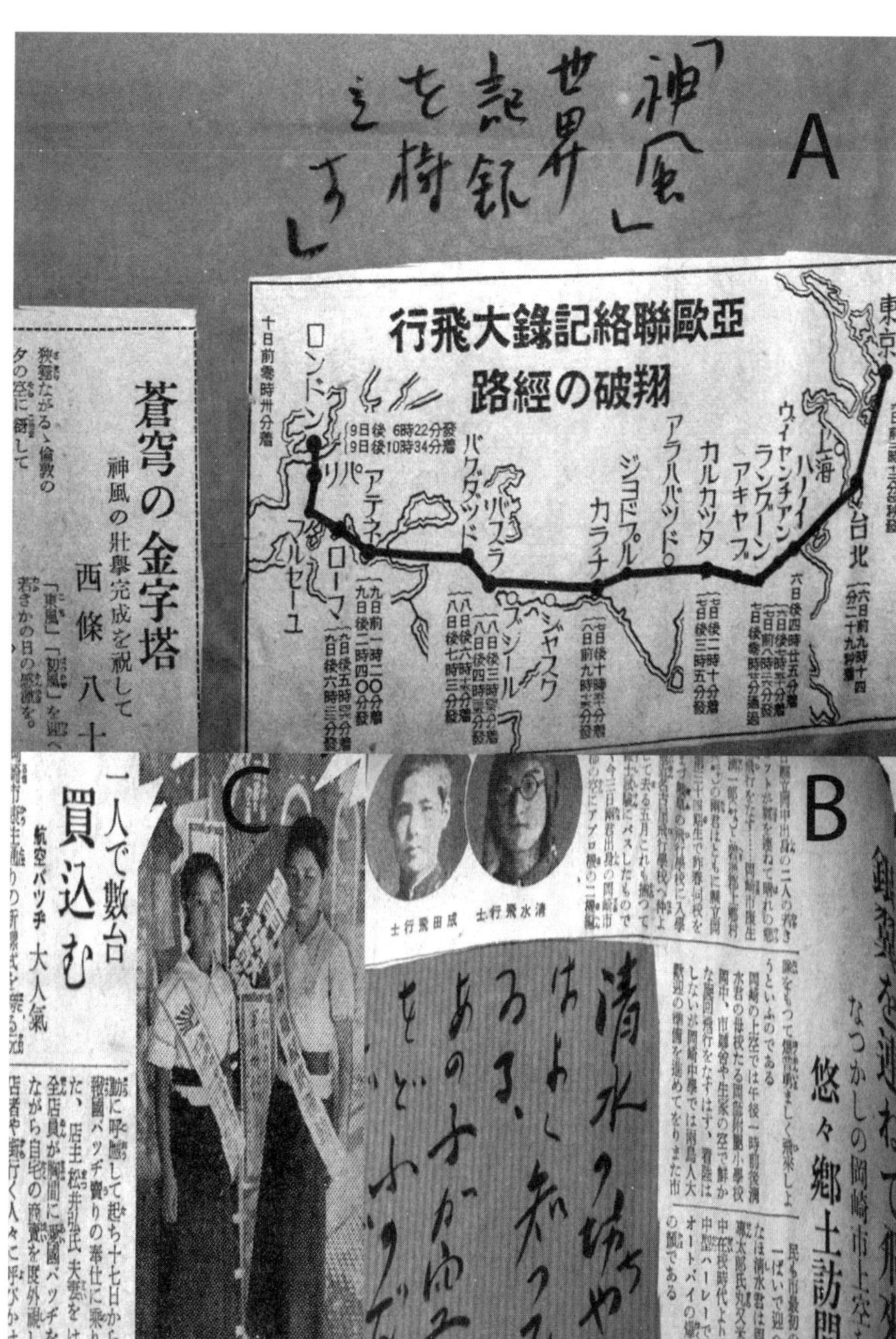

A

「神風」世界記録を樹立す

亜欧聯絡記録大飛行
翔破の經路

東京 六日前三時十二分卅秒發
台北（六日前九時十四分二十九秒着）
上海
ハノイ
ヴイヤンチアン
ラングーン
アキャブ
カルカッタ
アラハバッド
ジョドプル
カラチ
ジャスク
ブシール
バスラ
バグダッド
アテネ
ローマ
マルセーユ
パリ
ロンドン 十日前零時卅分着
9日後6時22分發
9日後10時34分着

蒼穹の金字塔
神風の壯擧完成を祝して
西條八十

B

郷土訪問す
なつかしの岡崎市上空を
悠々郷土訪問す

うといふのである
岡崎の上空では午後一時前後清水君の母校たる岡師附屬小學校附近、市役所や生家の空で鮮かな旋回飛行をなすはず、着陸はしないが岡崎中學では兩鳥人大歡迎の準備を進めてをりまた市民も市最初の訪問飛行一ぱいで迎へるはず
なほ清水君は岡崎商工會中型ハーレーでいやし腕オートバイの爆音では市民の的である

清水飛行士　成田飛行士

清水の坊ちゃんはよく知ってる子、あの子が空をとぶのだ

C

一人で數台買込む
航空バツチ大人氣

岡崎市…
…に呼應して起ち十七日から航空報國バッチ賣りの奉仕に乘り出した、店主松井弘氏夫妻をはじめ全店員が胸間に愛國バッチを掲げながら自宅の商賣を度外視して來店者や道行く人々に呼びかければ

64 昭和十二年　女性の時代へ

昭和十二（一九三七）年、みどりや主人・松井弘は四十七歳。愛娘のみどりさんは岡崎市立高等女学校を卒業する。卒業を控えた二月、『新愛知新聞』では「雛鳩の巣立ち」と題する記事を掲載した。三河地方の高等女学校五校の卒業生のなかで特色ある生徒を紹介するというもので、みどりさんもその一人に選ばれた。もちろん松井のスクラップ帳に残っている（写真B）。

一人目は新城高女卓球部主将の後藤文子さん。二人目は豊橋高女の競技部選手の渥美嬢。全国でも有名なスプリンター。三人目が岡崎高女のみどりさん。そして四人目の刈谷高女の森睦枝さんはバスケットボールのトップ選手で、「身長五尺四寸七分（約一六七センチ）と男子をも圧する体躯」と紹介されている。五人目は安城高女の独唱の石原嬢。その歌声の美しさは音楽教師の折り紙付きという。

さて、みどりさんは「…近代女性の典型的明朗麗人だ　水泳を抜きんでた特技としてをり、昨夏には観海流初段が充許されてゐる　お河童麗人だが、その趣味は頗る多岐に亘ってゐる…」と。卒業後は専門教育を受けるため「学園生活をつづける喜びを語ってゐる」と記事は締めくくっている。

昭和初期、事務員、教師、看護婦、百貨店店員など「働く女性」の社会進出が注目を浴びるようになった。映画の世界でも、それまでは脇役扱いだった女性が主役となった。松井の帳に日独合作映画『新しき土』のチラシ（写真A）が残されている。主演を務めた原節子は女学校を出たばかりの少女だった。その美しさは日本の伝統と近代性を併せ持つと世界の注目を浴びた。チラシは岡崎常盤館のもの。「卅一日封切　四月七日まで八日間上映」されたようだ。

それから半年、松井の帳は「岡崎地方／街に女性の銃後活動／女性群の愛國運動に更く」「満洲事變記念日の十八日から慰問金の募集にバザーを開く」「愛国の花をお召しください」などといった記事（写真C）で溢れる。全新聞社が愛国婦人会の市井での活動を記事にした。記事中に「インテリ女性を以て組織してゐる友の会は奉公の一端を尽さんと…」とある。新時代の女性達の活躍は「銃後」の活動へ捻じ曲げられてゆく。

A
映画街の注視を蒐め
し劃期的映画遂に上映
新しき土
原節子
小杉勇
早川雪洲
ルート・エヴェラー
市川春代
高木永二
英百合子
アーノルド・ファンク博士監督
MITSUKO DIE NEUE ERDE
外務省
文部省 御後援
鐵道省
非常時映画読本初版
蘇聯邦の軍備
「何誰も必ず御覧下さい」
卅一日封切
常盤館
花嫁
C
昨日の滿洲事變記念日
女性群の愛國運動に更く
野に若人ら練武
街に女性の銃後活動
きのふ滿洲事變記念日
岡崎地方
多技多才の明朗麗人
水泳に・ピアノに・登山に
更に上級學校へ進みたい
雛鳩の巣
B

65 昭和十二年 『名鉄グラフ』と「観光都市」

松井弘は『名鉄グラフ』を愛読していたらしく、昭和十二（一九三七）年のスクラップ帳に何冊も残されている。このグラフ誌は前年の五月に創刊され、毎月会員に頒布されていた。

その十二年三月号（写真A）を開くと、「観光都市紹介　常春の街静岡市」の記事（写真B）がある。「常春の街静岡／いつも明るく暖かい表日本の都會を象徴してゐる様な静岡／一人旅に與へる静岡の街と人の印象は、その名のやうにおつとりとお上品です」と。さらに「臨済寺の閑寂な名庭の風致、徳川家康の居室、文献や寶物の数々…（略）…浅間神社安倍川餅の茶店、プロムナード七間町通、呉服町通、駅前、喫茶店、流行の粋なおでんや」と旅心を誘う。

「観光都市」とはこの頃の流行りだったようだ。従来の名所旧跡巡りだけでなく都市生活を楽しもうというもの。電車やタクシーに乗り、繁華街や百貨店で買い物をし、名物を食べるという新スタイルの「観光」である。その先端は大阪市だった。大正末から『大阪獨案内』『大大阪御案内』などのガイドブックを相次いで刊行し「観光都市・大阪」を全国にアピールした（橋爪紳也『大大阪モダニズム遊覧』）。東京は昭和四年に『新版大東京案内』（ちくま学芸文庫で復刻）を、名古屋市も七年に『百万★名古屋』（島洋之助編）を刊行した。鉄道省国際観光局もこうした「観光都市」ブームを後押しし、大阪中之島で「観光祭」を開催している。我が岡崎市も『産業と観光の岡崎市とその附近』（岡崎観光協會）を刊行したが、残念ながら大都市に対抗できるものではなかった。

帳には「名古屋汎太平洋平和博覧會」の紹介もある。期日は十二年の三月十五日から五月三十一日まで。「名古屋港の北方地帯十五萬余坪の地域に於て催される」とある。現在の港区港明、港楽の一帯である。会場地図によれば、本館のほか、名古屋館、貿易館、外国館、近代科学館、電気館、航空館、國防館、観光館、などなど二十六のパビリオンが並び建ったようだ。ちなみに観光館の中には「観光街」と「商店街」も設置されるとある。

さっそく松井は平和博覧会に出かけたのだろう。その入場券と絵葉書（写真C）が残っている。

名古屋汎太平洋平和博覧會
THE PAN-PACIFIC PEACE EXHIBITION NAGOYA
昭和十二年
自三月十五日
至五月卅一日
C
名鉄グラフ
A
3
名古屋鐵道局
常春の街
静岡市
観光都市紹介（三）
B
春雨にぬれた街の

66 昭和十二年　支那事変起こる

昭和十二（一九三七）年七月七日、その後八年間におよぶ日中戦争の発端となった「盧溝橋事件」が勃発した。松井弘のスクラップ帳にその号外が残されている（写真A）。

7／11付「我が軍撃退するも支那、執拗に逆襲／戦闘遂に今朝に及ぶ」。松井も、小競り合い程度の戦闘と思ったのだろう。何の感想もなくこの号外を貼っている。二週間後の7／28付号外は「北支正に發火点／宋に最後通告／今暁零時、香月司令官に代り／松井機関長が厳談」。この時点では中華民国軍の宗哲元が陳謝し、治まるかに見えた。

その後、松井の帳には暑中見舞い、鳴海球場での中等学校野球大会愛知県予選のチケット、明代橋竣工を祝す記事などが貼られ、平安な日常が続いていた。しかし八月に入ると、日本陸軍は北平（現北京）、天津へ侵攻した。「驕慢支那／膺懲の自衛行動」との号外が残る。驕慢とはおごり高ぶること、膺懲はうちこらすこと、とある。

日本は自衛のため8／15付号外「杭州に再び爆撃敢行／南翔も襲ひ廿機爆破／暁に冒険の低空爆撃」をおこなった。

八月には岡崎市主催の「北支問題岡崎市民大會」が六地蔵町の寶来座で開催された。海軍中将の杉坂悌二郎閣下の時局に関する大講演会もあった。写真Bはそのチラシである。「北支問題」とは「支那事変」のことで、この時点では未だ「戦争」ではなく、あくまで「事変」であった。

九月五日には「聖旨を體し東亞平和確立へ」との号外（写真C）が発行された。聖旨とは、「天子のおぼしめし」とのこと。七日には東京オリンピック辞退の号外も出され、市民生活は戦時体制へと大きく舵を切ることになる。松井は「（岡崎市で）九月八日と十五日二回防空演習が行なわれた」と帳に記している。

その頃、戦死した山内達雄中尉の母親が海軍省に宛てた手紙が大きな話題になった。松井の帳に「これぞ軍國の母　御國の子としての敬虔なその教育方針」と大きな見出しの記事が残り、手紙の一部が掲載されている。確かに感動的な内容の手紙であり、つい涙する。しかし同時に「愛国の母」「軍国の母」を強要しようとする「世間の圧力」もひしひしと感ずる。

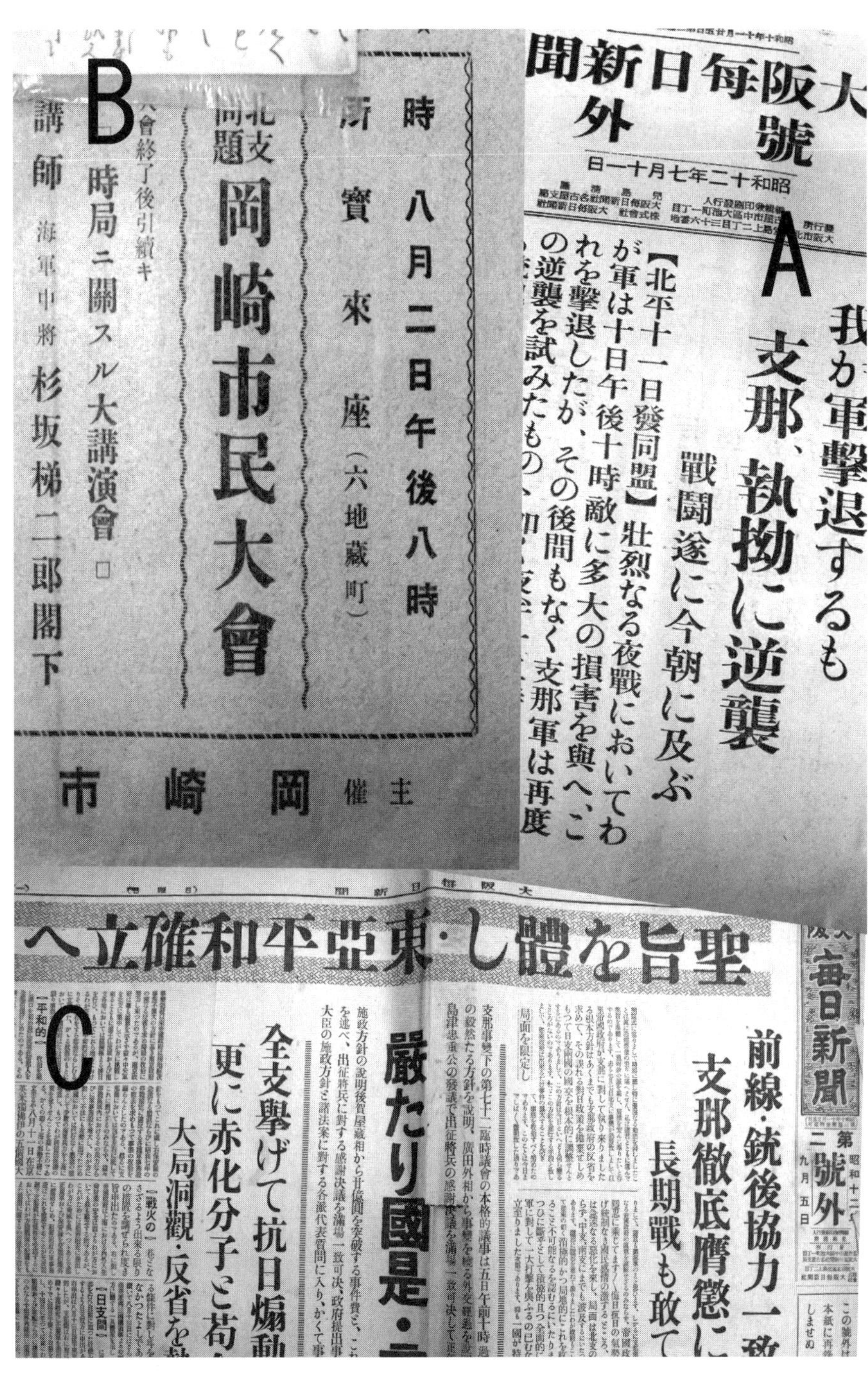

A

大阪毎日新聞 號外

昭和十二年七月十一日

我が軍撃退するも
支那、執拗に逆襲
戰鬪遂に今朝に及ぶ

【北平十一日發同盟】壯烈なる夜戰においてわが軍は十日午後十時敵に多大の損害を與へ、これを撃退したが、その後間もなく支那軍は再度の逆襲を試みたもの

B

北支問題 岡崎市民大會

時 八月二日午後八時

所 寶來座（六地藏町）

會終了後引續キ
時局ニ關スル大講演會

講師 海軍中將 杉坂悌二郎閣下

主催 岡崎市

C

聖旨を體し東亞平和確立へ

大阪毎日新聞 第二號外 昭和十二年九月五日

前線・銃後協力一致
支那徹底膺懲に
長期戰も敢て

嚴たり國是・

全支擧げて抗日煽動
更に赤化分子と苟
大局洞觀・反省を

支那事變下の第七十二臨時議會の本格的議事は五日午前十時
の毅然たる方針を説明、廣田外相から事變を繞る外交經過を
島津忠重公の發議で出征將兵の感謝決議を滿場一致可決して

施政方針の説明後賀屋藏相から北支事件費と、これ
を述べ、出征將兵に對する感謝決議を滿場一致可決、政府提出
大臣の施政方針と諸法案に對する各派代表質問に入り、かくて事

67　昭和十二年　支那事変と市民

松井弘は、昭和十二（一九三七）年の二冊目のスクラップ帳に近況を綴っている。

「健康を保持しつつ此の夏を送り新来の秋わが前に来る。世はあげて支那膺懲の軍の後援に功あり、勝たざる可からず、然して東亜を安定せざるべからず、大和民族古年の方針を志すべきの秋なり、子孫の為め今や国民総動員の秋来れるなり…（略）十月佳吉日」と。松井はリベラルで進歩的な人だが、アジア安定の為の戦争（聖戦）には肯定的だった。これが当時の〝ふつう〟の人々の気分であったのだろう。

岡崎市伝馬町の常盤館の「新皇軍之武運長久／非常時に鑑みニュース劇場開設／十月九日より十三日まで」のチラシが帳にある（写真A）。支那事変（日中戦争）から映画館も劇場もニュース上映の場であることを求められた。上映されたのは米国パラマウントニュース、東日大毎国際ニュース（上海戦線／北支戦線／支那側の戦線）、朝日世界ニュース「支那事變總輯版」。そのあと「特別番外上映映画」として『翼の世界』と『ペティのあはて者』（パラマウント社漫画）、科学文化映画『藍』が上映された。

同年九月、内閣は「國民精神総動員」を決定した。スローガンは「挙國一致　尽忠報國　堅忍持久」。それを受けて岡崎市でも「紀元二千五百九十七年　國民総動員強調週間」（写真C）が実施された。十月十三日の「時局認識日」に始まり、「将兵感謝日／資源愛護日／心身鍛錬日／國威宣揚日／勤労報國日／最低生活日」と、市民生活を時局（戦時体制）に合わせようというものである。

松坂屋のPR誌『マツサカヤ』の同年十一月号に松坂屋名古屋店で開催された「支那事変大展覧會」の宣伝（写真B）が掲載されている。「主催　大阪朝日新聞名古屋支社／後援　陸軍省、海軍省、第三師團／期日　連日盛況の所十一月七日迄／会場　七階会場並に屋上」。展覧会の内容は「陸軍特別御貸下鹵獲品展観／武勲を物語る戦死勇士遺品展観／上海空襲と敵前上陸、長城八達嶺の大パノラマからヂオラマ／トーチカ實物大模型（屋上）」とある。「鹵獲」とは敵の軍用品を奪い取ること。さらに屋上では、その「鹵獲した中国軍のカーチス・ホーク戦闘機」が展示された。

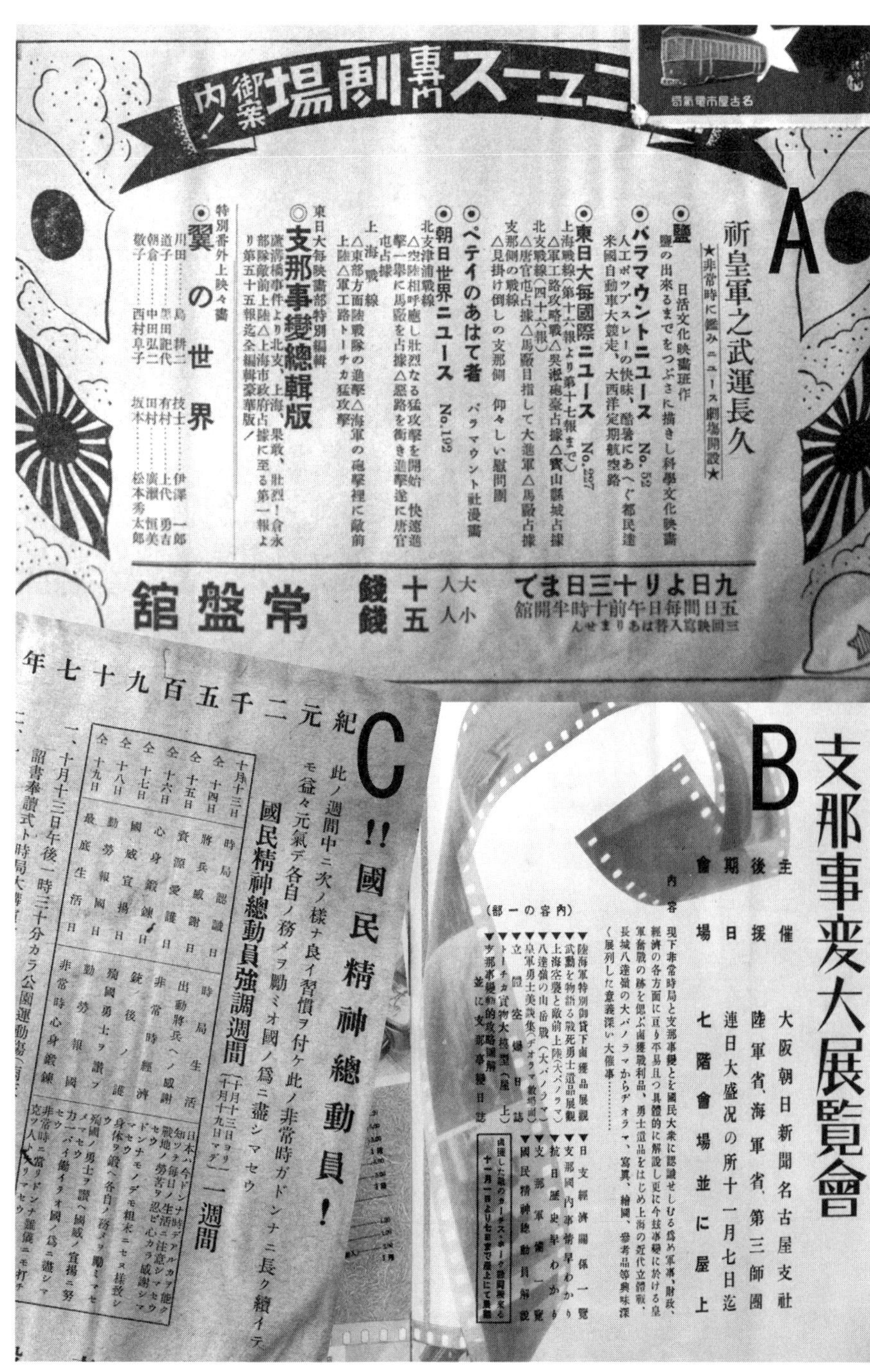
A
ニュース専門劇場御案内！
名古屋市電氣局
新皇軍之武運長久
★非常時に鑑みニュース劇場開設★
◉鹽
日活文化映畫班作
鹽の出來るまでをつぶさに描きし科學文化映畫
◉パラマウントニュース No.52
人工ボップスレーの快味、酷暑にあへぐ都民達
米國自動車大競走、大西洋定期航空路
◉東日大毎國際ニュース No.227
上海戰線（第十六報より第十七報まで）
△軍工路攻略戰△吳淞砲臺占據△寶山縣城占據
北支戰線（四十六報）
△唐官屯占據△馬厰目指して大進軍△馬厰占據
支那側の戰線
△見掛け倒しの支那側　仰々しい獄問圖
◉ペテイのあはて者　パラマウント社漫畫
◉朝日世界ニュース No.192
北支津浦戰線
△空陸相呼應し壯烈なる猛攻撃を開始　快速進擊一擧に馬厰を占據△惡路を衝き進擊遂に唐官屯占據
上海戰線
△東部方面陸戰隊の進擊△海軍の砲擊裡に敵前上陸△軍工路トーチカ猛攻擊
東日大毎映畫部特別編輯
◎支那事變總輯版
盧溝橋事件より北支、上海、果敢、壯烈！倉永部隊敵前上陸△上海市政府占據に至る第一報より第五十五報迄全編輯豪華版！
特別番外上映々畫
◉翼の世界
川田　島　耕二
道子　黑田記代
朝倉　中田弘二
敬子　西村阜子
技士　伊澤一郎
有村　上代勇吉
田村　廣瀨恒美
坂本　松本秀太郎
九日より十三日まで
五日間毎日午前十時半開館
三回映寫入替はありません
大人十錢
小人五錢
常盤館
B
支那事變大展覧會
主催　大阪朝日新聞名古屋支社
後援　陸軍省、海軍省、第三師團
期日　連日大盛況の所十一月七日迄
會場　七階會場並に屋上
内容　現下非常時局と支那事變とを國民大衆に認識せしむる爲め軍事、財政、經濟の各方面に亘り平易且つ具體的に解說し更に今抜事變に於ける皇軍奮戰の跡を偲ぶ鹵獲戰利品、勇士遺品をはじめ上海の近代立體戰、長城八達嶺の大パノラマからヂオラマ、寫眞、繪圖、參考品等興味深く展列した意義深い大催事……
（内容の一部）
▼陸海軍特別御貸下鹵獲品展觀
▼武勳を物語る戰死勇士遺品展觀
▼上海空襲と敵前上陸（大パノラマ）
▼八達嶺の山岳戰（大パノラマ）
▼皇軍勇士美談集（ヂオラマ數場面）
▼立體空爆日誌
▼トーチカ實物大模型（屋上）
▼支那事變動的攻略圖解並に支那事變日誌
▼日支經濟關係一覽
▼支那國内事情早わかり
▼抗日歷史早わかり
▼支那軍備一覽
▼國民精神總動員解說
歯應した紙のカーチス・ホーク戰闘機文字十一月一日より七日まで屋上にて展觀
C
紀元二千五百九十七年
!!國民精神總動員！
此ノ週間中ニ次ノ様ナ良イ習慣ヲ付ケ此ノ非常時ガドンナニ長ク續イテモ益々元氣デ各自ノ務メヲ勵ミオ國ノ爲ニ盡シマセウ
國民精神總動員強調週間（十月十三日ヨリ十月十九日マデ）一週間
十月十三日　時局認識日　時局生活　日本ハ今ドンナ時デアルカヲ能ク知ツテ毎日ノ生活ニ注意シマセウ
仝十四日　將兵感謝日　出動將兵ヘノ感謝　戰地ノ勞苦ヲ忍ビ心カラ感謝シマセウ
仝十五日　資源愛護日　非常時經濟　ドンナモノデモ粗末ニセヌ様致シマセウ
仝十六日　心身鍛錬日　銃後ノ護　身体ヲ鍛ヘ各自ノ務メヲ勵ミマセウ
仝十七日　國威宣揚日　殉國勇士ヲ讃フ　殉國ノ勇士ヲ讃ヘ國威ノ宣揚ニ努メマセウ
仝十八日　勤勞報國日　勤勞報國　カ一パイ働イテオ國ノ爲ニ盡シマセウ
仝十九日　最底生活日　非常時心身鍛錬　非常時ニ當リドンナ難儀ニモ打チ克ツ人トナリマセウ
一、十月十三日午後一時三十分カラ公園運動場
詔書奉讀式ト時局大講

68　昭和十二年　南京陥落と大売り出し

昭和十二（一九三七）年七月に起きた支那事変（日中戦争）は日本軍の勝利が続き、新聞はしばしば市民が喜ぶ武勇伝を伝えた。遠い大陸での出来事でもあり、市民は戦争を「ドラマ」として捉えがちだったのではなかろうか。松井弘のスクラップ帳に豊橋市の「支那事変ウィンドー展」の記事が残っている。敵前上陸の勇ましい場面などをジオラマで作り、店頭を飾ったのである（写真A）。

その一方で出征した兵士の戦死も続々と伝えられた。九月の新聞の切り抜き「上海東部戦線に我らの二勇士活躍　中根少尉と齋藤准尉」が帳に貼ってある（写真B）。中根少尉は「岡崎市康生町　中根八次郎氏次男」、齋藤准尉は「額田郡幸田村深溝　齋藤松三郎氏長男」とある。新聞は悲しみではなく、「よく手柄を立ててくれた。こんな嬉しいことはありません」と遺族の感想を書く。新聞も市民もこうした美談を好んだ。

戦死した中根少尉は写真を趣味とする温厚な人柄だったという。その仲間であった岡崎写友クラブ主催で中根の遺作展が催された。松井も一役買い、みどりやを展示会場として提供した。中根夫人からの礼状が残っている。

そんな中、12／10付「南京城門へ殺到す　各部隊一斉に凱旋」の号外が配布された。「南京陥落」の報道に日本中がわいた。ちょうど歳末大売り出しの時期と重なり、松井の帳には、たくさんのチラシが残されている（写真C）。本町タカハシ（高橋洋品店）は「祝戦捷　冬物特別大売り出し　慰問袋と慰問品の大特売　成田山身代り不動尊御守札謹呈」。康生竹村屋は「應召遺家族の御方に限り全店商品正札の三割引」。山澤屋呉服店は「敬神報國えびす講大売出し」。大島屋は「祝南京陥落謝恩大売り出し」。みどりやは「戦捷祝賀大売出し」。籠田町は「祝戦捷籠田町大売出し」と、いずれも戦勝を祝しながらの大売り出しである。

同時代を生きた小説家・永井荷風は日記に南京陥落のことはひとことも記さず、「（ダンスホール禁止）この次はカフェー禁止そのまた次は小説禁止の令出づるなるべし。可恐。」とのみ（『断腸亭日乗』）。戦時体制への精一杯の抵抗であろう。松井も南京陥落については珍しく何の感想も記していない。

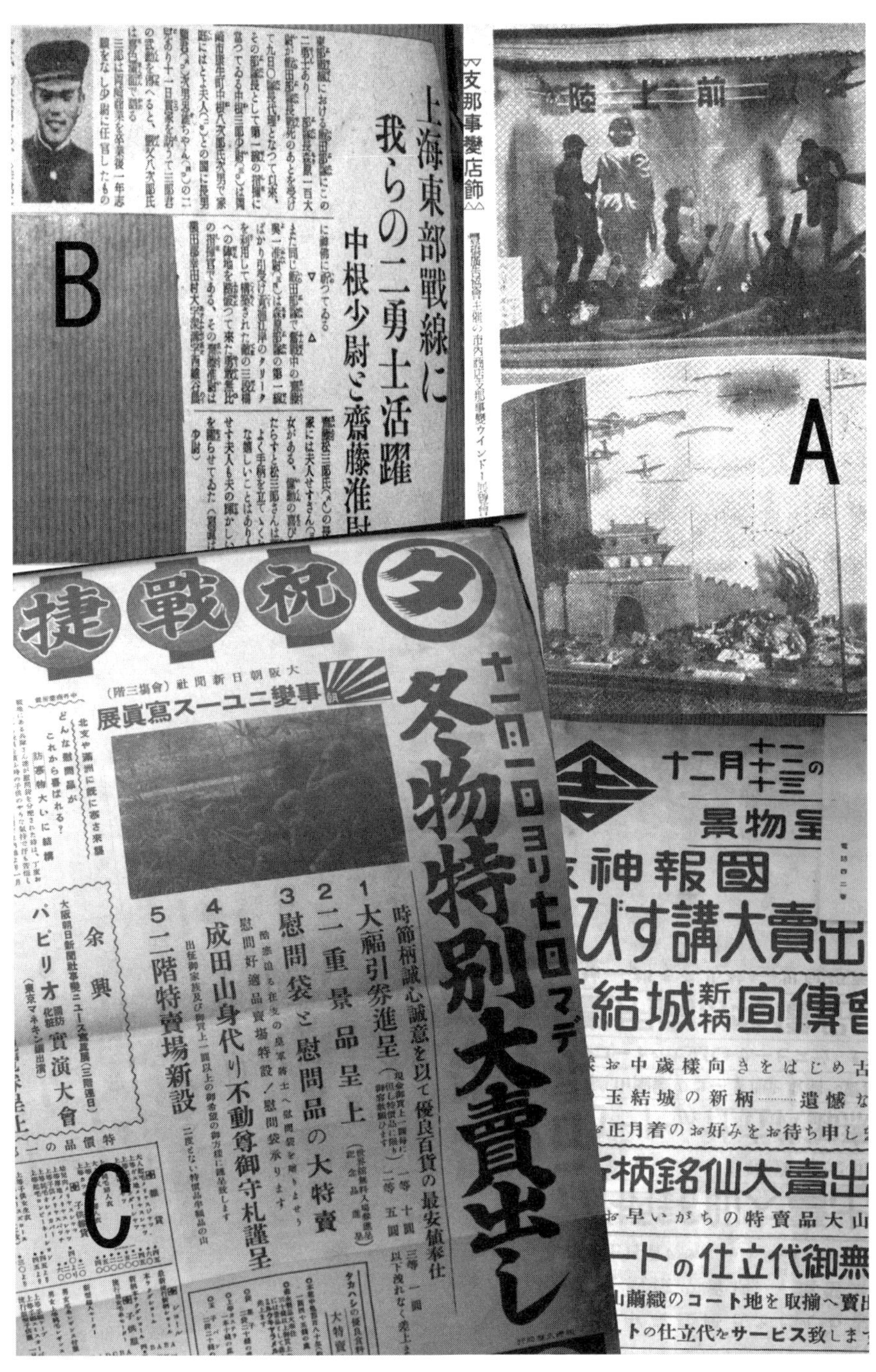
A
支那事變店飾
B
上海東部戰線に
我らの二勇士活躍
中根少尉と齋藤准尉
C
祝戰捷
大阪朝日新聞社
事變ニュース寫眞展（會場三階）
北支や滿洲に既に寒さ來る
どんな慰問品が
これから喜ばれる？
防寒物大いに結構
十二月一日ヨリ七日マデ
冬物特別大賣出し
時節柄誠心誠意を以て優良百貨の最安値奉仕
1 大福引券進呈
2 二重景品呈上
3 慰問袋と慰問品の大特賣
慰問好適品賣場特設／慰問袋承ります
4 成田山身代り不動尊御守札謹呈
5 二階特賣場新設
余興
大阪朝日新聞社事變ニュース寫眞展（三階進日）
パピリオ化粧品實演大會
（東京マネキン孃出演）
十二月一日 十二日 十三日
景物呈
國報神
えびす講大賣出
新柄結城宣傳會
新柄の結城
正月着のお好みをお待ち申し
無代御仕立のコート

69 昭和十三年　銃後の新年

松井弘の昭和十三（一九三八）年のスクラップ帳には、届いた年賀状が例年通りずらりと貼ってある。謹賀新年の決まり文句に混じり、「謹みて戦捷の春を慶祝申上げます」「光機ある昭和十三年を祝ふ　東洋の禍根殲滅これからが建設の時代です」（写真A）「謹みて聖戦下の新陽を祝し奉る」等。さらに南京陥落を受けて「謹て皇軍の南京入城を祝し　新年の御慶目出度申納候」と時局を反映した挨拶文が目を引く。早々と「流れ」に乗る人々もいる。

正月の風景も変わる。帳に「武運長久　國威宣揚」と書かれた短冊型の門松（写真B）が残っている。これが正月の日、各戸に並んだのだろうか。説明書きに「御互いに銃後の護りを遺憾無くしようではありませんか。門松にかけるお金を出征家族に御見舞として差上げてください」と。医学博士・内田孝藏を代表とする「短冊門松會」という団体が全国の家庭に配布したものらしい。いつの間にか国民は「銃後の護り」となった。

近衛文麿首相「年頭の辞」の記事（1／23付）の見出しは「光榮ある勝利を期し／日本は前進するのみ／國家のための全機能を動員」である。記事中の「然し今日、日本にあるものは前進のみ。國際的難関をできるだけ平和的に突破するためには、われわれは巨大なる國力の準備を必要とする。そのためには全國民の全機能を國家的目的のために、さらに有機的に動員することが必要である」という箇所に、松井は朱線を引いている。

首相の言う「動員すべき全國民の全機能」とは、金と人。「支那事變國債」の第二回目売り出しのパンフレット（写真C）が帳に残っている。開くと「國債でせめて銃後のご奉公」と太文字で書かれている。さらに「…支那事變に関する経費二十五億四千餘萬圓の内二十四億二千三百餘萬圓、即ち其の九割五分餘は國債に依って賄はれるのであります」と。「銃後のご奉仕」だと言われ、さらに「利廻りは三分六厘八毛」と、多くの人々が買い求めたに違いない。

当時の召集人数の詳細な記録は見当たらない。『岡崎市史5』に、河合村（現河合町）では八・五軒に一人の割合との記録が残っている。

賀

戰勝新年

B

武運長久
國威宣揚

昭和十三年

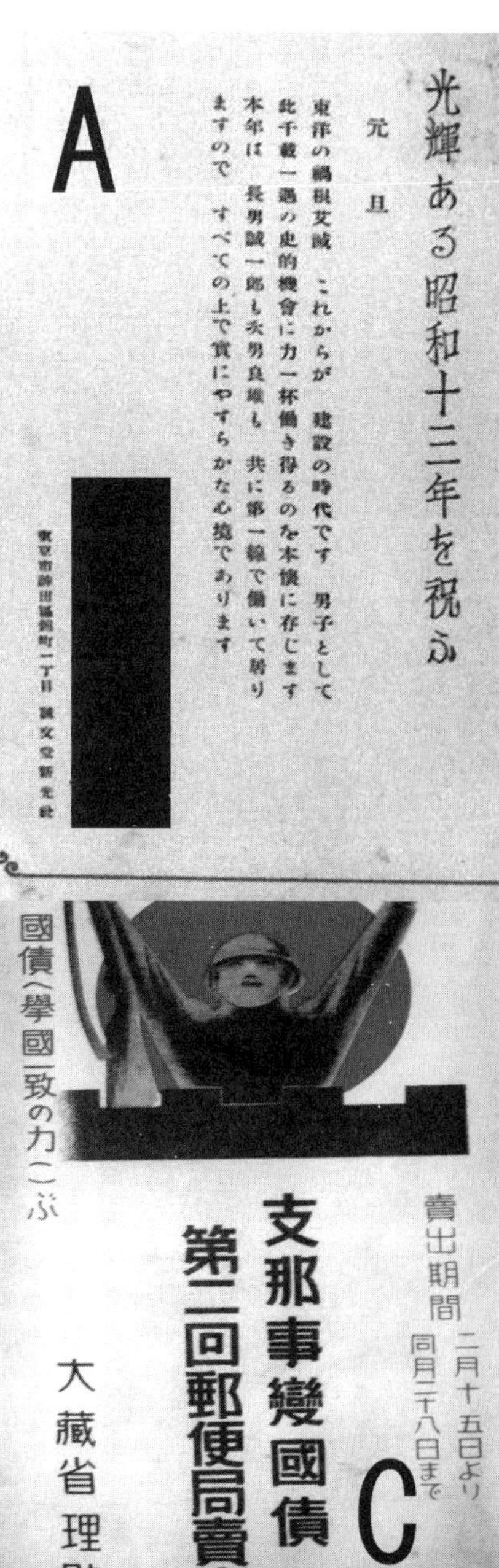

A
光輝ある昭和十二年を祝ふ
元旦
東洋の禍根芟滅 これからが 建設の時代です 男子として
此千載一遇の史的機會に力一杯働き得るのを本懐に存じます
本年は 長男誠一郎も次男良雄も 共に第一線で働いて居り
ますので すべての上で實にやすらかな心境であります
東京市神田區錦町一丁目 誠文堂新光社
國債へ擧國一致の力こぶ
賣出期間
二月十五日より
同月二十八日まで
支那事變國債
第二回郵便局賣出し
C
大藏省理財局

70 昭和十三年　歌、歌、歌

松井弘の昭和十三（一九三八）年のスクラップ帳には、軍歌や国民歌の記事が多く残されている。松井は若い頃から短歌を学び、市井の歌人でもあったからだろうか。

「進軍の歌」の歌詞帳が残っている。前年十月に大阪毎日、東京日日新聞社の懸賞募集当選歌一等賞として選ばれた、本多信壽作詞の軍歌である。「雲わきあがるこの朝／旭日の下敢然(かんぜん)と／正義に起てり大日本　膺懲(ようちょう)の銃と剣（六番まで）」。体操付きで、その動作も載っている（写真A）。

「1、円心に向いて左足踏みをなしつつ拍手を一つ打つ」から始まり、最後は「16、膝を伸し踵を上げて両腕を開いて上げ胸を開く」でワンセット。「教師用及児童用教科書」とあるので、学校でこの歌に合わせて体操したものらしい。この時の二等当選歌は「勝って来るぞと勇ましく…」のフレーズで有名な「露営の歌」。これがB面に入り、半年で六十万枚売り上げたという（半藤一利『B面昭和史』）。

二つ目の歌は「日の丸行進曲」。記事に「雄渾(ゆうこん)なる國民歌」とある（写真B）。これも同新聞社の懸賞応募歌で、選ばれたのは有本憲次という病床の詩人である。

「母の背中にちいさい手で／振ったあの日の日の丸の／遠いほのかな思い出が／胸に燃え立つ愛國の／血潮の中にまだ残る（五番まで）」。

三つ目は「軍國の子守唄」（塩まさる作詞）。軍国と言いながらも聞けば望郷の念にかられる。

「坊や泣かずにねんねしな／父さん強い兵隊さん／その子がなんで泣きましょう／泣きはしませぬ／遠い満州のお月様（三番まで）」。新聞に「戦地の父より坊やへ　軍國の子守唄」という見出しでこの歌が紹介された（写真C）。

従軍記者が戦地で催された正月の演芸大会でこの歌を聞き、こう記した。「お父さんの多い召集兵ですから一瞬なにやら深い感激に打たれたようでした」と。記者はその時の思いを歌にした。「坊やが／母ちゃんにだっこして／小さなお手々を高くあげ／父ちゃん送ってくれたのは／あついあつい夏でした」と。

終わらぬ戦争の中、次々と生み出されるこれらの歌を、松井はどう感じていたのだろうか…？

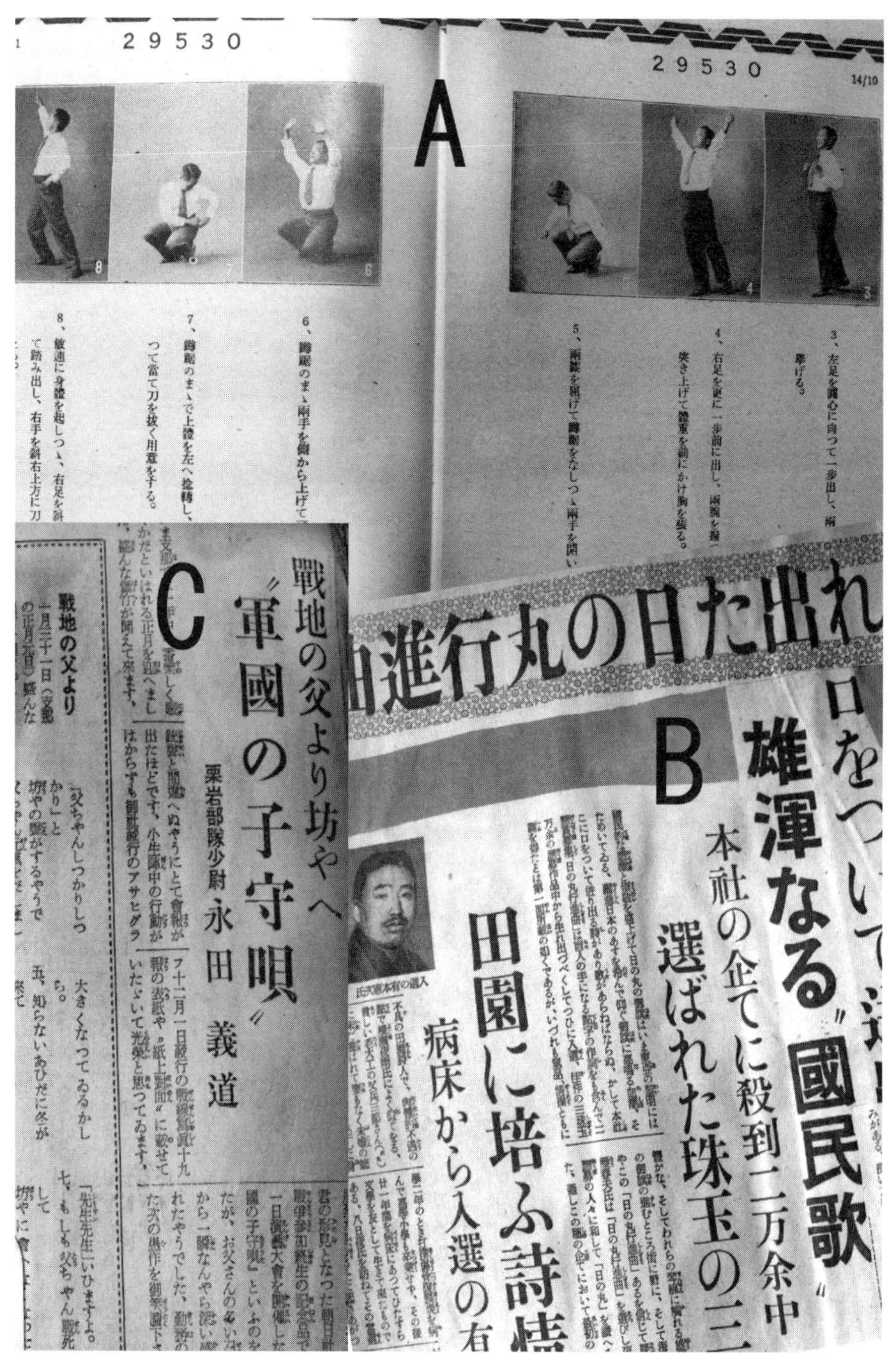

A

29530

29530 14/10

3、左足を圓心に向つて一歩出し、兩…擧げる。

4、右足を更に一歩前に出し、兩腕を…突き上げて體重を稍前にかけ胸を張る。

5、兩膝を屈げて蹲踞をなしつゝ兩手を開い…

6、蹲踞のまゝ兩手を側から上げて…

7、蹲踞のまゝで上體を左へ捻轉し、…つて當て刀を拔く用意をする。

8、敏速に身體を起しつゝ、右足を斜…て踏み出し、右手を斜右上方に刀…

B

…れ出た日の丸行進曲

口をついて…

雄渾なる"國民歌"

本社の企てに殺到二万余中

選ばれた珠玉の二…

田園に培ふ詩情

病床から入選の有…

入選の有本芳水氏

C

戰地の父より坊やへ

"軍國の子守唄"

栗岩部隊少尉 永田義道

…かだといはれる正月を迎へまし…盛んな…行が聞えて來ます、…出たほどです、小生隊中の行動がはからずも…行のアサヒグラフ十二月一日發行の…の表紙や"紙上…"に載せていたゞいて光榮と思つてゐます、

戰地の父より

一月三十一日(支那の正月元旦)盛んな…

「父ちやんしつかりしつかり」と坊やの聲がするやうで…

大きくなつてゐるかしら。

五、知らないあひだに冬が來て…

「先生先生」いひますよ。

七、もしも父ちやん戰死して坊やに會…

71

昭和十三年　愛娘と甥っ子の手紙

松井弘の昭和十三（一九三八）年のスクラップ帳に愛娘・みどりさんから届いた五枚の葉書（写真A）が貼ってある。その脇に「金城女生徒として　みどり集団勤勞奉仕に行った」と記してある。

同年六月に文部省は「集団的勤労作業運動実施ニ関スル件」を通達し、すべての学生・生徒に、農事や家事、清掃などの作業を強要した。当時金城女子専門学校生のみどりさんも、岡崎市美合町にあった愛知縣種畜場で五日間の勤労奉仕を行なった。

葉書によれば七月二十八日午後着。「小サイブタガタクサンwelcomeシテクレマシタ」と遠足気分だが、「おやつが何もないのでヒサンです」とも。

さて勤労奉仕は「作業時間は午前五時間（七時―十二時）午後二時間半（四時―六時半）です。四時起床で五時は朝礼です。…（略）…午後二時―四時は学科です。今日は養鶏と羊のお話でした」とある。

二日目には「作業が一寸（ちょっと）えらすぎる感があります」「こんな具合で五日つづくかを今から心配して居ります」。

そして三日目「野良で働きました。足がフラフラです。お室では這って居ります」「明日はニハトリの首しめんならんそうです」等々。お嬢さん育ちのみどりさんにはかなりきつかったようだ。

最終日は「…帰ったら「甘いもの」を沢山用意してくださいませ。糖分が欠乏です。お菓子とも大分お目にかかりませんので…」と少女らしい。八月一日夕刻には家に戻ったようだ。

みどりさんが勤労奉仕をしていた頃、松井の二人の甥っ子から相次いで手紙が届いた。

兄の長男・成徳からの手紙（写真B）は、満州鉄道に入社した旨のあいさつである。「成徳　満鉄社員として安東（アンドン）にあり」と手紙の脇に記されている。安東は大韓民国慶尚北道、現在は安東市。

もう一通（写真C）は、弟の長男・謙から。浜松工業高等学校航空科（現静岡大学）を卒業し、川崎航空機工業の各務原工場に設計技術者として就職したとある。手紙には「実習生として入社致しました。…（略）…工業報国大いに頑張る積りです」と若々しい意気込みが伝わってくる。

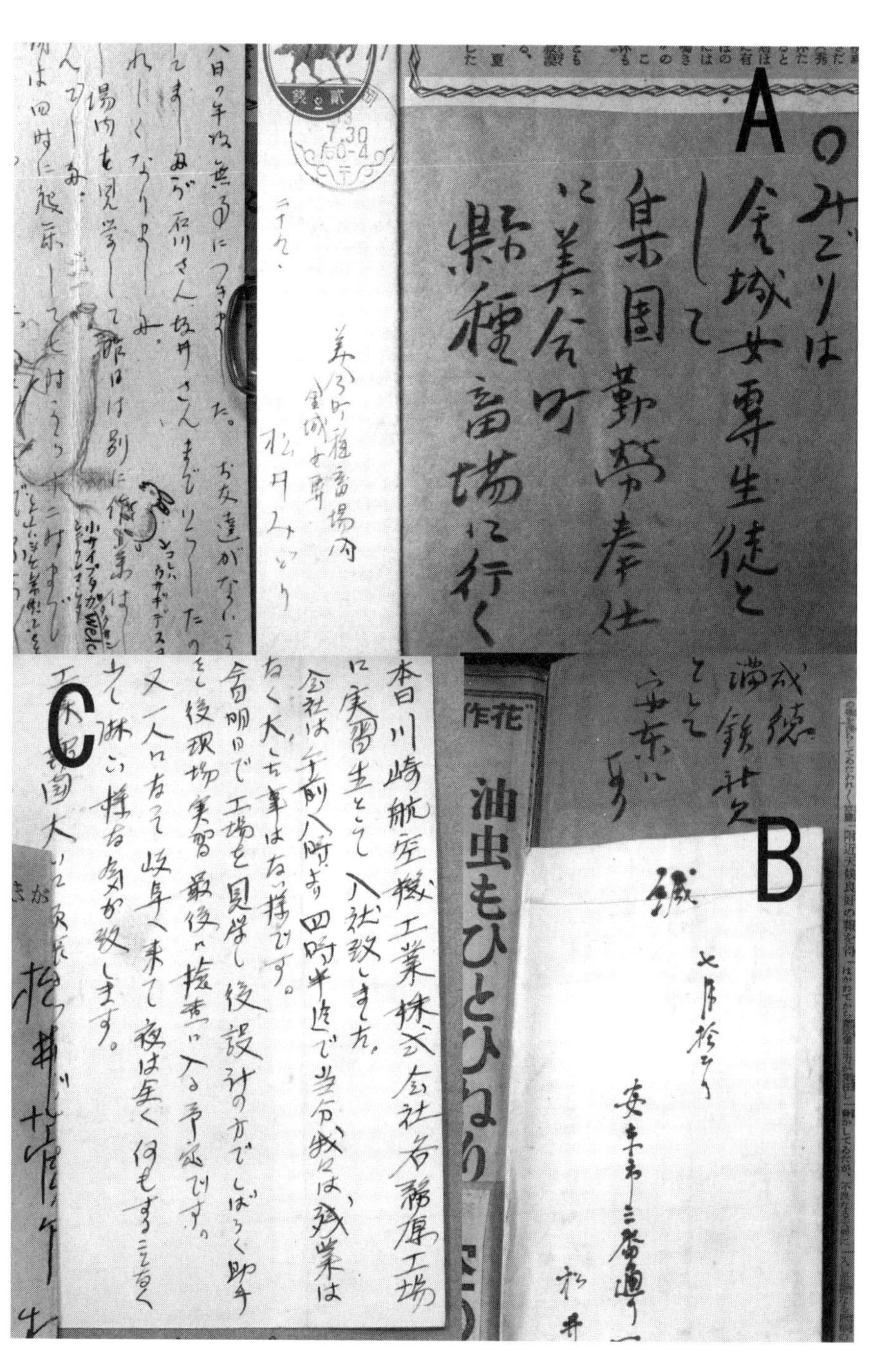

A

のみどりは
金城女専生徒と
して
集団勤労奉仕
に美合町
縣種畜場に行く

美合町種畜場内
金城女専
松井みどり

C

今回川崎航空機工業株式会社各務原工場
に実習生として入社致しました。
会社は午前八時より四時半迄で当分我々は残業は
なく大変楽な様です。
今日明日で工場を見学し後設計の方でしばらく助手
をし後現場実習最後に検査に入る予定です。
又一人になって岐阜へ来て夜は全く何もする事なく
て淋しい様な気が致します。

B

満鉄社員
として
安東に

七月拾

安東市三番通

松井

72　昭和十三年　代用品の時代

松井弘の昭和十三（一九三八）年のスクラップ帳に「喘（あえ）ぐ中小商工業物資制限の影響を視る　戦時体制の強化に伴ひ民需物資の制限などによって一般中小商業者はその配給上に極度の統制を受ける…（略）…経営はます〳〵困難を加へてゐる」との記事（写真A）が貼ってある。

同年一月に政府は軍需品補給のため、優先的に物資を軍需へ割り当てる「物資動員計画」を決定した。鉄やその他の金属、油類、繊維、皮革、ゴムなどなど、多くの物資が民間に回らなくなった。そこで奨励されたのが「代用品」である。政府の諮問機関である「科学審議会」で、さまざまな代用品の研究が進められたという。この委員の一人に岡崎出身の本多光太郎（当時東北大学総長）もいた。

鍋、釜、湯たんぽから戸車、ボタンまで、鉄製品の多くは陶磁器で作られることになった。木綿などの繊維も制限され、「スフ」とよばれる化学繊維の衣料が登場した。ずいぶんと扱い難い代物だったらしい。ゴムも使えずズック靴が不足、仕方なく児童の下駄ばき登校も認められたという（『昭和二万日の全記録4』）。

松井の帳に岡崎市で開催された「國策　代用品展覧會」のチラシ（写真B）が残っていた。「十月四、五、六日　中央公會堂」。どんな代用品が展示されたのか？　興味深いところだが、残念ながらその記録は残っていない。

翌十四年の松坂屋発行『まつさかやニュース　八月號（ごう）』に「代用品」の特集（写真C）が掲載されている。まず紳士向け「セルロイド製髭剃りセット二円五〇銭」。セルロイドはプラスチックの一種。「ベークライト魔法壜（びん）」や「ベークライト製カメラ」もプラスチックの一つで、耐熱性に優れるという。これらは代用品素材として開発されたものである。

皮革も制限され「代用皮」が使われた。「ピックスキン製サンダル」「黒シヤークスキン製靴」とある。前者は豚革、後者は鮫皮であろう。ハンドバッグもセルロイド製や編竹製。ちなみに竹製は七円、編竹製は四円六〇銭となかなか高価である。

「みどりや百貨店」を経営する松井は、「代用品とはいえ、さすが松坂屋！」と感心したのではなかろうか。

A

喘ぐ中小商工業

物資制限の影響を視る

B

國策

代用品展覧會

來觀歡迎

場所　中央公會堂

日時　十月四、五、六日（三日間）

（毎日午前九時ヨリ午後五時マデ）

主催　愛知縣　岡崎市　岡崎商工會議所

C

代用品

優良國策商品の打診

名鐵局沿線の夏の鍛練道場

73 昭和十四年 スキーから麦飯へ

松井弘の昭和十四（一九三九）年のスクラップ帳に、愛娘・みどりさんからの絵葉書が貼ってある。みどりさんは年明け早々スキーへ。一月は未だ、少しくらいの贅沢は許される空気が世間にあったようだ。

一月下旬、童話『ごん狐』の作者・新美南吉が岡崎の街を訪れた。南吉はこのとき安城女子高等学校の教師で、六供町にあった岡崎師範学校での国語科研究会と民俗学者・折口信夫の講演を聴くためだった。その帰りに本町―康生町界隈を散歩し、「このあたりは落着きのある華やかさで私を充分ひきつけた。新しいものと古いものが入りまじってゐながら少しもちぐはぐな感じを與へなかった。しっとりとよく溶けあってゐた。東京にも名古屋にも見なれないいい雰囲気が傳統の匂ひをただよはせてゐた」と日記に書き残している（『新美南吉全集 第十一巻』）。

南吉が訪れた頃の岡崎が最も華やかだったかもしれない。連尺町の老舗・大島屋が前年に康生交差点南東の角へ新築移転した（写真A）。また本町のタカハシ百貨店が増築、さらにみどりやも改装したばかり。山澤屋を加え、岡崎の中心街には小規模ながら四軒の百貨店が競い合っていた。南吉はみどりやを「生徒の作文によく出て來る店」と書いている。女学生憧れの店であった。

春になるとそんな「空気」も変わり始める。岡崎税務署から届いた通知に、松井は「税いよいよ増加す非常時為として当然也」と記す。増税を「当然」と書かざるを得ない「空気」になっていた。

六月には「全國百貨店に魁け夜間營業を廢止」との記事（写真B）。名古屋松坂屋が、中元大売り出し、ショーウィンドーの宣伝、さらに夜間営業も自粛するというもの。みどりやにも宣伝照明・ネオンの自粛や節約を求める「電気消費節約に関する件」というチラシが届いた。照明は消え、南吉が褒めた岡崎の街の風景も変わり始める。

秋には「十月一日ハ興亜奉公日デス」のチラシ（写真C）。毎月一日は「食料報國／健康増進／米ノ節約／全市洩レナク麦食ヲ御実行下サイ／麦食デ体ヲ丈夫ニ…（略）…戦線将士ノ労苦ヲ思ヒマセフ」と。もはや正月スキーどころではなくなってきた。

A
新店舗
落成記念
B
全國百貨店に魁け
夜間營業を廢止
名古屋 松坂屋の自肅
C
十月一日ハ
興亞奉公日デス
全市洩レナク麥食ヲ御實行
麥食デ体ヲ丈夫ニ致シマセウ
擧って麥食
偲ビマセウ
岡崎

74　昭和十四年　慰問袋流行

　松井弘の昭和十四（一九三九）年のスクラップ帳に「護国の花と散ったインテリ兵の老父母が一生を戦死者遺族の慰問に捧げ身を託して全国行脚旅に上り…」との新聞記事が貼ってある。松井はその脇に「老夫妻の心情さもありなんと同情する」と記す。銃後に生きる者のすべきは、死者の鎮魂とその遺族への慰問であった。

　岡崎市では五月に「出征家族慰問舞踏會」（主催石田新舞踏研究所／後援岡崎市）が南康生の岡崎劇場で開催された。そのパンフレットが松井の帳に残る。時局歌「仰げ軍功」から始まり、舞踏小唄、端唄、長唄、流行歌などが出征兵士の家族のために披露された。

　慰問袋も流行した。日露戦争のときに始まったものらしいが、同十三年にこんな記事（写真A）が話題となった。「三内親王様　御手製の慰問袋　畏き御愛情を戦場へ　光榮に勇姿らは感涙」と。三人の内親王が「御慰問」と染め抜いた手拭を縫って、その中にそれぞれ慰問品と慰問文を同封して發送」されたのである。

　松坂屋PR誌『まつさかやニュース』に慰問袋の宣伝（写真B）があった。松坂屋の慰問袋は一円、一円五十銭、二円の三段階、慰問セットも三種類で最高は三円である。一円の袋には「みかん／ゆであづき／こんぶ飴／ハッカ糖／海苔佃煮／梅干／ちり紙」。二円は「ドロップ／みかん／白雪／すこんぶ／ゆであづき／みつ豆／褌／便箋封筒／補修具／碁石」である。

　みどりやでも、慰問品売場を設け注文に応じた。「寒い戦地の兵隊さんに暖かい心をこめた慰問袋　いよ〱中支へも發送が出來る様になりました…」との広告（写真C）が残っている。新聞もみどりやの慰問袋の売れ行きを記事にした。「日本レイヨン、岡崎郵便局などをはじめ諸団体の注文も多い」という。

　翌十五年の帳に、慰問袋に添える矢作町銃後奉公會の手紙（写真D）が残る。「勇士各位／御慰問／皇紀二千六百年聖戦第四年も迎え定めし…（略）…此の際現地の皆々様にも何か稿ひの微意を表し度／今般町内相謀り慰問の品数点をお送り申上候…」。慰問は今で言う「ボランティア」であるが、けっこうな強制力を持っていたように感ずる。

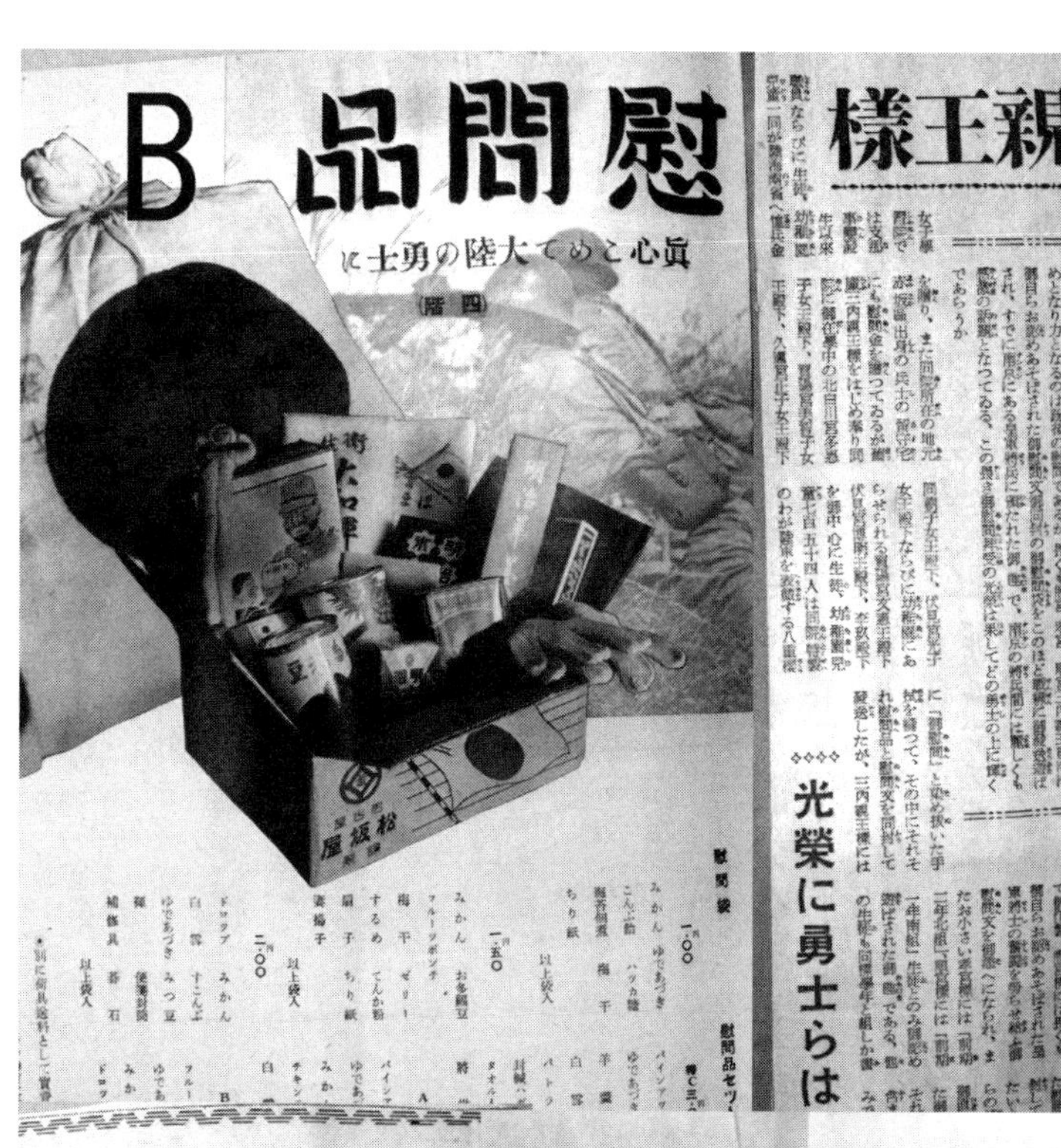

く能はざる所に御座候就いては此の際現地の皆々様方にも何か稿ひの微意を表し度今般町内相謀り慰問の品數点をお送り申上候内容は何れも粗末ながらすべて町民赤誠をこめての作品戰後露營の一と時或は海上半輪の月を眺むる暇せめては諸氏御物語りの多少の種ともなし下され候はゞ誠に満足とする所何卒御笑味御笑納下され度候

先は右御慰問まで　草々敬具

昭和十五年三月十日

矢作町銃後奉公會

勇士各位

D

寒い戰地の兵隊さんへ暖かい心をこめた

慰問袋

いよいよ中支へも發送が出來る樣になりました
慰問袋御用品一切を取揃へてゐます
御用命下さいませ
戰地への發送承ります

みどりや慰問品賣塲

電話九八五番

C

75　昭和十四年　巷の文化

松井弘のスクラップ帳をここまで見て来て、昭和十四（一九三九）年頃が戦前の岡崎の完成期だったように思える。巷の文化もまた円熟期だった。

岡崎市は他市にさきがけ、大正十二（一九二三）年に市主催の「岡崎美術展」を開催。同年暮れに完成した岡崎市立図書館は展示施設を備え、岡崎美術展はじめ、古文書や考古品、土俗品（民俗資料）などの展覧会を積極的におこなった。松井たち「岡崎趣味会」など民間の協力があったことはいうまでもない。

巷でも展示施設を持つ商店があらわれた。大正期に山幸呉服店楼上で「漫画展覧會」が開催された。その目録が松井の帳にあり、これが岡崎の街でおこなわれた最も古い展覧会か。みどりやでも昭和初期に地元画家による絵付けお膳の頒布会をおこなっている。

昭和十四年、本町のタカハシ百貨店、東康生のみどりや、大島屋、山澤屋、陶器の竹村屋はそれぞれ本格的なギャラリーを設けていた。同年五月にタカハシ百貨店で「丘山社第一回展覧會」が開催された（写真A）。案内に「今回若きものの第一回展相催すべく候」とあり、松井が懇意にする日本画家・平岩三陽らの門下生の作品展。その一人である山本恵生は十月にも竹村屋で小品展を開催している。

みどりやで六月に開催された著名な画家たちによる「團扇展」は、「風流團扇展開く二十二日からみどりやにて一流美術家の揮毫」と新聞記事になった。

この頃、岡崎で著名な芸術家といえば岡田撫琴。彼の「近作樂焼と書幅の會」が竹村屋で催された。「近作樂焼と書幅の頒布會規定　抹茶々盌（共箱付）茶掛幅（箱蓋付）で金参拾圓也」とチラシ（写真B）にある。また魚町の大林寺では「書畫骨董茶器売立」が開かれるなど、茶も骨董もなかなかの盛況ぶり。

「資生堂式新美顔術とお化粧の相談」のパンフレット（写真C）が帳に残る。「店に開催」とあるので、みどりやでは美容の普及を本格的に始めたようだ。今を楽しく生きることが「巷の文化」である。そんな中、新聞に「活を入れよ！　岡崎婦人会へ」の記事が（写真D）。厭戦的な空気を払うひとことである。

A

丘山社第一回展覧會御案内

新緑[illegible]益々御清榮奉賀上候　陳者
[illegible]きものの第一回展相催すべく候間萬障御繰合せ
御同伴御高覧被下度右及御案内候也

昭和十四年五月五、六、七日三日間午前八時より午后九時迄

岡崎市本町
高橋洋品店階上美術[illegible]

B

田撫琴先生近作
樂燒と畫幅の頒布會規定

一、抹茶々盌（共箱付）壹個 ｝壹口
一、茶掛幅（箱蓋付）壹幅

◆會費　一口　金拾圓也
◆申込金　一口　金弐圓也
◆締切日　十二月五日限
◆作品御渡日　追って御通知致します

景品	
五口に對し作者の色紙	壹本一枚
十口に對し作者の菓子鉢	壹本一個
それ〴〵抽籤を以て進呈致します	

竹村屋商店美術部

C

資生堂式
フエーシアル　メーキヤツ[illegible]
新美顔術とお化粧

D

活を入れよ！
岡崎婦人會へ

[illegible]夫人菅野もと子さんを會長に
[illegible]さ子さんを副會長に戴き岡
高等女學校内に事務所を置
婦人會は會員の智能を研き
[illegible]誼を敦くし兼て社會生活
[illegible]の改善[illegible]

[illegible]に偏してない
[illegible]る團體として期
今の冬眠状態は
ゐる、廢品活用
婦人會が活を入れ
とか最もよいこと
近來は總會さへも開
づ[illegible]

76　昭和十四年　連尺小に戦闘機来る!!

　みどりや主人・松井弘の昭和十四（一九三九）年のスクラップ帳に、「鹵獲飛行機來ル!!／カーチス・ホーク戦闘機／十一月十日會場岡崎市連尺小學校（現りぶらにあった）」とのチラシ（写真A）が貼ってある。「鹵獲」とは敵から奪い取ること。鹵獲したカーチス・ホークは米国カーチス・ライト社製で、当時中国軍の主力戦闘機であった。それを小学校に展示するというのだから驚く。

　これは「支那事變移動展覧會／支那事變大展覧會」で、主催は大阪朝日新聞名古屋支局、後援は陸軍省・海軍省・第三師團である。十二年秋に名古屋松坂屋でも開催されており、全国を巡回していたのだろう。展示の内容は「鹵獲品／戦死者の遺品／皇軍ポスター／戦線報告寫眞」で、敵戦闘機の展示が「目玉」であった。当時はさぞかし話題になったのだろうと思い、連尺小出身の母に聞いてみたが覚えはないとのこと。いずれにしても長引く日中戦争の中、厭戦気分に傾きつつある市民に大きなインパクトを与えたのではなかろうか…。

　同年の松井の帳に、三枚の「差押之證（しょう）」（写真B）が残っている。「一、ニコニコ漫画ドウブツ陸海軍　七部／右ハ發賣頒布禁止差押処分ニ付セラレタルモノニ付差押ス／昭和十四年二月十二日／岡崎警察署」とある。他の二枚も同様の文面で、「無敵猛獣軍　弐冊」「猛勇どくろ隊　弐部」とある。みどりやで販売していた子ども向け漫画に何か不都合があったものか…？　子どもの楽しみにまで検閲の目が及んでいたのかと思うと息苦しくなる。

　みどりやに、少女向けの古い絵葉書が何枚か残っていた。ちょうどこの頃に店で販売していたものであろう。当時人気の挿絵画家・中原淳一の筆によるものである。愁いを含んだ可憐な少女像は多くの人々に愛された。「南の護り」と題された絵葉書（写真C）は、日本髪を結った少女の背景にヤシの木と三機の爆撃機が飛び立ってゆく様が描かれている。もう一枚は「北方の鎮め」。荒涼とした大地に立つ哨兵（しょうへい）の影を遠景に、梅の花と和服姿の少女が描かれる。いずれも「慰問絵葉書」とあり、戦地に送ったりもしたのだろうか…。可憐な少女像も「銃後の護り」となった。

A

支那事變大展覧會

戰利品　遺品　支那事變全貌

日時＝十一月十日　自午前九時 至午後四時

會場＝岡崎市 連尺小學校

主催　大阪朝日新聞名古屋支

後援　陸軍省、海軍省、第三師

鹵獲飛行機來ル!!

上海戰線戰利品

カーチス・ホーク戰鬪機

日時＝

場所＝

B

差押之證

ニコく漫画 一ドウフウ陸海軍　七部

右ハ發賣頒布禁止差押處分ニ付セラレタルモノニ付差押ス

昭和十四年二月十二日

77 昭和十五年　奉祝！・皇紀二千六百年

松井弘の昭和十五（一九四〇）年新春のスクラップ帳に、自身が作った短歌四首が残されている。松井は市井の歌人でもある。その一首に「皇国に生しことの其の幸ひをひしと身にしむ皇紀二千六百年」（図A）とある。この年は、初代神武天皇の即位から二千六百年にあたるということで「皇紀（または紀元）二千六百年」とされた。松井の帳にはそれを祝う年賀状がさぞかし多かろうと期待したが、意外に少ない。「昭和十四年の年始状は頗る減少した。私は積極的には（十五年の年賀状を）一枚も出さなかった。」と記してある。虚礼廃止の世論もありこの年の年賀状は二割ほどに減少したという（『昭和二万日の記録5』）。

元日の新聞の見出しは「紀元二千六百年の新春」。天皇の靖国神社参拝の写真と近衛文麿自筆の「新年誓詞」。社説は「皇紀慶祝の新春を迎ふ」。さらに京都帝国大学の西田直二郎博士の「神武天皇の聖謨と國史の成迹」である。「聖謨」とは天子のはかりごと、「成迹」は過去の実績なのだそうだ。難しい言葉ばかりが並ぶ。

松の内は、徳富蘇峰の連載「紀元二千六百年」、文化人の座談会「仰ぐ肇国日本の姿」、さらに「二千六百年史展（朝日新聞社主催）の感銘」と奉祝記事が続く。

巷でも「奉祝二千六百年」をだしに使った。岡崎市康生町交差点に進出した丸高均一ストアの「皇紀2600年建國祭」と謳った売り出しのチラシ（写真B）が残っている。また大阪府枚方市の「京阪沿線ひらかた遊園地」では、宮崎県奉祝会主催、大阪毎日新聞後援の「肇國聖地日向博覧會」（写真C）が開催された。日向の国（現宮崎県）から「神武天皇御上陸地白肩津と傳ふ枚方」の「神武東征神話」にちなんだものであった。

さて、その祝典は十一月十日におこなわれた。『岡崎市史4』によれば、岡崎市ではその日の午前に岡崎公園運動場で二千人の式典、午後は奉祝市民体育大会が開催された。また各神社でも臨時祭が五日間もおこなわれたという。記録好きな松井の帳に祝典のチラシや記事が全くないのは、ちょうどこの頃に愛娘・みどりさんの婚儀があったからだろう。その祝辞や祝電などは大切に残されている。

A
陛下神宮競技場行幸 奉迎の万歳に御挙手を賜ふ
C
紀元二千六百年に輝く
肇國聖地日向博覧會
自三月二十一日至五月末日
京阪沿線
ひらかた遊園
紀元二千六百年
宮崎縣奉祝會
大阪每日新聞社
B
皇紀2600年
祝奉
建國祭
記念提供品26種
1 日の丸せんべい……十銭
2 羊羹……十銭
3 五色英字ビスケット……十銭
4 えびあられ……十銭
5 かりんとう……十銭
6 丸高ソース(二合瓶)……二十五銭
7 特製セル筆入……三十銭
8 目腕人形……十銭 二十銭
9 ヘヤーネット(三枚)……十銭
10 造花フラワー……三十銭
11 化粧セット……五十銭
12 徳用ポマード……五十銭
13 蜂蜜クリーム……五十銭
14 徳用石鹼(半打)……五十銭
15 ネクタイ……五十銭
16 詰衿カラー(二本)……十銭
17 前帯芯ジュス……三十銭
18 帯〆……五十銭
19 國旗竿(二本次)……三十銭
20 御燈明蠟燭……十銭
21 尺三進物盆……一円
22 尺長盆……五十銭
24 番茶器……三十銭 五十銭
26 長柄座敷箒……五十銭
皇輝ある今日のよき日を記念し、東亜建設に日夜奮戦を續けて居られる
皇軍勇士へ眞心こめた感謝の丸高慰問袋を送りませう
(舊高島屋10銭 20銭 50銭ストア)
岡崎市康生町 電話187番

78　昭和十五年　日独伊三国同盟

松井弘の昭和十五（一九四〇）年のスクラップ帳に、差出人「於鹿島丸　金田某」の手紙（写真A）が貼ってある。鹿島丸は欧州とを結ぶ日本の旅客船。手紙の脇に「金田少佐より　宝山城一番乗りの部隊長最初の感状部隊　かつて甲山無憂荘に泊された」と記してある。「甲山無憂荘」とは松井の自宅で、当時は軍人の宿泊を依頼されることがあり提供していたようである。また宝山城とは中国上海市北部にあり、十二年の上海戦で日本軍によって陥落した。その時の一番乗りの部隊長という。消印は「SINGAPORE」。さて、それほどの軍人がなぜ旅客船でシンガポール方面へ出かけたのだろうか…？

名古屋松坂屋の『まつさかやニュース（十五年）第五號』に「太平洋展」開催の案内（写真B）が残っている。五月二十四日から三十日、主催は「名古屋地方海軍人事部／海軍協會愛知支部／大阪朝日新聞名古屋支社」で、内容は「歐洲動乱と太平洋」「太平洋に於ける我が海軍の使命」「英、佛、米の東洋侵略史」などなど。いつの間にか日本は、侵略の矛先を中国大陸だけでなく南方へも向け始めていた。

「超高熱砲とベトン破壊砲　これが獨軍驚異の新兵器」との記事があった。前者は「炸裂爆発により要塞の内部および外部は猛烈な超高熱波」を発する砲弾であり、後者は「岩窟のごとき要塞も見る見る間に崩潰して砂上の楼閣の如く破壊する」という。ドイツ軍の軍事技術の高さを讃えている。

6／11付号外「イタリヤ遂に参戦す／伊軍直に南佛へ進撃」。続いて6／15付号外「獨軍パリに入る　全市にナチの旗」と。松井は「遂に来るべきもの来たり」と記す。

八月、岡崎市主催で「討英市民大會」が岡崎劇場で開催され、陸軍少将・武富藤吉の講義があった（写真C）。そして9／23付号外「皇軍佛印（フランス領インドシナ）に進駐開始」。ついに日本軍が南方へ侵攻した。その三日後「日獨伊三國同盟成る」と報じられた（写真D）。

日本の進む方向は一気に決まった。その結果を知る我々は避けるべき道はなかったのかと思うのだが…、進歩的でリベラルな松井ですら「三國同盟成る　実に愉快なり」と帳に記している。

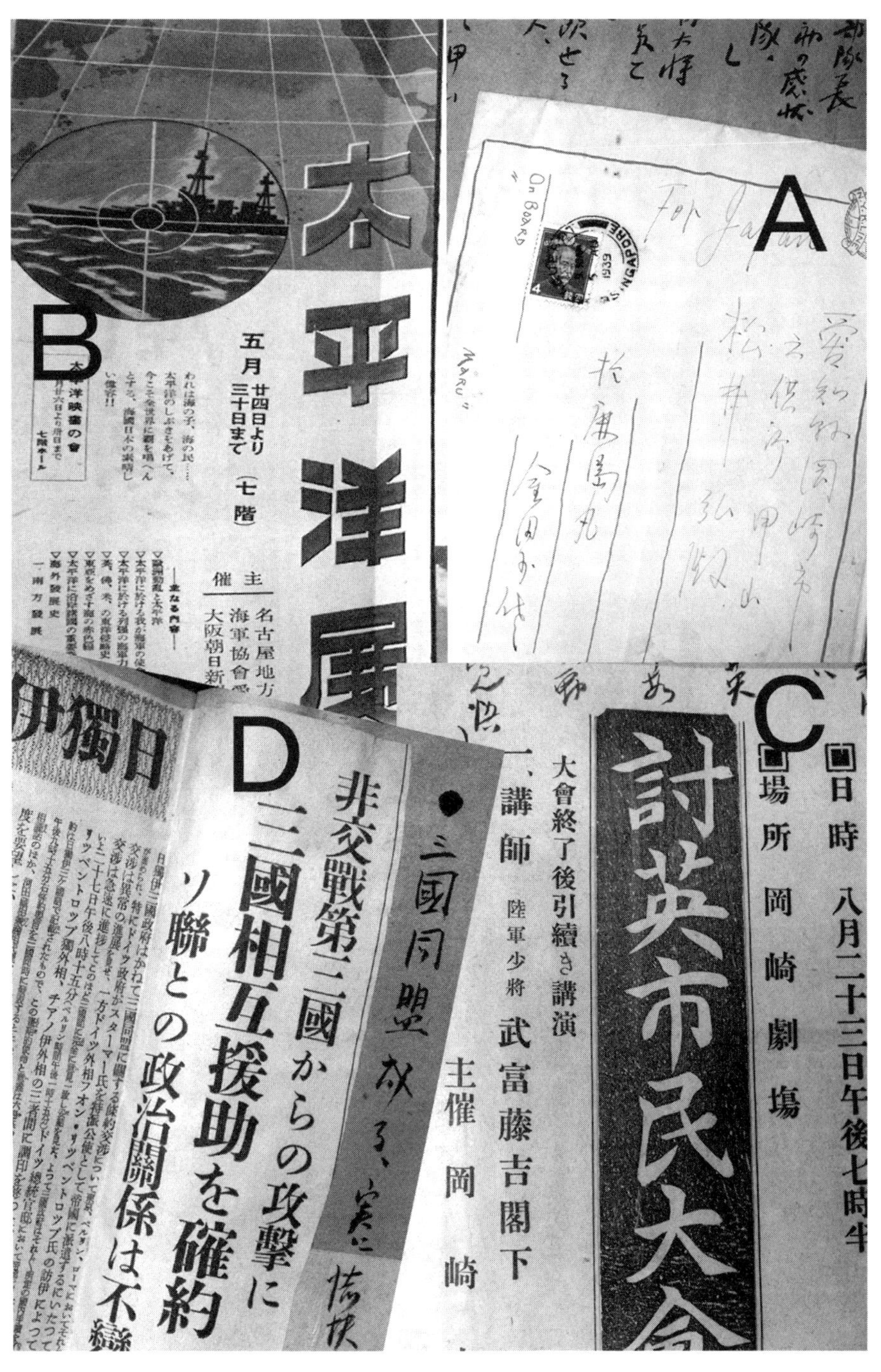
A
ON BOARD
SINGAPORE
1939
B
太平洋
五月廿四日より三十日まで（七階）
われは海の子、海の民……太平洋のしぶきをあげて、今こそ全世界に覇を唱へんとする、海國日本の雄姿!!
太平洋映畫の會
主催
名古屋地方
海軍協會
主なる內容
C
討英市民大
日時 八月二十三日午後七時半
場所 岡崎劇場
大會終了後引續き講演
一、講師 陸軍少將 武富藤吉閣下
主催 岡崎
D
日獨伊
非交戰第三國からの攻撃に
三國相互援助を確約
ソ聯との政治關係は不

79 昭和十五年 ひとつの時代が終わる時

松井弘の昭和十五（一九四〇）年のスクラップ帳に「徳川史の權威者／職に殉じた柴田顯正翁／岡崎市立図書館長、縣社伊賀八幡宮社司柴田顯正翁は（四月）二十日夜十時半岡崎市伊賀町の自宅で永眠した　享年六十八」との記事（写真A）が貼ってある。柴田は『岡崎市史』全八巻、『徳川家康と其周囲』全三巻を完成させた人である。のちに小説『徳川家康』を書く山岡荘八に大きな影響を与えた。硬派な学者と思いきや、松井たち「岡崎趣味会」の仲間であり、『岡崎花街沿革大要』などを認める粋人でもあった。

柴田を追憶する会がおこなわれた。その記事に「（岡田撫琴は）柴田顯正氏の追憶邸談會に出席した時、なかなかの元氣で小田冷剣君に、君はあんまり永くはないぞとからかった」とある。

その岡田撫琴も突然亡くなった。柴田の死のわずか二十日後だった。「岡田撫琴氏逝く／岡崎市梅園町不蔵庵主撫琴／岡田太良次郎氏は（五月）十一日午前二時半自宅に於て狭心症で死去した／享年六十六才／同氏は岡崎地方言論界の先輩で撫琴と號し俳句、俳論、樂焼、茶道などの趣味の人として傑出してゐた」（写真B）と。

柴田に『岡崎市史』編さんを勧め、他市にさきがけて「市民美術展」を始めさせたのも彼の「力」であった。正岡子規はじめ多くの有名人とも交友を持ちながら、表に出ることを好まず、あくまでも「不蔵庵主」として俳画と楽焼を楽しんだ。「不蔵庵」とは、中町極楽寺境内に建てた宗徧好みの茶室。戦災で焼失した。

突然の岡田の死に、松井は「岡田撫琴氏逝去さる。三十年来教を乞ひし人だ　人生夢の如し　自分も今に行くのだ」と帳に記している。

追悼の会で岡田にからかわれた小田冷剣も七月に亡くなった。『新三河』新聞社主であった小田は、岡田と共に「新聞人」としてこの地方の言論界や文化を牽引した。また岡田と並ぶ俳人でもあった。小田の句碑は中町総持尼寺の片隅に残っている。

松井は「…撫琴氏柴田先生逝き、又冷剣氏死去さる　淋しさひと一しほ也」と（写真C）。岡崎の文化を牽引してきた三人の相次ぐ死。ひとつの「時代」が終わるとは、こういうことなのだろうか…。

A

徳川史の權威者
職に殉じた柴田顯正翁

岡崎市[illegible]館長、縣社伊賀八幡宮社司[illegible]翁は二十日夜十時半岡崎市伊賀町の自宅で永眠した享年六十八、翁は出張中の菅野市長の歸任をまつて市葬または伊賀町葬の禮をもつて行ふ、翁は由緒深い伊賀八幡宮の社家に生れ明治二十六年國學院大學を卒業、金鯱中學、京都府立一中、岡崎中學の教諭をつとめ大正二年五月伊賀八幡宮の社司、同九年秋市立圖書館長となつた、郷土歴史特に徳川家康公を中心とする徳川史研究の權威者としてその名は全國的に知られてゐた

岡崎市史八巻、家康とその周圍、徳川實紀など幾多の著作を通じ地方文教に盡し市寶的人物として尊敬を一身に集めてゐた、去る十三日から十日間市立圖書館で開いた二千六百年記念郷土歴史的の出品資料蒐集に奔走中過勞から倒れ遂に腦溢血(?)を起して死去したもの、すでに脱稿してゐる岡崎市史のうち殘る二卷と三河武士列傳の出版を前にその職に殉じたことは"生きた郷土史"を失つたものとして惜しまれてゐる

遺族は嗣子の京都帝大附屬醫院[illegible]生徒監兼講師の清氏(三二)とわ未亡人(六十)がある＝寫眞は在りし日の柴田顯正翁

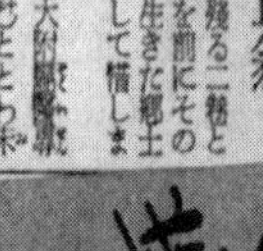

柴田顯正氏

（岡崎市立圖書館長、縣社伊賀八幡宮社司）岡崎市立圖書館で開催中の二千六百年記念郷土歴史展の資料蒐集中過勞からかねて病臥中腦溢血を起し廿日午後十時半岡崎市伊賀町東郷中の自宅で死去した、享年六十八、由緒ある伊賀八幡宮の社家に生れ徳川史研究の權威として全國的に知られてゐた、遺族は嗣子の京大附屬醫專[illegible]清氏(三二)とわ未[illegible]（岡崎）

B

岡田撫琴氏逝く

[illegible]岡崎市祇園町不動[illegible]撫琴岡田太良次郎氏は十一日午前二時半自宅において狹心症で死去した、享年六十六才、告別式は十二日午後一時から二時まで自宅で執行される

同氏は岡崎地方言論界の先覺で撫琴と號し俳句、俳畫、學藝、茶道など趣味の人としても傑出してゐた、故柴田顯正氏畢生の事業たる岡崎市史編纂の母台となる汲古會の[illegible]

男得三氏とお孫さんが五人ある

昭和九年に先立つた夫人てるさんは菅野岡崎市長の令妹である

本社主催の柴田顯正氏追憶座談會へ出席、追憶深い話題を讀者に傳へたのは、つひこの間のことであり、人生朝露の如くの感がふかい

C

三十年来師事せる小田氏逝去
新著も依頼により一文を
草して送りたし（四日夕刊に掲載）
柴田先生、逝き[illegible]

親戚一同

80 昭和十五年　最後の岡崎納札会

松井弘の昭和十五（一九四〇）年のスクラップ帳に、趣味の盟友・稲垣豆人（安郎）からの手紙が貼ってある。松井の病気見舞いに対する礼状である。松井が不自由となり、左手で用をたし…」と書かれている。

それより三年前、稲垣の年賀状に「還暦」とあった。すると稲垣は明治十（一八七七）年生まれ。前話の柴田顕正、岡田撫琴、小田冷剣と同世代、松井より十三歳上ということになる。稲垣は還暦の年に岡崎瓦斯会社を退職し、大正橋（現竹千代橋）西詰に「べにや号」という不思議な名のみやげ品店を営んだ（写真A）。

稲垣豆人の名を知る人は少ないが、岡崎の文化界に大きな影響を与えた人である。明治末頃に都市部で流行し始めた「趣味」をいち早く紹介し、東京・大阪・京都に次いで岡崎に「納札会」「趣味会」を松井と作り、その盟主をつとめた。「趣味」とは政治や経済、また官制の学問とも違う領域、「民間学」「市民文化」や「サブカルチャー」といったところか。稲垣は、日本一の趣味人として有名な三田平凡寺の弟子の一人であり、趣味の世界では全国にその名が知られていた（山口昌男『内田魯庵山脈』）。

写真Bは稲垣の還暦祝いで仲間に配られた、岡崎城の古瓦の墨拓である。その祝いも兼ね、趣味の仲間で久々に納札会を開催することとなった。戦時体制に対するうっぷん晴らしもあったに違いない。趣向を凝らした額（絵馬）や千社札を持ち寄り、そのできを見せ合うのである。とりあえず「武運長久額納札會」とし、七月七日午後七時に岡崎市の菅生神社で開催した（写真C）。もちろん松井も参加している。

実は七月七日は、贅沢を禁止する「七・七禁令」を施行した日である。正式には「奢侈品等製造販売制限規則」。宝石類はもちろん、総ての高級品の製造販売が禁止された。「贅沢は敵！」である。

わざわざこの日に当てたのは、岡崎の趣味人たちの「意地」だったかも知れない。いずれにしてもこれが最後の活動となった。これ以降、納札会も趣味会も稲垣の名も一切出てこなくなる。国家の「大義」の前に、「趣味」や「個人」は消えて行った。

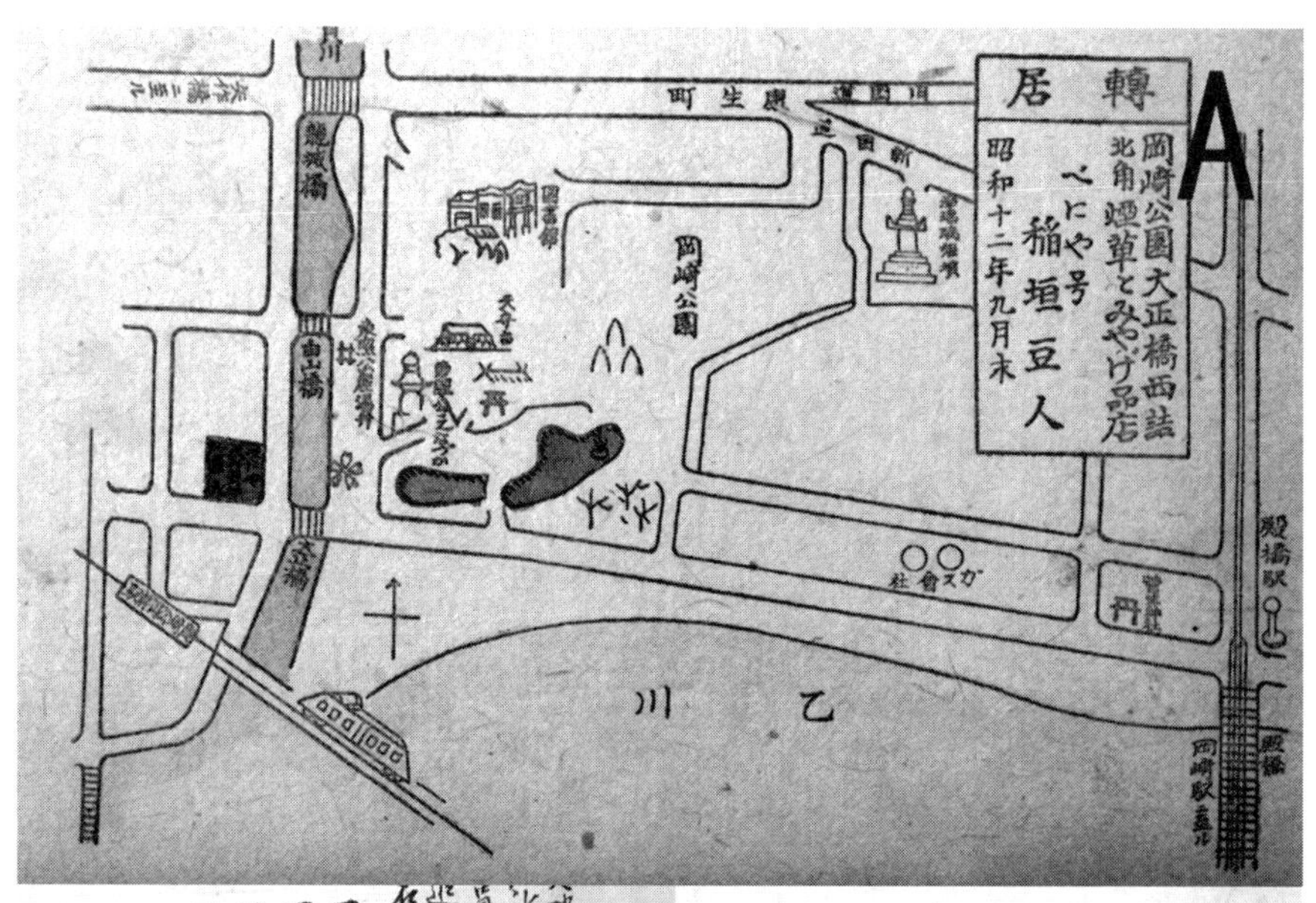

C

武運長久 額納札會

支那事變第四周年（七月七日）をトし皇軍将士武運長久祈願納札會を相催し祈願の上市内の神社へ納額仕り尚會員へ壱廻宛進呈仕度に付各位御賛助あらん事奉懇願候
追て御申込の際會費御添附札の印刷すべき題名等御通知願上候

一 祈願　當日神前にて武運長久祈願を行ふ
一 會場　岡崎菅生神社々務所
一 日時　昭和十五年七月七日午后七時
一 會費　御壱名様金壱圓五拾銭
一 申込　六月三十日限り（世話人迄）

昭和十五年六月

催主　岡崎納札會
後見　稲垣豆人

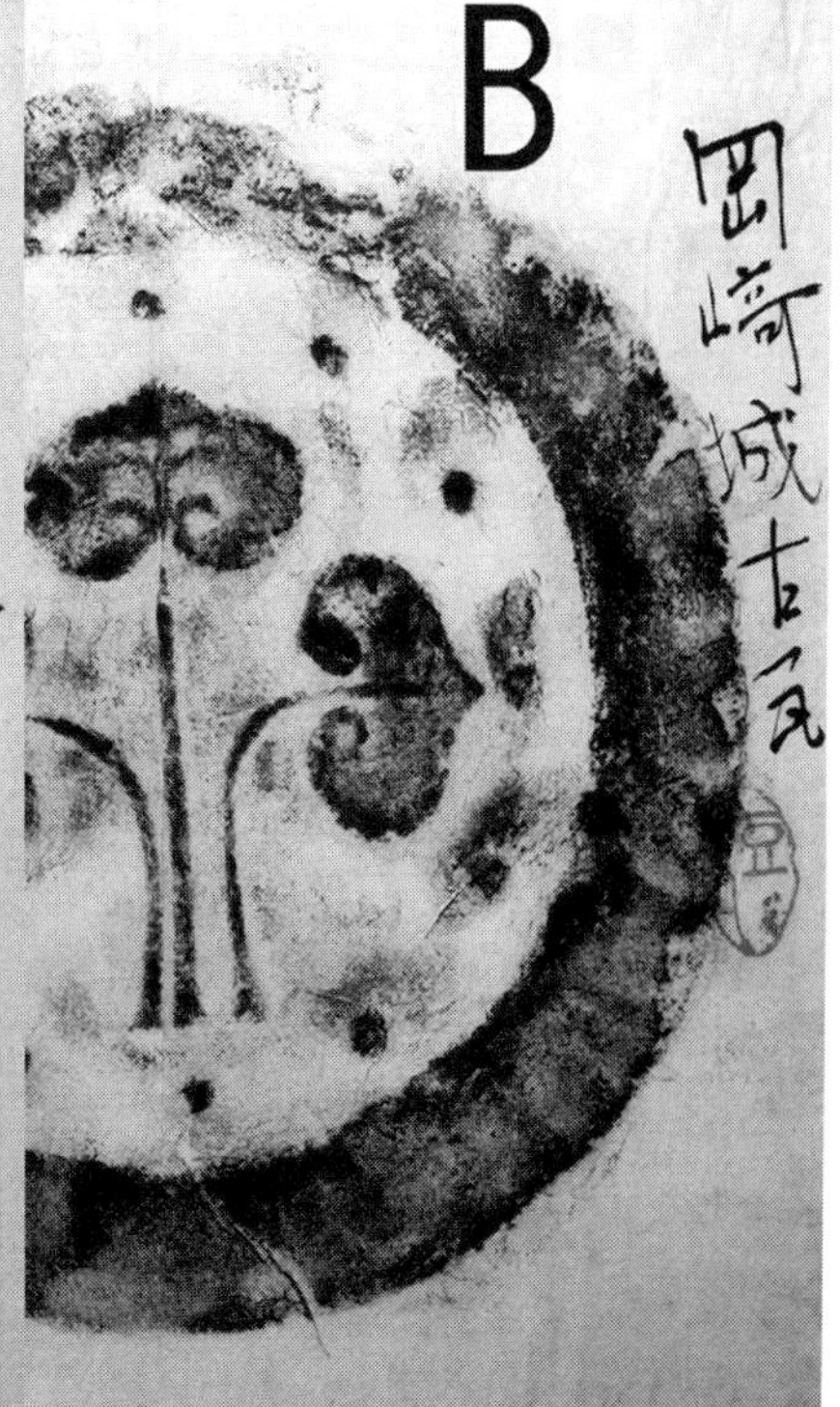

A みどりや（大正 11 年頃まで隣が新愛知新聞岡崎支局）
B 松井弘本宅（昭和 2 年完成）
C 喫茶みどり（大正期に廃業したと思われる）
D 龍城座（田町）
E 岡崎劇場（南康生）
F 常盤館、トキワ食堂、カフエー満州（伝馬町）
G 寳来座（六地蔵町）
H 東遊廓（中町、大正 12 年から）
I 岡崎市立図書館（岡崎公園内）
J 西本願寺三河別院・納札塚
K 岡崎市役所
L 岡崎電燈会社
M 大島屋（呉服・衣料品、本店は連尺町）
N 千賀屋（呉服・衣料品、本店は連尺町）
O 山澤屋（呉服・衣料品、本店は連尺町）
P 鶴島館（松本町、料亭）
Q 浄瑠璃姫墓（一号線の工事で発掘された）
R 岡崎銀行連尺支店
S カフエー桂子の家（のち酒場となり出火）
T タカハシ百貨店（岡崎のナンバーワン百貨店）
U 竹村屋（やきものギャラリー）
V 趣味会の仲間・大藤氏の古本屋
W 趣味会の仲間・稲垣豆人宅
X 額田銀行
Y 岡崎石工藝術研究所（仲間の池上年）
Z 東岡崎駅（愛知電鉄のち名鉄）

＊『復刻版岡崎』付録「大正 10 年岡崎市地図」に加筆したもの。

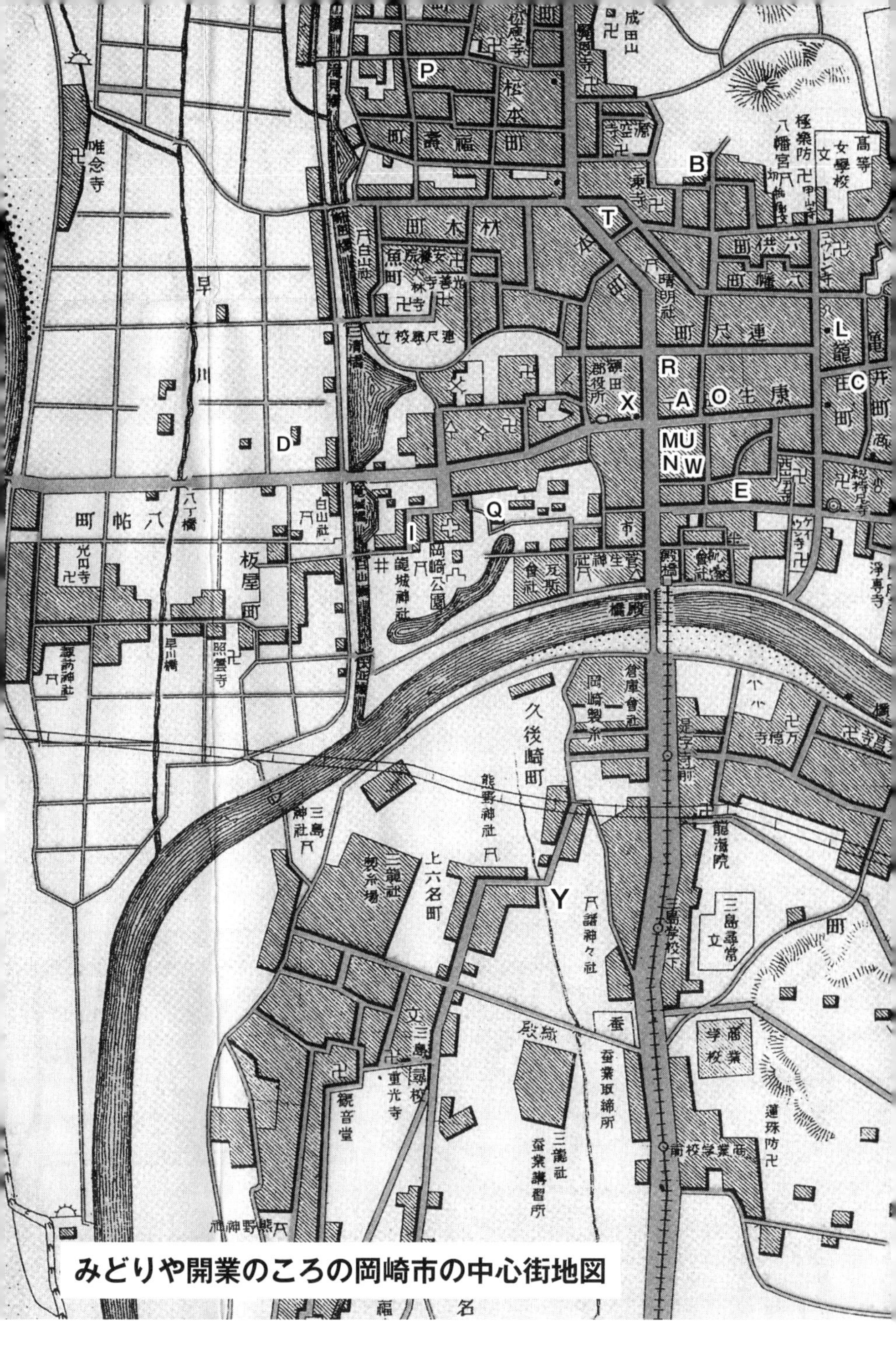

みどりや開業のころの岡崎市の中心街地図

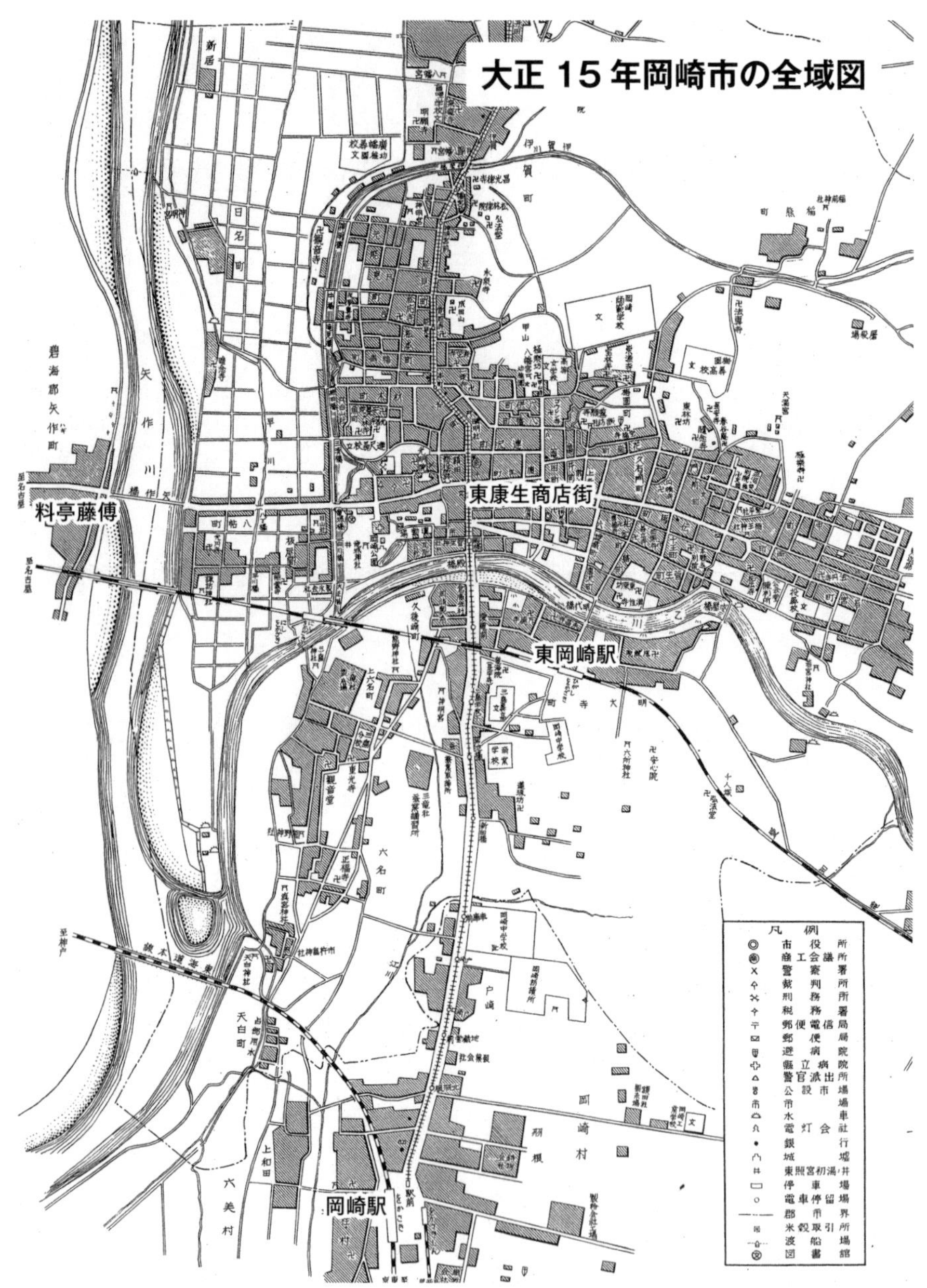

大正 15 年岡崎市全域地図（『岡崎市戦後復興誌』岡崎市役所）に加筆

- 「東康生商店街」：みどりやのある岡崎の中心街の一つ。
- 「料亭藤傳」：矢作橋西詰にあった老舗。店主は趣味会の仲間で、会の宴会などはここを利用した。
- 「東岡崎」「岡崎駅」：旅行好きの松井はよく利用していた。康生から両駅へは路面電車やバスが走っていた。

松井弘の身の回りの出来事

明治23年（1890）	・松井弘、岡崎にて誕生。祖父は岡崎藩士。
大正5年（1916）	・第一回反古会を稲垣豆人と開催。松井この頃から新聞記者として働きだす。
	・「立太子」を祝し岡崎納札会で千社札を作る。
大正6年（1917）	・フレデリック・スタール博士東海道行脚、岡崎で歓迎会。
大正7年（1918）	1月、岡崎龍城神社にて玉枝さんと結婚。
	・岡崎趣味会を稲垣と発会。
大正8年（1919）	4月、「岡崎汲古会」募集委員拝命。
	12月、長女みどりさん誕生。
大正9年（1920）	6月、京浜の趣味人に会いに行く。斎藤昌三趣味雑誌『いもづる』発刊。
	7月、松井・稲垣暴風雨の中を富士登頂。
	・岡崎納札会正式に発会。続いて田口町、一宮市でも発会。
	・岡崎趣味会で西尾町の八王子貝塚発掘調査。
大正10年（1921）	4月、軍艦「矢矧」乗組員が矢作神社参拝。10月に矢矧模型を奉納。
	7月、岡崎市康生町に「みどりや」を開店。
	・岡崎高等女学校「教育玩具展」に協力出品。
	・岡崎駅舎改築竣工祝賀会に記者として参列。
	・岡崎に素人写真クラブできる。
	・「尾河性的神踏査研究旅行」で京都郷土趣味会が来岡。
大正11年（1922）	・岡崎市美術工芸展始まる。
大正12年（1923）	4月、岡崎中町に東遊廓開設。乗合自動車相次いで開業。
大正14年（1925）	11月、籠田町に「喫茶みどり」開店。

大正15年（1926）	・『商売の趣味化』を自費出版し講演。東京で現代広告術講習会に一週間参加。 ・14年にラジオ放送が始まり、松井加入。 ・岡崎公園に岡崎趣味会が全国に呼び掛け「浄瑠璃姫之墳石碑」建立。 ・岐阜国産共進会展で「文化住宅」を見学。
大正終わり頃	・矢作町の老舗料理旅館「藤傳」立ち退き決まる。
昭和2年（1927）	2月、**大正天皇御大典**。岡崎劇場で御大典の写真上映会開催。 2月、康生商店主達と多摩御陵、新宿御苑参拝へ行く。 3月、米国からの「青い目の人形」みどりやで展示会。 10月、米国への「答礼人形」展示会。送別会を三島学校で開催。 11月、東京中野などで「文化住宅」を見学。 11月、愛知県で**陸軍大演習**。岡崎市へ天皇行幸。 11月、六供町の甲山に自宅を新築。岡崎初の文化住宅。 12月、岡崎趣味会『趣味泉』創刊。～3年6月まで8巻。
昭和4年（1929）	1月、「〇〇デー」流行。稲垣豆人からそれを皮肉った年賀状をもらう。 7月、岡崎市で**防空演習**がおこなわれる。 11月、**米国株価大暴落**などの影響を受け大不況。岡崎中の商店街で盛んに「大売り出し」。 ・松井発案の抽籤による「割り戻し商略」を展開。千賀、山澤の呉服店で岡崎では初の「マネキン嬢」が登場。 2月、岡崎に初のメーター付きの「つばめタクシー」開業。
昭和5年（1930）	6月、松井一家東京旅行。銀ブラ、歌舞伎座、浅草松竹座、日光観光。車内にて初めて「お茶入りアイスクリーム」を食す。 7月、松井一家上高地キャンプへ行く。 8月、菊池寛、「夏期大学講座」で来岡。松井邸に宿泊。堂号「無憂荘」を貰う。 8月、松井甲子園で第16回全国中等学校野球大会観戦。

昭和6年（1931）

3月、納札会が西本願寺三河別院に「納札塚」建立。

9月、松井一家東京へ早慶野球観戦に行く。

9月、**満州事変勃発**。号外出る。公園グランド、寳来座にて満州事変のニュース映画上映。

11月、軍人宿泊のため名古屋の百貨店へ買物に行く。

11月、岡崎市立図書館にて吉田初三郎展開催。

11月、寳来座、岡崎劇場にて「満蒙問題市民大会」。龍城座で「中村大尉虐殺事件」の芝居上演。
・松井夫妻ラジオ英語講座を始める。
・名古屋の百貨店の岡崎への出張販売盛ん。

昭和7年（1932）

3月、**満州国建国**となり、市内商店街は日満国旗を掲げて祝う。

6月、額田銀行預金者大会が公会堂で開催。

6月、列車で通過する満州からの凱旋兵を岡崎駅で歓迎。

9月、康生町からの出征兵の葬儀に参列。
・東康生商栄会で「五銭均一売り出し」。
・みどりやネオン看板を85円で設置。

昭和8年（1933）

5月、**日本国際連盟脱退**。五・一五事件起こる。

7月、東康生商栄会散歩のできる「岡崎銀座」を自称する。

10月、第一回岡崎商工会開催。岡崎旅行会発足。
・常盤館で米国映画『太平洋爆撃隊』『類猿人ターザン』上映。寳来館で『軍艦模型展』開催。
・伝馬町に「カフエー満州」、「カフエー桂子」開店。

昭和9年（1934）

1月、風邪大流行のためマスク奨励。岡田撫琴夫人が風邪をこじらせ死去。

3月、「**建武中興**」ブーム。伝馬町「カフエー桂子」出火し、16戸を焼く大火事。

7月、第一回岡崎店頭装飾競技会開催。優等籠田町田村屋化粧品店。

昭和10年（1935）

3月、岡崎公園で「国防と産業／日光の博覧会」開催。
・本町が「日本一ネオン街」を自称し宣伝。「岡崎音頭」できる。

昭和11年（1936）

・行方不明だった滝万松寺の道祖神が奈良で見つかり戻る。
2月、鳴海球場で初のプロ野球公式戦を観戦に行く。

2月、**二・二六事件勃発**。号外多数出る。

4月、竹本津太夫、鶴澤綱造一門が岡崎劇場で浄瑠璃公演。

12月、本町タカハシ洋品店新館開店。

昭和12年（1937）

・「神風號」飛行記録達成で「航空バッチ」をみどりやで販売し、売り上げ金を寄付。
・新郷土玩具をみどりやで販売。モダン道路、明代橋完成。
3月、三河の高等女学校卒業生の特集記事でみどりさん選ばれる。

3月、岡崎公園で「早春の岡崎公園を撮す会」開催。岡崎市立図書館で「大阪丹平写真クラブ作品展」開催。

7月、**支那事変勃発**。号外出る。

9月、みどりやにて慰問金募金バザー開催。

10月、常盤館で「支那事変総集編」と米国映画を上映。

11月、名古屋松坂屋で「支那事変大展覧会」開催。

12月、**南京陥落**。号外出る。「祝戦勝大売り出し」盛ん。

昭和13年（1938）

・稲垣豆人岡崎瓦斯を退職し、板屋町にお土産品店営む。
・名古屋汎太平洋平和博覧会を見学。
7月、金城学生みどりさん勤労奉仕する。

10月、公会堂で「国策代用品展覧会」開催。
・第2回支那事変国債売り出し。
・「進軍の歌」「露営の歌」「日の丸行進曲」「軍国の子守唄」等発表。
・二人の甥が満州鉄道、川崎航空機工業へそれぞれ入社。
・みどりや改装、タカハシ増築、大島屋が康生角へ移転。

昭和14年（1939）

1月、みどりさんスキーへ行く。新美南吉が康生町界隈を散歩。

2月、みどりやで子ども向け漫画本三種が警察に差し押さえられる。

昭和15年（1940）

5月、岡崎劇場で「出征家族慰問舞踏会」開催。

11月、連尺小で「支那事変大展覧会」開催され中国軍戦闘機を展示。
・みどりやで慰問品売場と「美顔術と化粧品」相談開始。
・商店街の宣伝照明・ネオンの自粛。
・岡崎の店舗や寺院での展覧会、書画骨董茶器の売立盛ん。
4月に柴田顕正、5月に岡田撫琴、7月に小田冷剣が相次ぎ死去。

7月、「**贅沢禁止令**」**施行**。岡崎趣味会・納札会「武運長久額納札会」菅生神社で開催。

8月、岡崎劇場で「討英市民大会」開催。

9月、「**日独伊三国同盟**」締結。

11月、「**皇紀二千六百年**」**祝賀行事**が岡崎公園運動場で開催。各神社で臨時祭開催。みどりさん結婚。

主な参考文献

『昭和二万日の全記録』第1～5巻　講談社
『内田魯庵山脈』山口昌男著　晶文社
『断腸亭日乗』上巻、下巻　永井荷風著　岩波文庫
『B面昭和史』半藤一利著　平凡社
『声の資本主義』吉見俊哉著　河出文庫
『流行性感冒』内務省衛生局編　平凡社東洋文庫
『新美南吉全集』第十一巻　大日本図書
『カフェー考現学』村嶋歸之著　柏書房
『考現学入門』今和次郎著　ちくま文庫
『大大阪モダニズム遊覧』橋爪紳也　芸術新聞社
『新版大東京案内』今和次郎著　ちくま学芸文庫
『百万★名古屋』島洋之助編　名古屋文化協会
『おかざきしんぶん』第3号　柄澤照文刊
「ベルツ花子伝（3）」大島信雄著（『豊川医報』）
『蔵書票関係資料あれこれ』川口勝俊著　私家版
『二つの感謝』石田茂作著　私家版
『巡洋艦「矢矧」はるか』小林清司編　私家版
『うめぞの風土記』岡崎市立梅園小学校
『続三河現代史』福岡寿一著　東海タイムズ社
『岡崎地方史研究会研究紀要』第十八、十九、五十号　岡崎地方史研究会
『新編岡崎市史』4巻、5巻、総集編　新編岡崎市史編さん委員会
『復刻版岡崎市（大正十一年版）』岡崎市
『岡崎市戦後復興誌』岡崎市役所

おわりに

「みどりや」の片隅で、松井弘氏の残したスクラップ帳を読ませていただくようになって三年半以上となる。週一回、二時間以内と決めてはいるものの、お店の皆さんにはずいぶんご迷惑をおかけしてしまった。先ずもってお詫び申し上げます。

この町で生まれ育った筆者にとって、「みどりや」は格別な店である。筆者も妻も、また九十三歳になる母も子どもの頃から足繁く訪れた。子ども達もまたそうである。誕生日のプレゼントであったり、お洒落な小物目的であったり、どの世代にも「喜び」を与えてくれた素敵な店である。再びその「みどりや」に通えるようになったのは幸せなことである。

松井弘氏の残してくれたスクラップ帳から「庶民の歴史」を読み取ろうと試みたが、力及ばなかったところが余りに多い。それでも、帳のおかげで「なるほど当時の人々はそう感じていたのか」と初めて気づかされたことも多かった。その驚きを一人でも多くの方に伝えたいと自分なりに懸命に書いたつもりだが、これもどこまで到達できたのか、いささか自信がない。読んでくださった方のご批判をお聞かせ願いたい。

ここまで店内で自由に調査させてくださり、出版にあたっても多くの資料の掲載を許してくださった「みどりや」社長の松井洋一郎様、お母様のまつよ様、社員の太田悦子様に感謝いたします。

また帳から拾い上げた話を三年以上も連載させてくださった『東海愛知新聞』の大津一夫社長、竹内雅紀編集局長、紙面デザインの山本浩禎様。その連載記事を毎回読んで、ときには厳しいアドバイスをくださった、私の考現学の師である岡本信也様。貴重な同時代資料を提供くださった八丁味噌資料館の後藤公子様。やっかいなくずし字を解読くださった鎌田由后子様。さらにずっと私の好き勝手を許してくれている妻の隆子にも感謝している。

正直なところ、「こんなローカルな世間話を読んでもらえるのだろうか…？」と今も心配である。自信もない中でなんとか出版に漕ぎつけることができたのは、風媒社の林桂吾氏の「おもしろいと思いますよ」の軽いひとことのおかげである。もちろんすべての面で助けてくださったこと、感謝してもし切れない。本当にありがとうございました。

蛇足になるが、ここから「戦中戦後」を書くつもりである。お店の方々にはご迷惑な話だが、まだまだ「みどりや」通いは続けるつもりである。

二〇二三年十二月

嶋村 博

［著者紹介］
嶋村 博（しまむら・ひろし）
1953年生まれ。愛知教育大学美術科卒業。愛知県立高校に美術科教諭として勤務、『愛知県史』特別調査委員を兼務。現在名古屋芸術大学非常勤講師（考現学）、岡崎市家康館企画展示委員
共著：『目からウロコの日常物観察』（農文協）、『漂着物考』（INAX）
監修：『岡崎の今昔』（樹林舎）
岡崎地方史研究会会長、日本民俗学会会員

みどりや主人の大正・戦前昭和 スクラップ帳が語る庶民史

2024年3月10日　第1刷発行　（定価はカバーに表示してあります）

著　者　　嶋村 博

発行者　　山口 章

発行所　名古屋市中区大須1丁目16番29号
電話 052-218-7808　FAX052-218-7709
http://www.fubaisha.com/
風媒社

乱丁・落丁本はお取り替えいたします。　＊印刷・製本／シナノパブリッシングプレス
ISBN978-4-8331-0636-8

風媒社の本

長坂英生 編著
写真でみる 戦後名古屋サブカルチャー史
「マンガとアニメ」「ポピュラー音楽」「アングラ演劇」「ストリップ」「深夜放送」「格闘技」……。〈なごやめし〉だけじゃない名古屋の大衆文化を夕刊紙「名古屋タイムズ」の貴重写真でたどる。
一六〇〇円＋税

長坂英生 編著
なごや昭和写真帖 キネマと白球
懐かしの映画館と街の風景、映画ロケ現場や宣伝マンたちの情熱。数々のドラマを生んだ名古屋の野球場、野球映画の隆盛、アメリカのプロチームの来日、野球少女たちの夢……。熱気あふれる時代の息づかい。
一六〇〇円＋税

溝口常俊 編著
愛知の大正・戦前昭和を歩く
モダン都市の光と影──。カフェ、遊廓、百貨店、動物園、映画館、商店、レコード…。地域に残された歴史資料を駆使して、知られざる当時のまちの表情を読み解く。
一八〇〇円＋税

溝口常俊 編著
愛知の昭和30年代を歩く
新幹線、100m道路、オートバイ、テレビ塔、市電、百貨店、アーケード、キャバレー、パチンコ、銭湯、喫茶店、鬼ごっこ、駄菓子、集団就職、伊勢湾台風…。活気あふれる時代の息吹を感じるビジュアルガイド。
一六〇〇円＋税

阿部英樹 編著
占領期の名古屋
名古屋復興写真集
1945年10月、米軍の名古屋港上陸にはじまり、およそ1年半にわたって、名古屋を中心に豊橋、蒲郡、岡崎、瀬戸、犬山、一宮、大垣も活写。「後藤敬一郎関係写真資料」が語る戦後名古屋の原風景。
一六〇〇円＋税

木下信三 編著
亀山巌のまなざし
雑学の粋人モダニスト
愛知県工業学校図案科在学中から児童誌の挿絵を描き、詩誌に参加。新聞記者であり、名古屋豆本版元としても知られた亀山巌（1907―1989）の仕事を見渡す。私信、未発表原稿も収録。（発行：土星舎）
一〇〇〇円＋税